U0101923

生命，因阅读而美好！

森欣文化

WASHINGTON'S IMMORTALS

Patrick K. O'Donnell

[美] 帕特里克·K.奥康奈 —— 著

梁琼月 —— 译

华盛顿的王牌

改变美国革命进程的精英部队

THE UNTOLD STORY OF AN ELITE REGIMENT WHO CHANGED THE COURSE OF THE REVOLUTION

中国出版集团 | 全国百佳图书

中国民主法制出版社 | 出版单位

北京市版权局著作权登记号图字：01-2019-3045

图书在版编目 (CIP) 数据

华盛顿的王牌：改变美国革命进程的精英部队 /
(美) 帕特里克·K.奥康奈 (Patrick K.O'Donnell) 著；
梁琼月译. — 北京：中国民主法制出版社，2019.5
ISBN 978-7-5162-2014-6

Ⅰ.①华… Ⅱ.①帕… ②梁… Ⅲ.①美国独立战争
—历史 Ⅳ.① K712.41

中国版本图书馆 CIP 数据核字（2019）第 093140 号

图书出品人 / 刘海涛
出版统筹 / 乔先彪
责任编辑 / 梁　惠　鲁轶凡

书名 / 华盛顿的王牌：改变美国革命进程的精英部队
作者 / ［美］帕特里克·K.奥康奈　著
　　　　　梁琼月　译

出版·发行 / 中国民主法制出版社
地址 / 北京市丰台区右安门外玉林里 7 号（100069）
电话 / 010-63292534　63057714（发行部）　63055259（总编室）
传真 / 010-63292534
Http: //www.npcpub.com
E-mail: mzfz@263.net
经销 / 新华书店
开本 / 16 开　165 毫米 ×240 毫米
印张 / 22.5　彩插 16 页
字数 / 313 千字
版本 / 2019 年 7 月第 1 版　　2019 年 7 月第 1 次印刷
印刷 / 长沙鸿发印务实业有限公司

书号 / ISBN 978-7-5162-2014-6
定价 / 78.00 元
出版声明 / 版权所有，侵权必究。

（如有缺页或倒装，本社负责退换）

帕特里克·K.奥康奈

Patrick K. O'Donnell

《第一支海豹突击队——美国最顶尖特种部队的建成秘史》

《D连——奥克角雄兵——顺利完成D日最艰难任务挺进欧洲的突击队》

《给我明天——朝鲜战争中最伟大的一段尘封历史——记海军G连的英勇防御战》

《他们敢于回来——潜伏在纳粹德国战线后方的犹太间谍的真实事迹》

《布伦那任务——二战期间最大胆的间谍战不为人知的故事》

《众志成城——齐心协力攻下费卢杰的舰队》

《特务、间谍和蓄意破坏者——揭秘二战时期的美国战略服务局》

《走进旭日——听二战太平洋战争老兵亲述战斗史》

《英勇无比——二战老兵和空降部队退伍军人的战斗回忆录》

致

在独立战争中
为了一个理想

美国

而牺牲一切的人们
你们是史上最伟大的一代

CONTENTS

目 录

序 言

指示牌锈迹斑斑，划痕累累：

"马里兰英雄（MARYLAND HEROES）"

几个大字在浅蓝色表面依稀可辨。它架在一根锈蚀的铁棍上，指向万人坑的方位：

此处葬有 256 名马里兰战士

殁于 1776 年 8 月 27 日

布鲁克林会战

2010 年 9 月，我在布鲁克林会战——又称"长岛战役"——旧址附近徒步旅行时，无意中拾起这段历史的一块碎片。如今，这片区域满是汽车修理店和仓库，景况萧条。唯一的亮点是拥有几十年历史的美国退伍军人协会分会。从这里朝东北方向走几个街区，便是公园，全是雅致的褐砂石建筑。马里兰英雄不明踪迹的尸体也许就在车库下方，或是某条石板路下面长眠，可是，他们本应被葬在神圣之地。

在 1776 年那个革命气焰高涨的夏天，这些无畏的爱国者们，他们是公认的"荣誉颇丰、家族兴旺、家境富裕的绅士"，拿起刺刀，与隐蔽在一座小石楼里的英军展开殊死搏斗。战斗旧址至今仍伫立于仅几个街区外。此次战斗可能足以让他们跻身美国史上最重要的精英部队之列。因为他们为爱国者阵营争取到宝贵时间，让数以百计的大陆军得以撤离英军战线。

那块经受风吹日晒的指示牌孤独地站在如今布鲁克林的汽车修理店之间，无声地见证了发生于此地并改变了历史进程的非凡战士的故事。

"跟上！快跟上！"

在枪林弹雨和炮火轰鸣中，不屈不挠的莫迪凯·吉斯特少校和创建巴尔的摩独立士官连的许多军官都在命令属下前进。

子弹撕裂了两百多名马里兰战士组成的防线。战士们依然无畏地向英国将军康沃利斯伯爵（查尔斯·康沃利斯伯爵）及所率红衫军占领的旧石楼挺进。

面对马里兰军率先发起保卫战友的突袭，康沃利斯的士兵将轻加农炮和滑膛枪枪口对准逼近的马里兰军。

英军"（不断）向美军发射榴霰弹和葡萄弹[1]，就像下冰雹似的"；混战中，"来自南方一些小康家庭的少年被打得血肉模糊"。

---

1 它是一种采用铁板之类的东西来固定圆状的弹子，外面没有壳包裹，样子就像一大串葡萄，所以称为葡萄弹。

吉斯特的战士们来不及低头看身边倒下的战友，"踏过牺牲战友的尸体，依然快步朝敌军冲去"。

起初，马里兰军凭借着一鼓作气的猛劲打得康沃利斯的炮兵几乎弃炮而逃，动摇了康沃利斯军的防线，但由于石楼内的强火力压制和增援部队的出现，马里兰军被迫撤退，重整队列后，再次发起冲锋。

在远处的小山上，乔治·华盛顿将军利用小型望远镜把马里兰军英勇奋战的场面尽收眼底。看到战士们一个个倒下，他大喊："上帝啊！我今天还要失去多少英勇的伙伴！"

然而，马里兰军没有气馁。吉斯特少校率队抵挡英军，使华盛顿的一整个团幸免于难，可谓是让新兴的美国军队免遭剿灭厄运的壮举。正是有了马里兰军艰苦卓绝的战斗，英军暂缓了攻打布鲁克林高地的堡垒，成百上千的美军士兵才得以逃进暂时安全的战壕。参加那场非正规军突袭战的战士也就是大家熟知的"不朽丰碑"，又称"马里兰 400 战士"。借用某个美国人的话来说，他们用热血换来了"一小时，却是美国争取自由的历史上最宝贵的一小时"。吉斯特及麾下几位战士逃出生天，后来又多次参与了扭转国家命运的战役。

读完这些蚀刻在金属指示牌上一板一眼的介绍，我非常好奇，想知道他们经历了什么，他们都是谁，为什么民兵——业余部队——会出战，付出生命和财富去挑战当时世界上最强大的军队。多年以来，我都在从信件和日记中挖掘不为人知的战争史。被人遗忘的抚恤金申请文件中也潜藏着英雄事迹和牺牲奉献，乃至被同胞背叛的证据。他们默默无闻，无人为他们绘制油画肖像，无法流芳百世，但他们是有血有肉的非正规军，在美国处于劣势的情况下，残忍地与他们的同胞对抗多年。他们自愿行军千里，长年忍受想象不到的艰辛，在正确的时机和位置牺牲小我，反败为胜。

在过去的 239 年来，无人讲述他们长达 9 年的英雄传奇，他们几乎被人遗忘，他们的战友现在躺在更像是万人坑的墓地里。吉斯特和数百名马里兰战士久经沙场，最终成长为一支精英军团，成为独立战争期间的中坚力量，帮助大陆军毫发无损地度过最艰难的时期。他们的故事还是第一部"兄弟连"的故事——一群挚友在战役中建立友情，使他们在希望最渺茫的情况下团结一心，顽强生存，令他们从独立战争中诸多最值得嘉奖、最成功的队伍中脱颖而出。本书就是这样一部独立战争史，与其他军事史书不同的是，本书专注于这支民兵队伍的行动。他们受华盛顿将军委派，屡次临危受命，在独立战争的决定性战役中，一如他们那天在布鲁克林所做的那样，扮演关键角色。

一块残缺斑驳的指示牌纪念了始于1774年冬天的一场史诗之旅。

但是，它不足以纪念一个无人知晓的谜——众多愿意为尚未诞生之国献身的美国战士的长眠之所。

1774 年

1775 年

第一章

"荣誉颇丰、家族兴旺、家境富裕的绅士"

巴尔的摩酒馆的窗外，雪花纷扬而下，那是 1774 年 12 月 3 日，32 岁的莫迪凯·吉斯特正在游说该市的社会精英。吉斯特主动召集了一群自由民众、商人、造船工人和小贩，他们均有意在马里兰组建第一支独立连队来保护他们的权利，乃至赶跑英国殖民者。

当时的巴尔的摩是殖民地早期的贸易中心之一，还是个破落、杂乱的新兴城市。大陆会议的一位成员形容它是"我所待过最脏得没谱的地方"；更有甚者称之为"全世界最脏的海港"。

吉斯特是在巴尔的摩土生土长的移民二代，他的父亲是位著名的测量员，曾协助规划该市的街道布局。他的叔叔克里斯托弗·吉斯特曾在法国－印第安人战争中在乔治·华盛顿麾下服役，还两次救过未来将军的性命。年轻时代的吉斯特曾立志成为航海船长和商人，起初做着纺织品和武器的生意，赚得盆满钵满。他还是个鳏夫。4 年前，他的第一任妻子在产女时难产而死，女儿也幼年夭折。他身高 6 英尺[1]，在当时来讲是非常引人注目的个头。其他人形容他"言谈举止真诚而友好"，他非常有主见，被誉为天生的领袖；他是首批宣扬殖民地独立的人，后来还加入了美国最具影响力的共济会。

同年 10 月，他参与过烧毁佩吉·斯图尔特号的行动。根据有关波士顿倾茶事件的回忆录记载，一个船长不顾殖民地抵制英货的举动，硬将一艘载有茶叶的船泊于安纳波利斯港。愤慨的马里兰人民让佩吉·斯图尔特号的船长选择：要么烧掉自己的船和所载的全部货物，要么在正门接受绞刑。船长最后选择让船搁浅，点火烧船。

波士顿倾茶事件发生在佩吉·斯图尔特事件的 10 个月前，当时有殖民地示威者——部分人乔装为印第安人——把船上东印度公司的茶叶全部倒进波士顿湾，以此抗议英国征收茶税。殖民地人民不断高喊"无代表，不纳税"的口号，并有许多殖民地人民要求获得选举权，选举出有权征税和通过法令的代表。英国国王立刻对倾茶事件作出回应，称要采取严酷手段，即颁布《强制法案》或《不可容忍法案》。在其他条款中，他们允许英国官员努力在英国供认出其在殖民地的罪行；这些法案里另有条款要求殖民地居民在家中为英国士兵提供食宿。

由托马斯·盖奇率领的英军遣散了当选的马萨诸塞州殖民地政府，关闭了波士顿港，解雇了几千名工人。波士顿的危机日益升级，激起殖民地十三州的公愤，以贸易业为主的巴尔的摩向波士顿表示强烈声援。

就在 12 月的那天晚上，志同道合的爱国者们聚集在酒馆里，听取新当选的连队上尉吉斯特大声朗读巴尔的摩独立士官连的建成宣言。特许状招募到 60 个男人志愿参军——"这支连队由荣誉颇丰、家族兴旺、家境富裕的绅士组成，尽管出身县市不同，但都对人权抱有一腔热忱和崇敬"——他们"因我们和国家而产生的荣誉、爱和正义的神圣纽带"集结在一起。

1　1 英尺 =0.3048 米

吉斯特读到下面这段话时，庄严而沉稳的声音在屋内回荡：

我们，即巴尔的摩独立士官连，为波士顿受苦的兄弟们处于不幸深表同情，盖奇将军的指示令人发指，而议会颁布的一系列苛刻的非法法案是在对整个新大陆上忠于陛下的臣民强制推行奴隶制，逼我们失去自由。

在此等紧张局势下，为了保卫我们的生命、自由和财产安全，我们认为为了（学习）军纪并依照大陆会议决议保卫我们的家乡应当且必须形成一个整体，或者说是一支连队。

独立士官连承诺：任何姊妹殖民地需要帮助，他们会在 48 小时内前去支援；服从当选指挥官的命令；自购制服和装备；如有"违背此次参战本意"的行为，将被送上军事法庭。然而，身为真正的绅士，他们不会让自己遭受肉刑。

年轻的商人和其他应召入伍的成员在那一天铸就了历史。吉斯特的独立连队是马里兰的首支武装部队，但是很快，类似的部队遍及各州。那天聚集在酒馆里的新兵们当时还不知道，他们会成为为数不多的核心部队之一，将左右大陆军在整个美国独立战争期间的生死存亡。最为关键的是，他们的参战影响重大，常以巨大代价换取整个军队的存续。疾病、最严峻的艰苦条件（包括长年赤脚行军几千英里[1]）、英军的子弹，以及被监禁的危险都让他们蒙受重创。那天聚在酒馆的以及后来入伍的战士们，只有极少数人平安挺过八年战争、无数战役和几十次会战。

独立士官连后来悄无声息地更名为"巴尔的摩独立连"，与多个连队和军团编在一起，组成中坚部队，在美国独立战争中的多场重要会战中扮演了重要角色，纵横北方和南方战场。起初基于长达几十年家族交情的私人关系建立起来的志愿军，组成巴尔的摩独立连的挚友们情同手足，锻造

1　1 英里 =1.6093 公里

了美国独立战争中最富传奇色彩的部队之一。

独立连的关键人物之一是 23+ 的塞缪尔·史密斯。他颇具领袖天赋，是独立连里当选的首位中士，很快便升为军官。正如许多士官连成员那样，他在学校接受过古典文学的教育，学过拉丁语和希腊语；青少年时期就在他父亲的会计室工作，还乘坐父亲的一艘商船远游欧洲。事实证明，他具备领袖气质和作战指挥的天赋。最终，他担任起巴尔的摩独立连以及其他多支部队的指挥官之职，不久便成为最优秀的军团指挥官之一。

像吉斯特和史密斯一样，独立连的许多成员都是成功的商人。对他们来说，决定参军就不能再和英国做生意，无异于自断财路。多年来，他们一直处在承受苛捐杂税，遵从强制法令之要求，与英国进行独家贸易的风口浪尖上。为了应对波士顿急速上升的态势，1774 年，应本杰明·富兰克林的强烈要求，美国 13 个殖民地中有 12 个派代表齐聚费城——起初佐治亚州未派代表参加，因为当时该州认为自己需要英国保护不受印第安敌对势力侵犯——参加了第一届大陆会议。会上未能就宣告从英国独立一事达成决议，但与会成员坚定不移地相信乔治三世国王会优待殖民地的子民，希望他们的心声能够传到伦敦。1774 年 9 月 5 日，大陆会议通过了《权力宣言》，宣称如果英国不在 1774 年 12 月 1 日前废除《不可容忍法案》，殖民地将抵制英货。该宣言中还包括一个条款，如果上述法案直到 1775 年 9 月前未能废除，殖民地将禁止英货进出口。美国走的是一步险招，意图打击严重依赖北美经济的英国贸易的心脏。大陆会议的做法挑战了宗主国统治，实质等于向国王宣布打响经济战。

令人们决心反抗英国的独立思想自马里兰建州时起就已被激发。1632 年，英国国王把该殖民地授予巴尔的摩勋爵乔治·卡尔弗特，他是一位天主教徒，获得了"领主"的特许权。不像其他殖民地那样听令于国王或当地选任的政府，马里兰则是听从领主之命，政府成员也是由领主任意任命的。

这样的安排其实建立了"一个国中之国",马里兰人民更易萌生独立于英国国王统治的意识。这种罕见的政府形态持续到1691年,英国任命了一位皇家总督掌管该殖民地。

18世纪中叶,法国-印第安人战争在北美大地上播下不满的种子,许多马里兰军官接受其影响。这场战争又被称为"七年战争",始于1754年,是英国和法国之间展开的全球性冲突。英法两国都想对新大陆拥有绝对控制权,双方就俄亥俄峡谷的领土和贸易权问题出现分歧,矛盾逐步加剧。弗吉尼亚总督派出21岁的乔治·华盛顿少校率一小队士兵驱赶法国人,遭到拒绝,迫使两国兵戎相见。1754年5月28日,华盛顿带领英军取得了基蒙维尔幽谷战役的胜利,该战役被普遍认为是法国-印第安人战争的第一场战役。

冲突早期,双方都发展了非常规作战手段,如使用代理军队、远射程武器。代理军队包括罗杰斯别动队以及为英军作战的本土士兵。英法两国还启用了轻步兵,他们装备轻巧,以敏捷、快速和灵活机动著称。更为重要的是,殖民地人民学会了训练、组织并转移大量人员穿过尚未被开化的荒野。为英军作战的美国人——如乔治·华盛顿、威廉·斯莫尔伍德和丹尼尔·摩根,以及后来成长为美军和英军军官的爱德华·汉德、霍拉肖·盖茨和查尔斯·李——在作战中汲取到宝贵的实战经验,学习到印第安人的战术。许多印第安部落为法国参战,他们与欧洲国家不同,时常组织突袭小分队打得对手措手不及,趁伤亡不多时撤退,边撤退边烧光身后的树林等自然屏障,而不是直接逃往空地。就这样种下了美式战术的种子。

北美战场上的战斗截至1760年时基本结束,尽管战线继续向西印度群岛和欧洲大陆延伸了一段时间。北美地区的战争于1763年2月10日正式告一段落,当时英法两国签署了《巴黎条约》。5天后,他们又签署了《胡贝图斯堡条约》结束欧洲战场的战斗。法国放弃对北美大陆的所有权利,但对位于加勒比海和圣劳伦斯湾的诸岛殖民地保留控制权,作为投降条件。

战争中支持法国的西班牙同意以重获古巴控制权和增加对路易斯安那的控制权为筹码，将佛罗里达转让给英国。英国依然享有对加拿大以及 13 个殖民地——日后的美利坚合众国——的宗主国统治权。

尽管英国赢得了战争，但军费消耗过高，帝国债务几乎翻了一倍。为了转嫁巨大的财政负担，英国国王开始对殖民地增加税收，以维持行政和防御支出，能让位于伦敦的政府将更多钱投入到战争中。1765 年，英国议会通过《印花税法案》，是殖民地人民萌生叛意的导火索。北美殖民地极不欢迎这部苛税法案，它要求所有印刷品，包括法律文书和报纸，都必须采用盖有印章的英国产特殊纸张。殖民地人民以该税种未经他们同意便不应收取为由，表示反对。虽然英国议会最终废除了《印花税法案》，却又发布了一系列受到殖民地人民反对的法案和税种，其中就包括那条禁止殖民地发行货币的法律，以及致命的《茶税法》。

马萨诸塞对新发布的压迫性法案表示不满，恳请姊妹殖民地伸出援手。为了表示团结，大陆会议同意禁止进口英货，还进一步禁止了英国王室重视的美国日用品——如烟草、大米和一长串航海产品——的出口。独立士官连的马里兰士兵们坚决反对这些税法，但革命之于他们不仅是为了钱。他们为人身自由和意志自由的理念所战，他们也不希望自己的日常生活和辛勤经营受伦敦的官僚支配。

就在战争一触即发之际，甚至所有殖民地都开始组建各式各样的独立连队，战局也不明朗。事实上，许多殖民地都寄希望于维系北美殖民地附属于大英帝国的身份，利用外交手段解决争端。叛乱——如果落得这个名声——将是最后手段。

战争的阴云笼罩着变幻莫测的地平线，巴尔的摩独立士官连的战士开始武装自己，购置他们给付范围内最好的武器和制服。这支富裕的巴尔的摩连队参战时扛着"好枪"，一把刺刀外加一对手枪和一柄剑。然而，其他美军部队大多买不起如此昂贵的枪和补给，他们的许多兄弟只能带着打猎的老式猎枪或临时代用武器去打仗。当众多美军穿着旧皮衣或土布衣服时，独立连的马里兰士兵却穿着"一套制服，上着黄皮军装，用黄色金属或金质纽扣做点缀，脚穿白色长袜，黑色帆布及踝靴"。有了他们做榜样，马里兰又成立了多支独立连队，保卫家园。

就在建成宣言签署后不久，训练紧锣密鼓地展开了，每天都会军训大半天。独立士官连学会了如何行军和排列战斗队形。他们还练习了如何集体给滑膛枪装弹及射击，可能的话还会进行射击练习。吉斯特手下的士兵们都有专属教官，名叫理查德·卡里。他曾在光荣可敬的波士顿炮兵连[1]服役，当时的指挥官是约翰·汉考克。卡里高质量的训练以及独立连昂贵的装备，让马里兰军队在战争打响后，与其他殖民地部队拉开了距离，使他们成为大陆军的第一支精英步兵部队。

这些独立连队的志愿军征募活动违反了英国法律，又一次公开挑衅了英国国王统治，构成叛国罪，可被处死刑。率先在巴尔的摩独立士官连建成宣言上署名的60名爱国者无异于给自己派发了催命符。这个威胁绝不是危言耸听。英国镇压了爱尔兰的起义，法官对被捕的革命者作出判决："立即捆上囚车押赴刑场，执行绞刑；但如果执行后，受刑者未死，将取下受刑者身体，扯出肠内脏，当面烧毁；再实施砍头，把受刑者身体分成四块。"

纵观历史长河，杰出的勇士们总相信毅力和决心会战胜一切艰难险阻。这支有思想的独立连，战士们个个都为理想热血沸腾，甘冒前景未知的风险，只为遵守自己对一个理念的承诺，作出了牺牲财富、自断财路，还可能付出生命的重大决定。吉斯特也如诸多爱国者一样，相信弟兄们的热情会帮助他们战胜远比自己阵容庞大、装备精良、训练有素的英国军队。

有这种信念的不只吉斯特一人。在吉斯特的官方文件中，有一封寄给

---

1 成立于1637年，该炮兵连是殖民地首批民兵部队之一，延续至今。起初这支部队是马萨诸塞州总督的仪仗队，也是北美获得军队组织特许资格最老的部队之一。

巴尔的摩独立连的信。信中频繁引经据典，寄信人署名自称是独立连的仰慕者"阿伽门农[1]"——传说此人是希腊国王，联合自己的国民对抗特洛伊人。应当众大声宣读这封信的要求，他提及波斯王薛西斯的不朽军队，并将马里兰军比作斯巴达勇士——在温泉关战役中，同样面对着实力远在自己之上的敌人——信中解释道："约三百位斯巴达人胸怀爱国主义，拖延住两万大军。"寄信人相信吉斯特的战士们，就像斯巴达勇士和史上其他精英部队一样，会在关乎新国家未来的大事上扮演重要角色。

事实证明，信中的对比惊人地准确。一年多后，华盛顿便召集这支马里兰队伍作出史诗般的抵抗，冲破阻碍势如猛虎。

---

1 信件原件使用阿伽门农（Agamemnon）的拉丁文拼写。

第二章

斯莫尔伍德营和大陆军的诞生

　　1775 年 5 月 5 日，革命气焰高涨，巴尔的摩独立连来到巴尔的摩市郊，热切地等待前去费城参加大陆会议的各殖民地代表们经过。当乔治·华盛顿等代表——很快就要成为独立战争的英雄——骑马进镇之际，仪仗队获得了奖励。

　　马里兰军热情地陪同要人们来到富饶的方廷饭店，坐落于今莱特街和红杉街，以一流的葡萄酒窖、24 间卧室和以 6 棵红木装饰的会客厅闻名遐迩。仪仗队在饭店广场上列队，鸣枪三声，向各州代表组成的骑行队伍致敬。这壮观的庆典活动一直持续到第二天，时任陆军上校的华盛顿检阅了镇上的民兵，表示"对军官及士兵们的表现和举止很满意"。莫迪凯·吉斯特的独立连进而带队前往政府大楼，城市元老在那里热烈欢迎了代表们的到来。在会谈中，代表们致词道："愿英国皇权统治终结之后，巴尔的摩依旧繁荣昌盛，人民依然安居乐业。"保卫马里兰的队伍即将踏上保卫更崇高理想的道路。

在巴尔的摩短暂停留之后，南方的代表们抵达了费城，出席了于 1775
年 5 月 10 日召开的第二届大陆会议。就在前一个月的 19 日，爱国者们在
列克星敦和康科德战役中打响了"响彻世界的一枪"。这是殖民地与宗主
国拉开战争序幕的第一战。

第一枪打响之后，紧接着波士顿也发动了围攻。马萨诸塞军等北美殖
民地军队也是自备军装、装备和武器，由于出城陆路全被封死，把英国驻
军困在了波士顿。尽管当时其实没有真正的美国军队存在，也没有任何殖
民地宣布独立。相反，用华盛顿自己的话说，只有"各行各业的人民……
几乎无人指挥或受人控制……混乱和无序在各地蔓延"。

6 月，第二届大陆会议作出一项重大决议。虽然人们担心成立的军队
今后会被用来对抗自己人，大陆会议仍然决定成立一支武装力量，并委任
华盛顿为"殖民地联盟军队将军及总指挥官"。最终，大陆会议决定称这
支军队为"大陆军"或"美国军队"。

华盛顿是弗吉尼亚的移民二代，家中经营农场，家境小康，他曾在殖
民地学成，成为测量员，而后在法国 – 印第安人战争中参军，立下赫赫战
功。他的军衔先后晋升为陆军上校和弗吉尼亚省军队的团指挥官，掌握了
丰富的作战和政治技能，都是日后领导新生美军必备的技能。华盛顿高 6
英尺 2 英寸，相貌俊秀，威严而沉稳，是殖民地数一数二的好骑手，体内
似有用不完的力气。他继承了弗农山庄的农场，以及他妻子玛莎·卡斯蒂
斯家的房地产业，成为一名有钱人。于是，他不得不走进殖民地的上流社
会。华盛顿凭借人脉、气质和军功，似乎就是担任总指挥的最佳人选。可是，
他不是唯一的候选人。

华盛顿的主要竞争对手是参加过法国 – 印第安人战争的两位老兵——
霍拉肖·盖茨和查尔斯·李。李参加过多次欧洲战争，有丰富的海外作战经验，

盖茨则在北美战场留下突出的战绩。不过，要说华盛顿最大的竞争对手，非大陆会议主席约翰·汉考克莫属，他没有上过战场，唯一的军事经验就是指挥光荣可敬的波士顿炮兵连——理查德·卡里隶属连队——进行阅兵演习。

约翰·亚当斯指出华盛顿具备两项珍贵的领导技能："他拥有沉默的天赋，具备卓越的指挥能力。"作为独立战争中最关键的军官，华盛顿必须把分散在美国 13 个殖民地的各行各业的市民——包括马里兰军在内——从散漫的新兵转化为战士。最终，这名总指挥官同马里兰的精英战士——纵横美国南北作战的少数部队之一——建立起特殊关系，他们将会在独立战争最艰难的时期，让整支军队团结在一起。

在确立华盛顿对大陆军的总指挥权之后，大陆会议开始征兵了。经过一系列决议，大陆会议建议 13 个殖民地分别组建一个营[1]"享受大陆军饷"。马里兰特立独行地予以响应，以来自独立士官连的军官和军士为核心，组成了斯莫尔伍德营。

1775 年 12 月，独立战争初期的马里兰爱国者政府——马里兰大会——决定在马里兰组建 1444 人"有军饷的守卫军"。次月，大会完善了征兵计划，确定这支部队包括"一个由 9 个连队组成的营，7 个独立连，以及 2 个炮兵连"。每个连队包含至少 68 名二等兵，有的连拥有的二等兵甚至有 100 名之多。所有士兵都是志愿军，据描述都是"年轻、精神饱满、健壮的男子，互有血缘或家族关系，要么在本地拥有财产，都能熟练使用武器"。

响应第二届大陆会议为大陆军招募正规军的号召，马里兰建成了 13 个殖民地中最独特的一支武装力量，因为它既非民兵也非大陆军；反之，这是由政府出资（利用马里兰居民缴纳税款和后来没收效忠派财产的所得）

1　尽管一个营的规模通常是一个团的 1/3，各分队的规模和实力却各有悬殊，而"营"也能表示团里的任一分队。当时的军队时常混用"营"和"团"。

建成的，目的是为了保护马里兰不受内忧外患侵扰。

这些志愿正规军服役 1 年，就可挣得由马里兰支付的军饷。二等兵起初可收到 5 又 1/3 美元；中士为 8 美元；上校军饷最高，是 50 美元。这点军饷，哪怕真发放下来，也不够军队中任何成员勉强糊口。许多人接到的军饷都不足数，被扣除部分用于购置制服。部分表现出色的战士后来获得了赐地奖励。

斯莫尔伍德营还拥有一小支军乐队，成员主要是鼓手和横笛手。在 18 世纪，战场上枪炮声嘈杂，战士很难听到指挥官的号令，于是战士们要学会听从鼓点节奏出战。每支队伍都有许多鼓点信号，战士听到不同的鼓点就要立即按指令行动。横笛手和鼓手还会演奏进行曲和让战士们和声演唱的流行小调。慢慢地，这些鼓点和军乐让战士们上下一条心。

除了武器之外，战士们需要鞋、带扣、长袜、衬衣、军裤、军帽、梳子、毯子、小刀、军帐、水壶等相关物品。一开始，这些必需品都是他们自掏腰包买的。大小军帐也是非常紧缺。一个军官反映他们连装备太差，战士们不得不"在没有毯子和军帐的情况下，露天睡在松树林里"。他抱怨道："我们毫无遮蔽地站着，处在最没有防御能力的状态。"随着时间推移，战士们又需要替换衣服和装备了，有时能得到大陆会议或州政府的供给，但更多时候，只能盼来一场空。

新组建的部队还需要食物。军官写过不少信去为营队争取肉和面包。大陆会议定的每天食物配给定额是 1 磅[1]牛肉、3/4 磅猪肉或者 1 磅鱼。供给还包括豌豆、蚕豆、蔬菜、"苹果酒"和糖蜜。可正如制服和装备那样，食物配给也更像是幻想。开战后，许多马里兰战士都忍受着饥饿，衣衫褴褛，打着赤脚。

通俗点说，马里兰军是斯莫尔伍德营里所有连队的通称，由于殖民地把既有的独立连，包括吉斯特的连队在内，全汇编到威廉·斯莫尔伍德上

1　1 磅 =0.4536 千克

校旗下。斯莫尔伍德出生在马里兰查尔斯县，来自一个政治家的家庭，受教于英格兰的伊顿学院。在参加完法国–印第安人战争之后，他被推选为当地政府马里兰省议会议员。在接受任命时，他已经年满43岁，身材魁梧，是马里兰德高望重的农场主，但他性格有些小气，所以他手下的许多士兵都不喜欢他。

被编入斯莫尔伍德旗下让吉斯特感到别扭，于是他写了一封信到马里兰政府，要求获许自己继续担任独立连的指挥官。吉斯特在信上说明队伍被收编之前，他亲自负责招募这支连队，还曾两次当选指挥官一职。吉斯特在军队里有鼓吹胜利传统，教会士兵们懂得"唯胜有功"。他在信的最后总结道："若能任命我为军官（不低于我之前的军衔），我将竭诚为愿意任命我之人肝脑涂地。"他署名时也是非常正统，不带一丝玩笑，"您最忠顺、最谦卑的仆人——莫迪凯·吉斯特"。

大会不仅批准了吉斯特的请求，还把他提升为斯莫尔伍德营的副少校。吉斯特曾经的独立连虽然已被收编，但依然保持着独立。加之，他连里的不少士兵都在新成立的营队被授予高职位。斯莫尔伍德营的军官和军士里有1/4都是巴尔的摩独立连的前成员。

斯莫尔伍德麾下很多军官具备出众的领袖气质，让他们在战后政界获得了要职。有的成为众议员或州参议员，斯莫尔伍德本人最终也当了州长。纳撒尼尔·拉姆齐是该营的第一批军官，他来自塞西尔郡，原是一名律师，在部队里担任上尉；拉姆齐毕业于新泽西大学（今普林斯顿大学），马里兰营建成时，他34岁，也是部队里年龄最大的成员之一。拉姆齐的家庭成员有几位名人。他的弟弟大卫·拉姆齐是早期研究美国独立战争的主要历史学家，而他的小舅子查尔斯·威尔逊·皮尔是一位著名的艺术家，在宾夕法尼亚民兵队服役。皮尔为美国建国奠基人画过一些油画肖像，其中就包括乔治·华盛顿的近60幅肖像。

查尔斯·威尔逊·皮尔的弟弟詹姆斯也是一位著名艺术家，虽然知名度不及查尔斯·威尔逊。兄弟俩曾共同生活和工作过一段时间，詹姆斯主攻微型画。1776 年 1 月，詹姆斯 26 岁，接下委任状，在斯莫尔伍德营里担任掌旗官。掌旗官是一种初级军官，因为要轮流执掌旗帜，在连队或军团里又处于特殊位置。服役大约两年后，皮尔被升至上尉。

找齐天生具备领袖气质的军官并非易事，因为这支军队新成立不久，羽翼未丰。一位巴尔的摩战士写信到马里兰当局说："第 8 营有更多好空缺，他们可以列出一大张清单。"他还补充道，"那些人毫无纪律性，更需要完整的军官体制。但是，我们也许还需要些时间，我决定就带现有人手行军去。"

新晋军官里还有一位爱德华·维奇，来自塞西尔郡，是第四代移民，被任命为斯莫尔伍德麾下第 7 独立连的上尉。和其他许多年轻军官一样，维奇来自马里兰的一个名门望族。他家是富有的农场主，家中养着奴隶，他的许多亲戚在战时和战后在马里兰担任公职。20 岁的小布赖恩·菲尔波特也是一个富家子弟，被委以掌旗官一职。菲尔波特的父亲是个成功的商人和地主，在巴尔的摩很有势力。后来，该市以他们家族的名字命名了一条街、一座桥、一座海岬和一座小山。

马里兰军的军官大多年纪轻轻便获得授衔。1776 年 1 月，威廉·斯特雷特是马里兰营里唯一一位年仅 18 岁就获得中尉军衔的军官。斯特雷特出生在爱尔兰移民家庭，他的家族在巴尔的摩经营着一家非常红火的商店——约翰·斯特雷特 & 公司——销售进口商品，如布料和盐；斯特雷特家还有航运和土地的股权。斯特雷特家族强烈支持独立战争，威廉的哥哥约翰则在巴尔的摩县民兵服役，担任上尉；他的姐姐玛丽——昵称波莉——后来嫁给了莫迪凯·吉斯特。营里的众多战士因友情或家庭纽带联结得十分紧密。

这些年轻军官通常升职非常快。詹姆斯·费南迪斯是个西班牙后裔，他的家族在独立战争爆发的 120 多年前就移民到马里兰。他在 1776 年 1 月

30 日加入斯莫尔伍德营时还是个应征士兵，6 个月后获得少尉的委任状，又过了 6 个月，他被升为中尉，到了 1774 年 4 月，又被升为上尉。还有一位来自肯特县的约翰·班特姆，入伍时 20 岁，是个二等兵，没过几天就被提拔为中士，大概是因为他的领导天赋使然吧。

能否招募到自己的部下，是检验军官是否具备领导才能的终极测试，他们招募的对象通常包括自己的老乡。每个连很快就招满员了。马里兰军的社会阶层跨度很大，但是大部分是农民（父子两代）和工匠，如船木匠、酿酒工人、面包师和铁匠。一位军官在写给斯莫尔伍德的信中写道，他希望"能有一支令人尊敬的农民连队，因为我下定决心尽量不拿东西出城"。

1775 年至 1776 年的募兵花名册已经破烂不堪。基于某个连队的记载，新兵来自马里兰的各个县，平均年龄不超过 25 岁，而他们的平均身高也在 5 英尺 7 英寸[1]上下。他们参军的动机各有不同：大多是出于爱国主义；有的是为了争取可能提高自己生活标准的机会；有的青春年少，未经历战争的恐怖，恐怕是被荣耀和军功的梦想诱惑而来吧。

纵观所有战争，二等兵总是战斗的主角，斯莫尔伍德营也不例外。应征队伍中全是签一年服役合同的，如约翰·休斯，来自马里兰弗雷德里克县的 26 岁小伙；又比如约翰·布迪，同父母一起住在鲍尔德·弗里亚尔名下的一艘船上，漂浮在马里兰北部萨斯奎哈纳河上，他应征时才十多岁，却服役完整场战争。斯莫尔伍德营里还有不少亲兄弟，例如出生于苏格兰的麦克米兰兄弟，他们大概是贫困的佃户，家住切萨皮克区的哈佛县东部，种植烟草为生。两人都是初次参军，春季应征到营里，很快就在几个月内被提升为中士。

非裔美国自由民也加入到斯莫尔伍德营里来了。虽然整个战争中服役的自由民具体人数难以统计，但据估算，整个大陆军里有大约 5000 名非裔

1　1 英寸 =2.54 厘米

美国士兵，而为英军出战的约为该人数的两倍。大陆军不仅是美国的第一支军队，更是美国的第一支无种族界限的军队，该盛况直到第二次世界大战后才得以重现。残酷而极具讽刺意味的是，数千名黑人为人身自由和意志自由而战，战后却有上万名黑人仍是奴隶身份。

签下卖身契的仆人没有参军资格，除非得到他们男主人或女主人的允许。当时在马里兰，卖身仆和奴隶都非常普遍：1752 年巴尔的摩县人口普查显示有 11345 名自由白人，1501 名卖身仆和罪犯，4143 名黑奴和黑白混血奴隶以及 204 名黑人自由民和黑白混血自由民。卖身仆非法服役的情况时有发生。有这样一个例子，丹尼尔·布罗菲于 1776 年春加入了斯莫尔伍德营，后来因其主人要求归还，布罗菲又回到了主人家。

连队军士会协助募兵，中士还要接受该任务的专项指派。23 岁的加萨韦·沃特金斯的军旅生涯就是从当军士展开的。他生长在马里兰安阿兰德尔县，入伍那年便获得掌旗官一职，后来成为一名上尉。他是一个"体格健硕，高 6 英尺 2 英寸，身材匀称，有肌肉的男子"，沃特金斯如雕像般的身高使他"在战斗中表现尤为出色"。

连队招满员了，接下来的任务就是投入训练，置办装备和武器了。

第三章

备战

　　武装斯莫尔伍德营真是场噩梦。大多数武器都是战士们自带的，导致枪械构造、型号和口径都很混乱。起初，许多新入伍的士兵在军训期间没有任何武器。待补给到位后，他们才领到了滑膛枪，有时也称"燧发枪"。

　　操作这种武器是件费时的苦差事。像马里兰军这样的军队，会携带装有12至36发弹筒的弹药盒。所谓子弹，则是直径与滑膛枪口径相同的纸筒，其中装着一个球和定量的黑火药，折在一端。射击时，士兵需要取出一颗子弹，用牙咬开顶端的纸，把少量火药倒进发火池，再把剩余火药倒进枪管，然后把球和纸插入枪管，把它们塞到底。只有到这一步，滑膛枪才能准备发射。在最理想状态，一位训练有素的士兵每分钟可以装填并射击4到5次。在紧张的实战中，士兵的注意力因硝烟和枪炮声分散，以及身体分泌的肾上腺素，时常忘记或跳过复杂流程中的重要步骤，导致点不上火，造成致命的结果。

技术驱动战略。因为滑膛枪如此不精准，军队则开始练习多人一次集中射击。当时参战的士兵们会依次站成排，有时会列成8到10排，同时射击——站在前排的士兵，视线都很清晰，会同时朝对面扣动扳机。这样的集团射击提高了击中敌军的几率。

理论上虽然强大，但齐射的实战效果大多不是很理想。"只有神枪手可能击中100码内的目标；齐射也许有机会击中位于200码的一群敌军；但是到300码远，就完全无效了。"法国曾做过一项试验表明滑膛枪的精准度是多么差：82码的命中率为60%，164码的为40%，而在300码时，命中率仅为23%。某观察员评论道："火药不如想象中那么可怕。战斗中，只有极少数冲在最前方的人会中弹身亡。我曾亲眼目睹整排齐射还杀不掉四个人的全过程。"事实证明，训练场上的试验不能代表战场的实情。士兵们会受肾上腺素激励，硝烟会模糊他们的视线，不点火的情况时有发生（有时发生率高达25%），敌军还会经常使用固定在枪管上的刺刀作近身肉搏。混乱之中，士兵们有时会摆脱恐惧，有时甚至是训练有素的士兵也不能从瞄准程度与试验条件相同的战斗中全身而退。

那个时代，所有武器都是手工制的——正如战士们穿戴和携带的其他所有物品一样——军械工人的水平也存在差异。军官们开始测试起由巴尔的摩制造商提供给军队的每一杆枪。结果证明，某些枪械厂的产品上不了战场。如一位马里兰军官于1776年2月报告时所说："经测试，基纳先生（当地的枪械厂）的剩余枪械拒绝采用，但在我威胁他之后，他答应供给好枪。"事实上，基纳提供的枪超过半数测试不合格。其他枪械厂的枪合格率要高些，测试员便"在所有测试合格的枪上盖章"。此外还有一份资料，一个军官报告称他们连里29杆滑膛枪只有8杆能用，其余都是不能工作的"粗制滥造的垃圾"。

斯莫尔伍德营也申请了部分"一分钟连队手里的枪"。一分钟连队之前是为保卫殖民地而成立的，他们由一分钟民兵组成，这些民兵都是当地市民，会在紧急事态下带上武器集结作战。然而，这办法并不能很好地解决问题，因为一分钟连队的枪，用某位军官的话说就是"相当差，真是糟糕到让我觉得带上它们去打仗显得很凄惨"。枪械不良使得军队等不到急需的武器，那位军官补充道："军队毫无防备地穿过本县，而我们连的状况恐怕比这糟得多。"

补给匮乏，屡次影响到部队的士气。爱德华·维奇上尉——驻扎在东岸——说缺衣少武器的情况让他"非常不安"，因为军官们"知道驻扎在西岸的军队基本上都武器精良，有好衣服穿"，问题就难办了。

为了解决这一难题，威廉·斯莫尔伍德派杰克·斯图尔德去寻找武器和火药。大家都知道杰克是个非常自负的人，他的父亲斯蒂芬·斯图尔德，在安纳波利斯南部拥有 43 英亩的造船厂。杰克·斯图尔德身高 6 英尺，相貌英俊，身材魁梧。他是前贵格会教徒，勇敢无畏，人生信条是"你只能活一次"。他于 1776 年 1 月 14 日被授衔中尉，很快，同年就被提拔为负责一个连的上尉。

斯图尔德此番任务可能有他的一生挚友本杰明·福特陪伴同行。这两位是邻居，斯图尔德的家还是福特的祖父修起来的。福特和斯图尔德一样，是个身体结实，具有领袖魅力的领导。两人在战斗中都表现得十分无畏。

斯图尔德寻找火药的任务揭示了美国需要军事补给的实情。在开战之后，大陆军平均每个战士只有半磅火药。这一点也是大陆军独立战争期间作战时的阿克琉斯之踵 [1]。战场上，火药决定成败。尽管美军使用的枪械只有 10% 由美国枪械厂提供，其余 90% 都依靠进口。

英国的军事计划者意识到火药的重要性。1774 年 10 月，英国国王建议殖民地总督们"采取最有效措施扣留、拘禁、看管任何可能被输入进省的火药或者任何形式的武器或军火"。于是，英军只要发现任何军火和火

1　Achilles' Heel：原指阿克琉斯的脚跟，因是其唯一一个没有浸泡到神水的地方，是他唯一弱点，后在战争中被人射中致命。现在一般指致命的弱点、要害。——编注。

药贮存，便会立即没收或销毁。殖民地居民用火药和硝石（硝酸钾，炸药的主要成分）擦洗地面，以补充存货。他们派代理商去加拿大和加勒比，从法国和荷兰进购军火；他们还尝试用当地矿产自制火药。大家的这些努力成效甚微，本杰明·富兰克林都开始担心人们会不会回到过去使用弓箭打仗的年代。

马里兰军领到了刺刀，在大陆军中很罕见。那个时代比较典型的刺刀是三棱刺刀，装在滑膛枪的尖端。这些锋利的刀就是刺杀用的兵器，可以刺穿人的内脏，留下致命的伤口。训练得当的话，不仅可以让士兵顶住敌军的刺刀袭击，还可以发动反击。

连队待组建并装备到位后，1776年春，他们被派去保卫马里兰最重要的经济中心。6个连队——占了斯莫尔伍德营的一大半——驻扎在安纳波利斯，其余由莫迪凯·吉斯特指挥的3个连队则去了巴尔的摩。独立连遍布马里兰大地。

同样遍布马里兰大地的是依然对英国国王保持忠诚的家庭。美国效忠派的真实人数难以统计，但到了独立战争结束时，有超过8万名效忠派美国人被驱逐出境。其中一人的名字出现在《马里兰期刊及巴尔的摩广告报》上，因为吉斯特刊登了下面这条广告：

逃兵。隶属巴尔的摩独立连，于24日晚突然逃跑，身份确为托马斯·弗雷什沃特。他是英国人，高5尺7寸，肤色黝黑，留黑色长发，爱喝酒，但喝醉之后就乱撒酒疯，逃跑时身穿鼓手制服。据推测，疑是几位托利党人协助他逃跑，将他送至安纳波利斯——他最后出现的地点。任何逮捕上述逃兵者，请移交给我，你将得到四十先令赏金。

一场内战在各殖民地展开，多少马里兰市民为此分离。

第四章

美国的第一场内战

　　1776 年 2 月 6 日，马里兰军在巴尔的摩西北部的马里兰弗雷德里克县集合，同两支民兵会合，拥挤的人群中传来窃窃私语的嗡嗡声。罗伯特·加萨韦站起身来，开始讲话。虽然在场的所有士兵都是自愿的，并时刻准备着保卫家园远离英国统治，仍有许多士兵残留着对英国国王效忠的思想。更有不少士兵为接管政府角色的新兴殖民地组织感到不安。加萨韦此番讲话就替这些士兵道出藏于心底的恐惧，他说，"穷人最好还是放下武器，按照国王和议会的要求，老老实实缴税，这样总比受波士顿事件和马里兰的爱国者政府连累，被带进奴隶制社会，像奴隶一样任人指挥、服从命令的好"。他说，包括自己的儿子在内，马里兰战士都是被迫参军，因为他们害怕一旦拒绝，就会遭当地的观察委员会的打压，一如压制效忠派时那样，"我勇敢的儿子们，他们远出作战，"说到这里，加萨韦用手扣住自己的脖子，"是因为害怕自己被绞死。"

在场的爱国者人数更多，愤怒地告诉加萨韦把自己的意见放在肚子里。

可坦率的加萨韦不愿保持沉默，他叫嚣着"确信自己是对的"，呼吁战士们都放下武器。

战争期间爆发了许多殖民地——以及许多家庭——的效忠派与爱国者之间的激烈矛盾，从加萨韦的异见便可窥得一斑，这个战争不仅是独立战争，还是一场内战。

至于加萨韦，面临监禁的威胁，他后来还是签署了一份行文拙劣的自白书，上面写道："我坦白，我很抱歉我说了那种话，会让别人有理由相信我希望分裂人民。而且，我意识到我这么做的错误，我保证，今后会注意我的举止。"

内战在马里兰尤为明显，切萨皮克湾将该殖民地一分为二，有效地形成两个小集团。住在东岸的居民倾向于当效忠派，又称"托利党"，而住在其他区域的则更倾向于爱国者。

马里兰自 1632 年建成以来，它的地理特征将它天然分割为两半。切萨皮克湾西岸有安纳波利斯、圣玛丽城和巴尔的摩等城镇，接纳来自其他殖民地的游客及出差前来的商人。贸易业繁荣，居民和其他殖民地市场保持着联系。与之相对，切萨皮克湾的东岸则封闭得多。当地的农民、农场主和渔民过着自给自足的生活，有宗教信仰，通常在殖民地居民生命中扮演重要角色。虽然该殖民地是作为天主教徒的避风港初建的，但到了 17 世纪末，新教徒地位崛起，英国的新教徒也是如此。在东岸，英国国教会在宗教中占主要地位。当地的教会领袖鼓励教徒对大不列颠保持效忠，并且在许多情况下，人们都会听从牧师的劝告。然而，在马里兰州等殖民地，双方的支持者都有，通常紧密的生活在一起。在叛乱、种族、宗教和世俗分歧的严峻考验中，邻居生仇，手足相残。

处理马里兰众多效忠派的任务，交给了殖民地的安全理事会。这个称呼很低调，安全理事会是提供军事计划、补给品和武器储备，并管理政府、严厉打击不同政见者的机制。

在不久前召开的第二届大陆会议的敦促下，每个殖民地均组建了一个类似的地方议会。拒绝在结盟宣誓书上签字的马里兰人，会被贴上"非盟友"标签，州政府要求他们缴纳罚款，没收他们的枪械，有些人连财产也被没收了。

在当地，像巴尔的摩这样的城镇还成立了观察委员会，由它提供法外法院掌管规则。马里兰有大约900个这样的委员会。他们的主要工作是恫吓效忠派、没收其财产和强行执法。莫迪凯·吉斯特等巴尔的摩独立连的主要成员都广泛参与安全理事会和观察委员会的行动，接受两个团体的任命。

新政府组织有效地控制住许多效忠派和混合的忠诚分子。委员会还有一个财政部门，他们中止了英国债务法以及英国的征收行为。在切萨皮克地区，欠英国经纪人和代理人的债务是主要问题，因为许多爱国者农场主都债台高筑。一位历史学家在研究完英国财政部报告之后指出，弗吉尼亚州众议院超过55名议员都欠着英国国王的债。乔治·华盛顿和托马斯·杰斐逊各欠下1,000英镑和5,000英镑的债务——在当时算是巨款了——许多马里兰人也处于相同的境遇。另外，该州背负了289,000英镑的债务，多来自贸易逆差，因为当时进口大大超过出口。

战士效忠国王还是支持爱国者的纷争导致斯莫尔伍德营里几个家庭的破裂。土生土长在东岸的约翰·甘比是个狂热的爱国者，可他父亲"是个英国国王的热心支持者，换言之，一个托利党人"。约翰·甘比据说是"斯莫尔伍德将军指挥的马里兰战士中最英勇的军官之一"，出生于索美塞特县。30岁那年，他志愿加入一分钟民兵，父亲警告他会被绞死，他却丝毫不理会父亲的反对，答道："我决定加入爱国者的军队；我宁愿立刻跨进爱国者的坟墓里，也不戴英格兰的王冠。"和吉斯特一样，他组建了一支独立连队，被编入斯莫尔伍德营。

即便父子间存在分歧，甘比还是尊重、钦佩自己的父亲。他笔下的"托利党人"是：

美国总会强加的多个不当污名之总称。然而，托利主义原则上只是对母国政府及制度的守旧的依附感……他们对国王的这份惊人的情感是那么强烈，几乎只有死亡的痛苦才能将其打破。好在，我们都崇尚殖民地的英雄主义气概，这让我们能够以自由的名义，抛开这些依附感，忍受各种痛苦，被迫承受而非主动忍受压迫。

这些相斥的愿望——对国王的忠诚，对推翻压迫、迎来自由的渴望——在许多殖民地居民心里打架，导致有的人随着独立战争的走势而反复改变心意。

有个未表明衷心的托利党人名叫詹姆斯·查默斯，他是东岸显贵也是作家，他在切萨皮克拥有一座小岛。他曾用一万多英镑，在东岸购买了几大片烟田，拥有几十个奴隶。他和不少有钱有势的效忠派人士组成了一个小交际圈。一位英国人描写近代的苏格兰移民时如实描述道："有钱的地主们生活自成一派，犹如在自己的小富国里当皇帝。"查默斯强烈反对革命，他刊印了辩驳小册，中伤托马斯·潘恩著《常识》等爱国者文学。他说潘恩"可耻地歪曲事实，他不懂大不列颠及其殖民地的实情，根本没资格承担艰巨任务，他的预测都是自以为是；他急着把我们带上悬崖，可他自己都站不稳。"他最后总结，"因篇幅不够，无法一一描述有多少恐惧、痛苦，等待着沉浸在塞壬女妖[1]式美国独立歌声中的人们。简言之，我敢断言，只有当那些渴望真正的自由之人懂得规矩地把意见递呈给大不列颠当局时，

1　塞壬女妖来源于来源于古老的希腊神话传说，她是一名人面鸟身的海妖，常用天籁般的歌声诱惑过路的航海者而使航船触礁沉没，船员则成为她的腹中餐。——编注

才是最好的政策；'需花费很长时间才能完成，不能在短时间内通过伪善、瞒骗和武力实现。'独立和奴隶制是同义词。"

在拒绝签署向马里兰安全理事会表示效忠的宣誓书后，查默斯在切斯特敦差点被一个流氓暴打至死，他便准备"以牙还牙"。一年内，他就向驻于北美的英军指挥官进言。正当巴尔的摩的商人组建好其爱国者军队之后，查默斯就仿照吉斯特，也成立了一支自己的效忠派军队。

在多理想相斥的熔炉里，尽管训练和准备不尽理想，马里兰军和曾经称兄道弟的同胞开战了。为了把这处于萌芽状态的起义扼杀在摇篮中，英国国王计划派兵来胁迫这些意图叛变的殖民地人民乖乖就范。

1776 年

第五章

水獭号

1776 年 3 月 9 日,英国军舰航行在切萨皮克湾,来势汹汹地驶向守卫者号。塞缪尔·史密斯上尉扫视了麾下踊跃报名志愿参加抵御英国军舰水獭号任务的战士,而水獭号就抛锚停泊在前方,逼近巴尔的摩和安纳波利斯。史密斯手下许多战士都非常希望参加这次行动,但守卫者号可容纳的人数有限。有人爬进现在已彻底改装成商船的小船里,里面装着 20 杆枪。

正如组成这支新组营队核心的多位战士一样,史密斯也是巴尔的摩独立连的 60 位元老之一。史密斯和莫迪凯·吉斯特、纳撒尼尔·拉姆齐关系密切,特别是与杰克·斯图尔德尤为亲密。史密斯和斯图尔德实际上曾经决斗过一次,正所谓"不打不相识"。

距离史密斯等人组建马里兰首支独立连队已经一年有余了,而独立战争在这 12 个月里也发生了许多戏剧性的事件。波士顿围攻战是在爱国者于泰孔德罗加堡获得重型炮之后才发起的,战士们把大炮运过数百英里,穿过纽约和马萨诸塞郊区,才终于把它架到位于南波士顿的多切斯特高地上。见有大炮在建好防御工事的高地居高临下地对准波士顿湾,英军指挥官发现自己的阵地难保,遂命令军队撤到新斯科舍省哈利法克斯。美军在 1775 年取得了节节胜利,却在同年最后一天,冒着暴风雪袭击魁北克时遭遇了历史性的惨败。

在南方,一支由近千名战士组成的爱国者民兵在北卡罗来纳威尔明顿粉碎了同等规模的效忠派军队,削弱了英国国王多年以来对该州的影响力。弗吉尼亚皇家总督约翰·默里,又称邓莫尔伯爵,企图在诺福克外干扰辉格党部队。在大桥战役中,爱国者军队歼灭了邓莫尔军,造成近 100 名英国正规军死伤,而美军只有 1 人轻伤——拇指被擦破了。遭遇惨败的邓莫尔和一小众英国正规军、效忠派和几百个奴隶——他称之为"埃塞俄比亚军团"——登上包括水獭号在内的皇家军舰。接着,邓莫尔军炮轰诺福克,点火烧城,却没能完全摧毁辉格党民兵,反倒烧掉和洗劫了诸多效忠派人士的家。大部分美国人都不知道这段史实,只是推测这是英军的残忍行径。所谓的恶行还有较早之前发生在马萨诸塞法尔茅斯的一次事件,英军在那里烧掉几百幢房屋,刺激了人们对独立的渴望。诺福克化为一片灰烬,邓莫尔的小型舰队横渡切萨皮克湾,至弗吉尼亚朴茨茅斯调头向北,突袭了海岸线。

为了炫耀武力,1776 年 3 月,邓莫尔派出包括水獭号在内的一支舰队前往切萨皮克湾,直逼巴尔的摩和安纳波利斯。此举引起了殖民地的高度重视,岸边的居民担心自家会和诺福克落得一个下场,很快都撤离出城。安全理事会立即通知营队:"我们收到线报,一艘带 44 门炮的战舰和两艘炮艇正闯湾而来:我市(巴尔的摩)危在旦夕,据我们判断,我们将会尽一切力量,派所有士兵出城死守;如果能对您营里所有连队的全体将士下达指令,使他们尽快整装出发来到本镇,我们甚是欣慰。期待你们上午尽早赶来。"

经证实，早期的情报有些夸张了，接着又有报告称，确认水獭号上只带有 18 门大炮。尽管如此，营队"还是以迅雷不及掩耳之势出发了，舰队刚靠近（马里兰）观光海岸，岸上已经站好一列列士兵"。营队命令士兵们在海岸线附近列队，以展现实力。为了虚张声势，当英国战舰沿海岸移动时，同一批士兵也前往不同地区列队。

水獭号向一艘载着燕麦的小船开火了，局势进一步升温。水獭号船长宣称"是一名粗心的海军学员没接到任何指示就开炮了"，但这一举动激发了安纳波利斯和巴尔的摩的斗志。船长接下来的言行又让事态进一步恶化，他先要求马里兰总督交出已进入战备状态的守卫者号，竟称之为"可能怀有敌意的私掠船"；后来，他又想索要补给，称如果马里兰人拒绝卖给他，他就要付诸武力。

交涉仍在进行中，守卫者号船长命志愿军挑战水獭号，并重夺其他舰队的炮艇。塞缪尔·史密斯连自告奋勇地接下此次任务。美国军舰在其他几艘船的护航下，向英国的小型舰队开去。英军见状大吃一惊，水獭号赶快掉转船尾，撤回弗吉尼亚，途中还在马里兰居民圣乔治的小岛抢劫了在巴尔的摩索要遭拒的补给。水獭号在此次撤退中，试图缴获停泊在附近小港里的美国双桅纵帆船，结果被当地民兵赶跑了。就在这时，凯旋的马里兰军带着他们重新夺回的炮艇，回到了巴尔的摩。

虽然马里兰军和水獭号的遭遇战阵势不大，但这是他们第一次尝到胜利的滋味。马里兰安全理事会将他们的英勇事迹广而告之，写道："对于那些勇敢的自由之子，今天如此英勇地乘坐自己家乡的守卫者号挺身而出，我们实在没有更合适的词语来赞美他们。我们保证，今后一定竭尽全力，为他们提供援助。"

委派给军团的第二次任务则别扭多了。弗吉尼亚的爱国者窃取到马里兰皇家总督罗伯特·伊登爵士同詹姆斯·查默斯密友——大名鼎鼎的效忠派——的往来书信。一位爱国者将军把这些书信转交给安全理事会，理事会便要求史密斯连前去逮捕总督。理事会写道："有证据表明，伊登先生正在和一位一心只想摧毁美国的英国内阁成员进行危险的书信联络。对此，大会经讨论后决定，立即捉拿伊登总督，没收其书信资料。因证据确凿，我们可能不光只是知道，甚至可能粉碎敌人的阴谋。"

然而，这位总督在群众之间享有很高的声誉。伊登是个圆滑的政治家，努力讨好双方。他了解人民的不满，但又反对人民武装。

不论伊登是英国代表一事是否属实，当史密斯率队抵达安纳波利斯执行任务时，安全理事会突然改变注意，下令任务取消，命他们回家。最终，一份调查报告显示，伊登没有恶意的企图，但安全理事会依然要求总督离开殖民地，伊登也确实照做了。随着伊登的离开，最大规模的北美入侵行动即将拉开序幕。

第六章

舰队

在 1776 年 6 月 29 日凉爽的夏日清晨，马里兰军二等兵丹尼尔·麦柯廷独自坐在外屋，欣赏宽阔的蓝绿色海水轻轻爬上视线下方纽约湾的美景。麦柯廷又把视线投向美丽如画的远方，结果目睹了惊心一幕。港湾的水面好像"长满了一片松树林"，成百上千艘战舰正朝海岸驶来，光溜溜的桅杆在水面上摇晃，正在收帆停泊。麦柯廷对眼前奇怪的景象惊呆了，"我发誓，当我注意到这个情况时，简直不敢相信我的眼睛，但我睁大了眼睛，如果你也在场，我相信你一定和我一样，十分钟后，整个港湾前所未有地停满了船。我敢保证，全伦敦的船都在这儿了。"

麦柯廷隶属马里兰军驻纽约的一小支先锋部队，目击了载着超过 2.3 万名英国正规军和 1 万名黑森雇佣兵的巨型舰队登陆美国海岸的场景。在随后的 6 个星期里，又有超过 500 艘运输船和 70 艘英国军舰驶进纽约的大小港口。英国展示了其海军的一半实力，以及英国陆军的大半实力。第一批抵达的部分战舰停泊在新泽西桑迪胡克，另一部分则入侵斯塔滕岛。岛上的革命军向一座瞭望台发送了英军抵达的信号。入侵此岛还可为侵袭长岛和曼哈顿提供跳板。英国战舰在此稍事休息，等待运送雇佣兵等其他援军的运输船抵达[1]。

作为英军登陆的回应，约翰·汉考克——时任大陆会议主席——呼吁各殖民地出兵。他在写给马里兰大会的信中写道："大陆会议今日收到情报称，我们绝对有必要尽最大努力保卫我们的家园免受暴政专制的蹂躏。"大陆会议请各殖民地输送援兵到纽约。汉考克此信的结束语反映出事态的严重性。原文如下：

因此，我发自肺腑地恳求诸位，以大陆会议之名义和权力要求你们，因为你们看重自己的自由，你们响应最庄严的荣誉之感召，来支持我们共同的理想：去抚慰每一颗紧张的心，派遣你的民兵吧。你们听从号召迅速迈出一小步，将成为见证救国之道的神圣时刻。我们也应该思考，战役中的损失必会延误战机；为了争取战机，我们只能充分利用上帝和大自然赐予我们用来保卫自己的方法进行自救。

马里兰收到这封信之后，斯莫尔伍德营的 9 个连队就动身前往费城了。大陆会议命马里兰军加入费城的军队，然后向纽约的乔治·华盛顿将军汇报。在英军发动袭击时，两支独立连队暂时留守马里兰。他们很快就加入到兄弟们的行列中。

得益于训练、装备和精神动力，斯莫尔伍德营已经成为一支精英部队，即将被混编进大陆军里。这支军队在 1775 年在战场上取得了多次胜利，但当时全世界联想到一群乌合之众凭借他们一套独特的原则竟能——先下一

---

1 威廉·豪也带来了他的军队，建造登陆船，算是二战时期步兵登陆艇（LCI）的前身。这些驳船舷缘很高，前方挂有简易舷梯，让士兵在登陆时可以快速下船。

城——成为现有最优秀的军队之一，就觉得荒唐可笑。

　　国王派去北美战地的高级军官应该是英国军队里的佼佼者。在纽约率领英军的是豪氏兄弟：威廉·豪将军，是个服役 30 年的老军人；理查德·豪上将，指挥北美战场的英国海军。兄弟俩都是一位子爵的儿子，有王室血统，享受贵族教育。两人在许多方面都一样：个头高，肤色深，话不多但勇敢，早早参了军。两人在议会都占有一席之地，战功显赫。理查德·豪曾在七年战争中打响第一枪，成为经验丰富的海军上将，重编海军的指令，拓展其水陆两栖作战能力。威廉·豪曾在法国－印第安人战争中服役，熟知北美条件以及可能致胜的战略。

　　然而，豪氏兄弟的个性却截然不同。理查德较为沉默寡言，因肤色黝黑，个性沉闷，获得了"黑迪克"的外号。上将被同龄人形容"沉默得像块石头"。

　　反之，威廉则因又赌又嫖而名声在外，他经常携情妇——伊丽莎白·洛林，人称苏丹娜——参加社交活动。苏丹娜的丈夫是约书亚·洛林，一位效忠派人士，负责战俘的给养。公众都嘲笑洛林戴着绿帽子，说他"没有半句反对。夫人负责让将军高兴，他则负责数钱"。

　　尽管兄弟俩秉性大相径庭，但二人对殖民地居民都表示同情。作为议员，威廉甚至投票反对《强制法案》。他们在北美殖民地打仗完全是听令行事，而非出于对殖民地人民的厌恶。他们深知政治途径才是终结独立战争的最佳途径，也拜访和接待过当局，请对方担任和平大使，同意向殖民地人民作出妥协，以终止敌对势力。可是，他们派去与国王交涉，劝其签署和平协议的当局负责人，权力实在有限，顶多只能颁发赦免令。兄弟俩为追求和平解决所做的贡献，大大影响了他们在战时贯彻的策略。

　　豪将军旗下最高的副职军官，亨利·克林顿爵士将军却持不同看法；他主张战争应该是以摧毁北美军队为目标。克林顿不是个容易亲近之人，甚至自嘲道是个"害羞的贱人"。他常和威廉·豪起争执。克林顿的父亲——

乔治·克林顿——是位上将，也曾担任过 10 年的纽约总督——因父亲的工作关系，亨利·克林顿 12 岁时就被带到美国纽约了。后来他加入了美国 - 印第安人战争，其间与查尔斯·李、威廉·亚历山大（他还有个称谓叫斯特林勋爵）建立起友情，而后者则以敌人身份在此次战场上与他重逢。克林顿同豪氏兄弟一样，出身名门望族，在议会占有一席，并在军队服役。克林顿虽然相貌平平，但很有才华，甚至在独立战争尚未开打之前，就得到了上司的赏识。克林顿通常会提出一些计划，让英军从侧面攻击美军，从而摧毁他们。在邦克山，他给出一条作战备选方案，本可能以包抄美军、减少英军损失结束。克林顿是个非常棒的参谋，他相信，赢得战争的关键在于歼灭爱国者军队，而非只是征服这片领土。

1776 年登陆斯塔滕岛的英军是当时世界上武器最精良的军队之一。军中不乏有把军人看作自己一生事业、经验颇为丰富的志愿军，更像是今天的美军。举个例子，当时军中的 15 位将军平均服役年限 30 年，甚至连二等兵平均服役年限也有 9 年。军队核心由久经沙场的老兵组成，要么参加过法国 - 印第安人战争，经受过北美野外作战的考验，要么参加过七年战争，经受过欧洲战场生死一线间的考验。战士们均以英国悠久的帝国霸权历史为傲，因此有美国人给英军冠以 "全世界最傲慢的军队" 头衔。

相比之下，美军是由业余人士组成的杂牌军。理查德·豪上将的书记官安布罗斯·赛尔挪揄道："他们组建的军队是史上最奇怪的军队：上至 60 岁，下至 14 岁，还有各种年龄层的黑人，大多披着破布，全军上下就是一支彩旗队啊。"美军士兵拥有的作战经验普遍不足 6 个月——更有可能是一点经验也没有。美军将军也不像英军将军那样从军多年，平均只有两年经验，而普通士兵大多只执行过几个月实战任务。

英军包括一系列特殊部门，从医院到技师再到军需官，应有尽有，组成了全球最早的官僚机构。与美军军官通常是推选上任并负责招募自己的部队相比，率领军队和上述部门的英军军官和他们具有天壤之别。英军军官需要花钱购买委任状，而且价格不菲；一般，中尉军衔售价 500 英镑，上尉级需 1,500 英镑，少校得 2,600 英镑，中校则需要 3,500 英镑。结果，军官多来自英国上流社会。事实证明，当英国军官也是一条致富之路。战死士兵的津贴可由军官保管；独立战争期间服役的有些士兵津贴高达 800 英镑，这么算起来，相当于是一个上级军官的军饷。

但是英军的核心力量还是它的正规军团，均各有特色。每个军团由 400 至 600 个 [1] 分队组成，成员是军团自己招募的。其中有些士兵是暂时从监狱征用的，让他们选择是服刑还是服役，大多数士兵都是普通人——商人、农民和劳动者。有的参军是为了寻找刺激，而有的则是为了躲避贫穷和饥饿。好几个团已经建成一百多年了，拥有突出的、傲人的战绩。他们具有互相爱护的传统，一辈辈传到每个军团成员手上。许多人认为，也愿意相信，他们的队伍是全军最好的。他们对国王忠心不二，从而与北美军队势不两立。一位历史学家指出："对于实际交战的双方人员来说，战争在根本上不是力量或利益的冲突，而是双方各自深信不疑的原则的冲突。"这支军队，深受自己的原则和传统的感化和耳濡目染，于 1776 年夏天侵袭了斯塔滕岛海岸。

英国掷弹兵首当其冲，对斯塔滕岛的展开攻势。这支掷弹兵是从人数众多且实力强劲的士兵中精挑细选出来的，头上戴的军帽也高得多，使他们每个人看上去都高了 1 英寸。从名字就可看出，掷弹兵本来应该是带着手榴弹的。然而，在美国独立战争时期，手榴弹被废，掷弹兵和其他英国士兵一样，背着滑膛枪和刺刀。每个步兵团都有自己的掷弹兵，接受战时

---

1 英国军团正常情况下，被分为 10 个连。和平时期的体制是 35 个军官、20 个中士、30 个下士、10 个鼓手（每连 1 个）、2 个横笛手和 380 个二等兵。英国议会了解到在美国作战的挑战性之后，特别批准一个团扩充 200 人的额定兵力。

最艰难的任务——打头阵，在水陆两栖登陆时对海滩发起猛攻。

紧随掷弹兵登陆的是另一种精英部队——轻步兵。绰号是"轻鲍勃"，这支部队的入选标准不是士兵的体形，而是耐力、搜集情报能力和对武器的熟练程度。不同于军团其他常规部队的训练项目，轻步兵训练的是"跳跃、长跑、攀岩、游泳、林间侦察，不同姿态上膛、射击，以及超快速行军"。这种训练设置是相对较新的军队理念，最初是在法国－印第安人战争中发展起来的，当时英国军官想吸取一些美国印第安人的灵活战术。威廉·豪将军根据自己的经验判断，确信国王会同意在所有军团都组建轻步兵连。英军队伍中这些久经沙场、残忍的部队，在列克星敦和康科德战役以及邦克山战役中损失很大。美军（包括马里兰军）后来也引入了轻步兵。

英军还有轻骑兵，人称"轻龙骑兵"。成员多为尚武绅士，他们接受过高等教育，从上流社会选拔而出。轻骑兵组建初期本是为了勘察和侦察任务，后来因他们的英勇出击而备受赞誉。轻骑兵个个都像携带了一个小型军火库："两支手枪、一支短管卡宾枪，还佩一把长长的骑兵剑。"马刀若在一位经验丰富的骑士手里，进可攻退可守，是战时最令人胆寒的武器。轻骑兵乘着快马、装备精良，是新建的军队，但他们通常会下马作战，参加了整场美国独立战争。

斯塔滕岛上的英军还包括皇家炮兵团的几个连队，备有 72 门大炮。炮兵连的制服是深蓝色的，而非红色，并且不允许人们购买军衔，所有人都是论功升职。因为让加农炮弹击中目标在当时是一项尖端科学，他们是英国军队中受教育程度最高的专家。他们都在伍尔维奇军事学院——人们亲切地称之为"商店"——研习数学、工程学和化学。这些炮兵携带了各种尺寸的野战炮：3 磅、6 磅、8 磅和 12 磅（均以加农炮弹的重量命名）等尺寸。几人为一个班，操纵一门大炮。为应对美国恶劣的地势条件，增加大炮的移动能力，炮兵在战时还使用重量更轻的 3 磅黄铜加农炮，昵称"蚱蜢"。

炮兵发射的炮弹也多种多样的。实心弹是指铁炮弹或加农炮弹。而炮兵使用榴弹炮和迫击炮对敌抛射出高弧度炮弹，而非直线打击时，所用的炮弹有时就是空的，里面填充了爆炸物。炮弹壳有导火索，会在发射引爆时被点燃。炮兵会谨慎调整导火索，使之几乎在炮弹刚击到地面或在空炸时被同时引燃。除了单发铁炮弹之外，加农炮还能发射"榴霰弹"，用锡制罐子装满铅弹或铁弹，它们会发出短促而尖利的巨响，营造滑膛枪就在附近扫射的恐怖效果。他们还使用了"葡萄弹"，用帆布袋装满铅弹或铁弹，就像一串葡萄，可提高射程。每一种炮弹都具有破坏性的影响。

登陆斯塔滕岛的武装力量包括两支军队：苏格兰高地步兵和黑森雇佣兵。高地步兵最初是在 1688 年至 1746 年期间在詹姆斯党叛乱中与英格兰对战的，但是英国巧妙地把曾经的敌人变为盟友，将其汇编进自己的军中。这些说盖尔语的族人，通常穷得叮当响——尽管如此，依然极度自豪——多次被同族成员招募为其服役。因此，这些士兵对自己的部队都忠诚无比。高地步兵认为"任何可能为自己本族或家乡蒙羞的行为是最悲惨的不幸之事"。高地步兵大多服役终身，有个士兵服役了 75 年，创下了最高纪录。他们穿着褶裥短裙，背着沉重的装备，有滑膛枪、刺刀、手枪、腰刀以及各式各样的小刀，他们的形象非常骇人，经常让敌人闻风丧胆。

8 月中旬，1 万名雇佣兵抵达了纽约，这是首支和英国并肩作战的雇佣兵队伍。这些职业军人多来自德国黑森地区，他们是"全世界最大的，也是最贵的输送士兵的部队"。参加美国独立战争的雇佣兵总数超过 3 万人。英国国王提供给他们的酬劳十分丰厚，军官和应征士兵都想通过在北美参战发财。一位黑森上尉指出："全世界没有任何哪支军队能像在北美参加内战的军队那样拿到这么高的报酬。他们真是很有钱。"战利品也是一些欧洲士兵服役所期待得到的好处，即便部队纪律反复强调禁止抢劫，违者会受重罚，但还是有投机士兵想方设法给自己捞点什么。抢劫猖獗，动摇了豪氏兄弟企图保护效忠派的策略，因为他们信错的人，远比叛乱者的人数多得多。

在黑森，男孩 7 岁就去报名参军，到十多岁便会被带到征兵人员处，确认是否为军队需要之才，或者确认是否算是"不可或缺之人"，即对于国家来说，他更值得做个农民、商人或手艺精湛的工匠。许多士兵都是农民，参军是为了赚得比做农民或仆人更多的钱。还有些人是"弃子"——老弱病残或非雇用人员，有的是被拐来的，有的是被强行掳来的。军纪残忍，军官经常会以各种错误为由，毒打或绞死士兵。有时，军官竟对士兵的家人施以责罚。其结果，造成军中绝对服从命令，绝没有半点迟延和疑问。这些职业军人很看不起美国的革命军。

英国舰队抵达之际，乔治·华盛顿被逼入绝境。纽约四面环水，每个点都容易遭受英国海军的袭击，近乎是防不住的。当时，纽约有近 2 万居民，效忠派的人数相当多。纽约的主干道百老汇大街，宽阔的大道两旁树木林立，坐落着许多房屋和教堂，而市政大厅就俯瞰着华尔街。如果全面转移也许可以撤离整座城市，可在政治上却防不胜防。由于当地官员和大陆会议极力恳求华盛顿保卫纽约，华盛顿便尝试为纽约修建防御工事，贯穿曼哈顿和长岛。

此外，华盛顿还在努力鼓舞军队士气，他在将军令里呼吁："决定北美殖民地人民迎来自由还是做奴隶的时刻就快到来……还未出生的千千万万子孙后代的命运，上帝可鉴，就看……这支军队有没有勇气了。"他振奋人心的话语取得了预期的效果。大陆军的一位士兵写信给妻子说："全军的精神面貌是我见过的最好的一次。"士兵继续补充道，"说实话，纽约现在有我们坚强的意志守护，坚不可摧，敌人胆敢进攻，一定先折掉一半人马。"

1776 年 7 月 9 日傍晚 6 点，大陆军战士们的革命气焰再次高涨。身在纽约的小部分马里兰军和华盛顿的军队联合起来，奔赴各处训练场和公共场所。士兵们聚精会神地聆听旅长高声宣读《独立宣言》。士兵们为其文字所感，纷纷大声叫好。《独立宣言》读毕，一大群人结队朝百老汇走去，推倒了乔治三世国王的骑马像——贴金箔的铅铸雕像。《独立宣言》有效地让全美的革命者操起武器反抗国王。

即使是用花言巧语去哄，豪氏兄弟也想促成和谈，用谈判交涉来终结叛乱。可由于美国人知道豪氏兄弟无权商议凌驾于国王之上的和约，和谈也遥遥无期。安布罗斯·塞尔直到战争进入尾声，才简单地召集双方政府召开唯一一次正式会谈："他们见面，说话，散会。"

纽约战役的脚步更近了。

第七章

马里兰开战

　　斯莫尔伍德营的约 700 名战士浩浩荡荡步入初生的国家首都——宾夕法尼亚费城。1776 年 7 月，马里兰军便乘船从切萨皮克出发，再改步行走完剩余路程，来到大陆会议厅前列队驻步。费城一位军官当时在日记里提及了马里兰军的到来："从未见过面对敌人还能这么优秀、有尊严而勇敢的军队。他们是马里兰的青年才俊，他们是年轻的绅士，来自家境富裕的农场主、农民和商人家庭。从上校到二等兵，全都穿着打猎的衣服。"另有一位市民也持同样观点："斯莫尔伍德上校的营队是最好的队伍了，不论是着装上，装备上还是纪律上。"他们和其他军队不同，"戴着最时髦的卷边帽，留着联邦最炽热的血。"马里兰军在友爱之城稍事休息之后，又继续踏上征程，去加入已在纽约会师的军队，于 7 月 30 日抵达目的地。

　　斯莫尔伍德营里不仅有将士，还有他们的妻子、母亲、女儿、情妇等女眷，随军出征，为的是寻求安全和找份差事。这些随军女眷，据后来所知，同军人统治具有非常复杂的关系。许多军官不屑于带着这些女人和孩子一起，他们相信这些随军人员只会分散士兵们的注意力，拖累他们的行军速度，还会吃掉本应填饱士兵的食物；另有许多军官较为固执，指出如果要把士兵和他们的妻子分开，他们就不愿再继续打仗了。华盛顿写道，他"答应允许这些军团携带女眷的要求，否则就会主动失去军中——也许对敌军来说——最老道、最优秀的战士"。

此外，随军女眷们还为大陆军提供了不少宝贵的帮助。很多女眷都为士兵洗衣服，通过劳动换取一点口粮和少许报酬；有的女眷为丈夫或其他付钱的顾客——通常是铁匠、车匠以及其他对军队起到必不可少作用的工匠——煮饭。军队还募集到很多女人，在战地医院中担任护士。因为这对女人来说是最脏、最危险的职业之一，军官常常收买或逼迫不愿做护士的女人去照顾受伤及垂死的伤病员。不过，也有一些勇敢的女性志愿承担更危险的工作——在英军营地里做煮饭工或洗衣工，打探红衫军的动向，再把他们的计划发回给美军。

其中一位跟随斯莫尔伍德营快速行进的女眷就是美丽的玛格丽特·简·皮尔·拉姆齐，大家都叫她珍妮；她是纳撒尼尔·拉姆齐的妻子，也是掌旗官画家詹姆斯·皮尔的姐姐。"她热爱阅读……蕙质兰心……有许多追求者，其中几位后来在独立战争中都留下了浓墨重彩的一笔。"拉姆齐夫人和一个仆人同乘一辆狭小的四轮马车，为了和丈夫在一起，她忍受了军旅生活的诸多艰辛。她的哥哥查尔斯·威尔逊·皮尔说："她说只要能和军队待在一起，什么苦都能受，让她远远旁观更是一种折磨；因为如果她离军队近些，一旦发生什么不测，我会立即帮到那些至亲至爱的人。"珍妮和斯莫尔伍德营的多数随军女眷不同，她不从事体力劳动。相反，她更像是位女主人，她的军帐或营房会成为军官们的社交中心：塞缪尔·史密斯、杰克·斯图尔德、莫迪凯·吉斯特、本杰明·福特等军官总会聚集到她营帐来。她具有不可忽视的影响力，一位随军女眷同伴对拉姆齐夫人说：

"您会帮助我挺过不少难关,只要是您说,比我认识的任何人说话都有分量。"

营队抵达曼哈顿之后,在距离市中心(今曼哈顿下城区)大概 1 英里开外的小山上扎营,等待下一步指示,但紧急情况很快便找上门来。迅速集结于纽约的华盛顿军开始因逃兵和疾病而人数锐减。马里兰中士威廉·桑兹写给双亲的信上道:"上级让我们随时做好准备,但我们希望赶快打仗。我们部队已经少了好多人。有的在费城和伊丽莎白镇逃了,还有不少人在医院里病死了。"[1] 像约翰·休斯和麦克米兰兄弟,威廉和塞缪尔这样的应征兵,很快就适应了曼哈顿营地极其恶劣的条件。

数千人扎营在此,几乎人挤人,加之没有教养,催生了卫生问题,最终导致恐怖的结果。到了 8 月,近 25% 的美军登上了因病而不能继续作战的名单。伤寒症、痢疾、疟疾等疾病在污秽的营地肆虐扩散。马里兰军也不例外,疾病使其人数大幅减少。为了确认疾病的传播情况,纳萨尼尔·葛林将军等美军军官尝试加强卫生管理,可收效甚微。葛林,34 岁,来自罗德岛,是前贵格会教徒,在战前是一位成功的商人。他高约 5 英尺 10 英寸,肩膀宽阔,童年的一场事故让他右腿不太灵便,有些跛,患有哮喘。他一双蓝眼睛,眼神锐利,闪耀着自信的光芒,其实内心对外界评论很敏感。他是个天生的领袖,研究军事史,这让他十分受用。他加入罗德岛民兵时先是当二等兵,很快,他的聪明和在战场上游刃有余的敏锐就得到了将军赏识,获得了荣升。随着战争进程加快,他也成为华盛顿最欣赏的将军。在此情况下,葛林就把刚萌生的军事天才,转移到运营军队的实践基础上了。葛林说这些军人"在防御工事的壕沟里,好不悠闲自在"。

性病也蔓延开了。有如此众多的士兵在纽约和长岛扎营,风月场所如雨后春笋般,在曼哈顿这著名的逍遥地激增,迎合士兵们膨胀的生理需求——甚至连最正派的绅士也抵挡不住。"妓女(据说)还在继续工作,赚得可多了,"一位评论员回忆道,"这史无前例的行为,足以解除男人

---

1 桑兹的信还没有送到家人手里,他就在战役中牺牲了。

心中升腾的任何渴望，一个男人在和那些少女、狐狸精、野猫、卖身女乃至集这些于一体的女人结合时，哪怕体内残存着一丝节制或贞操即将爆炸，也一定荡然无存。"战后不久，纽约市发起了一份调查推算，当时 20% 的育龄妇女都是妓女。若有妓女未经许可偷偷进入马里兰军营，就会被抓住；然后被剃光头，伴随一阵节奏缓慢的击鼓声——便知道那是妓女在走路——离开军营。

　　斯莫尔伍德营不是向纽约行军的唯一一支马里兰队伍；马里兰还派出 3405 名民兵作为"飞行团"前往 [1]。飞行团直接由大陆会议建成，他们不携带重型武器，因此可以快速转移到任何需要他们前往之处——这一次需要他们前往的，就是纽约。马里兰军官同意出兵，但前提是要满足两个严格的条件：马里兰参加飞行团的成员只在从马里兰到纽约（而非新英格兰）的区域内作战；他们于 1776 年 12 月 1 日服役届满。最终，飞行团的许多应征兵和军官又被合并到斯莫尔伍德营里去了。8 月 16 日，马里兰通知大陆会议："我们短时间内还需要将近四千名士兵（包括独立连队和斯莫尔伍德营的人数）……我们会派遣所有现在能配上武器、装备的人手，还有和我们有深厚情谊的纽约人民中配备不超过我们整体的人手。"

　　飞行团的民兵在史册上留下不可磨灭的印记，他们训练程度和装备都不如斯莫尔伍德营，却培养出几位卓越的军官，其中就包括马里兰的约翰·伊格·霍华德。霍华德谦虚而不失魅力，被任命为飞行团第 2 营上尉。他出生于家业兴旺的农场，身材高挑，面容俊美，毫无军事背景，但他涌现出

1　除了参加飞行团，加入斯莫尔伍德营，几支马里兰独立连队也自发来到纽约。有的连队如期抵达并展现了自己的特色；有的连队则没有完成全程。后者有一位约翰·沃特金斯上尉，他比斯莫尔伍德出发得稍晚，结果在友爱之城逗留。一位书记员写道："我们非常遗憾地通知您，沃特金斯上尉及其部队处境不佳，上尉打过几位部下，他说他有崇高的理想，但被对方当面否定，一些士兵说没什么能劝他们继续在沃特金斯上尉的连队里。"上尉"嗜酒成瘾，他几次露面时，我们也亲眼得见"。马里兰安全理事会很快便解除了这位酒鬼军官的职务。

巴尔的摩的传统，是独立战争期间展现出高度实战天赋的指挥官之一。在他的二等兵生涯里，大家都知道他是个热心肠，"他懂礼貌，为人亲切，知识面广而且很实用，和他相处很愉快"。他的记忆力惊人，导致有人形容他"也许是当代全世界最精准的历史书库"。他非常自律，"他的生活习惯就是多沉思，多小心，多权衡，有条理"。他有许多交心的朋友，一位传记作者写道："很少有人喜欢这么令人羡慕的家伙：他年轻时在战场上立下战功，成熟后在国会作出成绩，而他在每个阶段都有朋友帮助。"一篇报道还写到他"值得树立一座不亚于罗马和希腊英雄的金像"。他正式参军、穿上军装的时候是 1776 年 7 月，当时他 24 岁。同其他飞行团的军官一样，霍华德负责招募自己的部下。尽管他是个格外害羞的人，但在巴尔的摩非常受欢迎，只花了一天，就招齐了自己连的总人数 30 人。

威廉·贝蒂上尉，来自马里兰弗雷德里克县，整个战争期间他都坚持写日记，"我被安排在飞行团做掌旗官，飞行团是马里兰州在 7 月 3 日组建的。"他的父亲同样也叫威廉，在美国军中服役，担任上校。小贝蒂第一次接受军官的委任状时才 18 岁，接着，随着战争的进展，他的军衔也稳步提升。

劳伦斯·埃弗哈特是和贝蒂、霍华德一起参军的。埃弗哈特当时 22 岁，父母是住在马里兰附近的一对德国夫妇，他"人高马大，肌肉结实，四肢发达"并且"相貌堂堂"。他也被形容是"一双眼睛闪烁着诚恳的勇气的光芒"。

在斯莫尔伍德营抵达纽约市不久，飞行团也顺利到达了。大陆会议任命雷津·比尔准将为马里兰飞行团的总指挥，但没有指派马里兰军的总指挥。两任指挥官几乎立即争执起来，对谁的军衔更高相持不下。就在战役即将打响之时，二人的争论持续恶化下去。

第八章

暴风雨袭来

"不一会儿，整片天空黑如浓墨，放眼望去，整个苍穹还泛着电光。"一位目击者回忆道，他经历了 8 月 21 日晚大自然的闪电奇观，"闪电往地面投下道道天火，似乎在不停惊动四面八方。"相传一道闪电杀死了 3 名美军军官，并且"他们的剑尖和口袋里的硬币都融化了，他们的尸体就像被烤过一样黑"。这场奇特的暴风雨似乎在宣告，加农炮的轰鸣、小型武器的交战声即将响彻纽约。

那场激烈的狂风暴雨过后，次日，英军向长岛发起进攻，两艘快速帆船率先出发驶向东河，用于试探美军的防御强度，几乎毫发无伤。理查德·豪上将的书记官——安布罗斯·塞尔——记录下他那天所见的自然奇观，细致描绘了令人害怕又惊叹的场面，舰队的"船舰扬帆而发，阳光惬意地洒向雨后的青山和草地"。

英军第一波攻势由近 2.2 万人组成的部队展开，登陆长岛的格雷夫森德湾。由于情报有误，乔治·华盛顿误以为敌军登陆人数不足 1 万人，其实水陆两栖队伍登陆长岛只是个幌子，真正的大部队将突降曼哈顿。

英军和黑森雇佣兵纷纷离船上岸时，发现此岛真是一片富饶之地。"一片接一片的桃树和苹果树，（并且屋里的）家具陈设也好看极了。首先最吸引眼球的就是它美丽又整洁，让人感觉安逸。"一位士兵如是写道。当士兵们"见苹果结的满树都是，便摘下苹果大快朵颐起来"，看到这一幕，塞尔也满心喜悦。能看到水手们和苹果一起落到树下的场面，也真是世间少有。"大多美国殖民地居民都是中产阶级，享受的生活比其他国家所过的水平更高。对于许多英国人来说，眼前家境富有、物产丰富的景象更像是印证殖民地居民摆脱国王统治后就富起来了的说法。

豪的士兵作为增援部队结队涌上岸。这时双方展开了交锋，正如莫迪凯·吉斯特少校记录的那样："敌军登陆长岛，战线上发生了一些小冲突。"华盛顿命援军——包括斯莫尔伍德的马里兰军在内——速渡东河，增援布鲁克林的美军防线，此举让美军兵力扩充到 6000 人。

前几天，在英军登陆长岛之前，协助监督防线准备情况的纳萨尼尔·葛林身患重病。华盛顿立即换上约翰·沙利文将军，相比之下，沙利文的才能和领导能力都大为逊色。更糟糕的是，沙利文甚至不知道美军防线情况，也不熟悉布鲁克林地形。这个自鸣得意的新英格兰律师"太渴望成名"。战前，44 岁的沙利文负责处理止赎权，并在大陆会议协助华盛顿。临阵换将在美军军营里引发混乱。不同于他们纪律严明的英国对手，美军"马车、马匹和军队同行一条路"，侦察员写道，"人来人往……小型武器和野战炮在不停发射。简直是一团乱麻。"

华盛顿将军检阅了长岛防线。因担心沙利文的领导能力，8 月 24 日，就在宣布沙利文接替葛林之后，华盛顿又安排伊斯雷尔·帕特南——绰号"老帕特"——作为沙利文的主管。帕特南 58 岁，曾在罗杰斯突击队、法国 – 印第安人战争期间的侦察队等早期特别行动队服役，这些部队的战术激励了几代战士；他的年龄让许多士兵称呼他为"爷爷"，在 1775 年 6 月 17 日于波士顿郊外打响的邦克山战役中，帕特南将军就在战场上率军出击，说出了那句名言："孩子们，等你们看到他们的眼白再开枪。"英军占领山头后，妄图准备扩大控制区域之际，然而，代价是昂贵的：226 人死亡，828 人受伤；而另一方面，美军只有 140 人死亡，310 人受伤，并能在战后撤退、重组，占据有利位置。克林顿写道："那样的胜仗若能多打几场，绝对两三下就能终结英国在美国的统治。"帕特南在整个战争中的丰功伟绩成为许多传说的原型。他在长岛的任命虽然广受士兵们的欢迎，但控制不了军中的混乱局势。华盛顿命令帕特南遏制"反常行为"，告诉他："一支纪律严明的军队和一群乌合之众的区别在于，前者遵守秩序、严守纪律，而后者无法无天、无视秩序。"

作为防线先锋，华盛顿命令老帕特安排 3000 人——其中就有斯莫尔伍德营的精英部队——在横穿布鲁克林几座连绵小山的丛林山脊里，当时被称为郭瓦纳斯高地。高地上有几处高达 80 英尺，而郁郁葱葱的山头为美军提供了天然的防御位置。19 世纪的一位历史学家写道，那些山头"是一道连绵不断的壁垒，一片巨大的天然鹿砦，大炮根本打不过来，因为那里有同样多绝佳的庇护所容纳守卫军。"应华盛顿之令，帕特南派出自己的最精锐部队——由沙利文和斯特林（威廉·亚历山大）两位将军率领——前往树木茂密的山脊；他们会在林间遭遇敌军，但他们希望能够运用地形优势。布鲁克林高地的防御工事里还有 6000 人的部队留守。美军采用的是折叠式防守：马里兰军等先锋部队尽量拖延英军，使其遭受最大程度的伤亡，然后折返回布鲁克林高地的堡垒。美军将军毫无道理地期待安插在林间的部队能够想方设法在那么长一段时间里守住长达 6 英里的山脊线，并且要"不顾一切危险，防止敌军越过山林。"可是，浓密的树叶同样限制了美军的视线，只能看到 100 英尺内的范围，并且妨碍了爱国者部队内部的通讯。帕特南指派马里兰军守卫郭瓦纳斯路沿线，此处是环抱布鲁克林格雷夫森德湾的主干道。沙利文指挥近1000人扼住弗拉特布什附近的郭瓦纳斯高地中心。800名宾夕法尼亚军镇守位于远端左侧的贝德福德路。那些道路穿过三条山路，让爱国者们感觉防守难度很大。第四条路是牙买加山道，位于距离美国左侧3英里以北的贝德福德路上。此处直到最后一刻才有人防守，有5个年轻民兵骑着马奉命巡逻牙买加山道。这里是美军防线的盲区，也正是威廉·豪将军的主力部队前往的目的地。

第九章

布鲁克林会战

1776 年 8 月 27 日清晨，两个英国侦察兵慢慢靠近布鲁克林的红狮饭店，位于今第四大道和第 35 街路口处附近。路边的景象映入二人眼帘。尽管夜色深沉，他们依然能辨清曲曲绕绕的瓜藤，还有那绝不会认错的圆滚滚的青皮熟西瓜。西瓜在英国可不常见，价格贵得惊人。饭店老板果然精明，懂得种西瓜做点缀来招揽游客，那些游客们多是为了前来一探当地的奇观——附近一块石头上明显却又像是来自外星球的锯齿状痕迹，许多人称这是恶魔的蹄印。眼尖的目击者则满怀享受丰收的希望，赶快冲进田里。

然而，并非只有红衫军的侦察兵是饭店附近到了夜里 11 点还不睡的人。前英军军官、宾夕法尼亚医生爱德华·汉德上校派步兵在周边放哨。他们一旦发现可疑人物，就会先开枪。正是那些交织在瓜田中的枪响，拉开独立战争中最大一场会战的篇章。

那两个英国佬很快就躲进夜色里，并未受伤，他们回到郭瓦纳斯路，同英军大部队接上了头；这支部队由詹姆斯·格兰特将军率领，这是个又矮又胖、傲慢而固执的苏格兰人，曾参与过法国－印第安人战争。格兰特带领着 5000 名红衫军准备袭击镇守郭瓦纳斯高地的马里兰军等美国部队，预备压制美军的大部队，这是亨利·克林顿将军全盘计划的一部分，该计划上本质上就是一个大规模的锤砧战术。格兰特的部队做砧板，由他们袭击美军战线右路，其中就包括部署在海岸沿线或郭瓦纳斯路沿线的马里兰军。利奥波德·冯·海斯特将军则率领一队黑森雇佣兵袭击中路，靠近今天的展望公园，位于今天的战斗山道区域。他们的目标是分散爱国者，把他们困在原地——进退不得——而英军主力则在酝酿一场持久的、大扫荡式的行动，从牙买加山道包抄位于郭瓦纳斯高地的美军防线。此外还有第三支军队，由克林顿和威廉·豪率领，这就是锤砧战术中的锤子，从左路和后方猛攻美军，并切断他们的退路。

克林顿于 8 月 26 日星期一晚上 9 点左右，按计划行动了。首先出动的是豪和克林顿指挥的 1 万人部队，包围美军左翼。为掩盖行踪，英军没有撤走营地，也没有熄灭营地中点燃的篝火。英军的轻步兵带队，尽量安静地穿过郊区，一旦有人凑巧看到他们前进，便扣下目击者。不仅如此，他们还逼长岛居民给他们做向导。87 岁高龄的威廉·霍华德称，克林顿及其两位副官在半夜两点闯进他家酒馆"来要了点酒，和他聊了起来。"不过三言两语，克林顿又说："现在您是我的因犯，必须带我们避开敌人穿过这片小山。"这位耄耋老人只好照办，带领豪的部队穿过几乎没有设防的牙买加山道。

格兰特的部队在主力离开军营的一两个小时后也出发了。由于侦察兵在红狮饭店触发了冲突，格兰特等待了近 3 个小时才出发。到了大概凌晨 2 点，饭店的哨兵换防，有经验的步兵被未经战事的民兵替下。格兰特瞅准机会，立即派 300 人出击。民兵吓得几乎当场弃械而逃。格兰特军活捉了哨兵指挥官——詹姆斯·邦德少校——以及其他几位士兵。幸运的是，美军设法得到了有关英军突袭的消息，这消息一路传到伊斯雷尔·帕特南将军处。尽管他英明地指挥了邦克山战役，但这一次，老帕特误读了英军的意图，上了豪的当。他立即从布鲁克林高地上的一处堡垒骑马冲到位于裴希德－科特柳宅[1]近邻的美军营地——靠近今第五大道和第3街的路口——叫醒时任该区域指挥官的斯特林勋爵。

信号弹和催促众人武装的鼓点声吵醒了时年33岁的莫迪凯·吉斯特少校。由于威廉·斯莫尔伍德上校正在曼哈顿出席军事法庭，此时这支营队由吉斯特指挥。这是他此战的第一天，后来也证明是他这一生中最痛心、最刻骨铭心的日子。吉斯特立即召集部下，听从斯特林勋爵的号令，奔赴红狮饭店，抵挡格兰特。

斯特林的真名是威廉·亚历山大，但是人们都称他斯特林勋爵，因为他号称自己是一位苏格兰伯爵（贵族院并未予以认可）。据说他"体重超标，患有风湿，爱慕虚荣，傲慢自负，嗜酒如命"。如独立战争的许多主流舆论所说，斯特林在战前就长期负债。斯特林同帕特南一样，都落入了格兰特的圈套。他后来写道："就像大部分军官那样，我深信英军队伍会朝我们布置好的方位过来。"斯特林麾下有一位托马斯·麦克多诺少校，在约翰·哈斯利特远去为军事法庭执勤期间，他接下来了特拉华团的指挥棒。从布鲁克林开始，独立战争的大部分时候，这两支队伍都是并肩作战。

老帕特相信格兰特军就是英军的中坚力量，便派出1000人——马里兰军和特拉华团赫然在列——前去迎击。吉斯特回忆起早前唤醒大家的事："我们在凌晨三点整开始行军，结成约1300人的队伍；快天亮时，来到开阔地，发现敌军正在接近，我们的先头部队立即开始攻击。"当清晨的第一缕阳光降临，"洒下一道刺眼的红光"，吉斯特命士兵们顶住迎面而来的英军，但对方"立即冲上前，占领阵地，排好队列。同时，（英军）炮

---

1 裴希德－科特柳宅得名于其首位主人，一个在此处经营农场的富裕的荷兰家族。宅邸建筑于1933年重建，从原结构就使用石头搭建，现在是位于布鲁克林旁的公园坡的旧石楼博物馆。

兵和轻步兵开始从其左侧开火，而他们的主力则形成纵列从正面向我们发起攻击。"克林顿的计划奏效了：格兰特成功把美军的注意力从正穿过牙买加山道的豪和克林顿的侧翼部队上引开。一旦穿越成功，豪和克林顿就会两面夹击，在郭瓦纳斯高地合围包抄美军。

斯特林军在向西行军 1 英里多之后，遭遇了英军，斯特林命士兵们排列为倒 V 队形，这是腓特烈二世对该阵形起的名字。V 的两头向外延伸，试图在推进过程中包夹格兰特军。格兰特起初用大炮轰击美军。马里兰军位于山顶右侧，今绿林墓园附近。

山顶上的几支连队均隶属于斯莫尔伍德的马里兰军，成功地顶住了英军的连续炮轰——正中格兰特下怀。一位亲历者写道，斯特林勋爵"立即让士兵们站成一排，让他们完全按照英军的口味去迎战"。英军逼近到 300 码以内，而停在港湾里的英国军舰则用加农炮轰击美军战线，使那弃文从武的纳撒尼尔·拉姆齐上尉惊呼："子弹和炮弹都来势迅猛，冷不防就飞了过来。"他又写道，"我们的战士站得惊人地笔直，甚至没有一个人表现出一丝畏缩。我们的军令是等敌军来到 50 码[1] 以内再开火，可是，当他们发现我们面对其炮火如此镇定、毅然决然，便不再近前，尽管他们的兵力是我们的三倍。"特拉华团的伊诺克·安德森上尉写道："我们公平作战——每个人都恪尽职守。我看到一人摔下马——那是我瞄得最准的一次——可我知道我不能杀他，更不能碰他。"

面对兵力大大超出自己的敌军，为了鼓舞士气，斯特林对战士们发表了演说。演说中谈及格兰特，此人对其面前的美军毫无敬意，曾在众议院大言不惭地吹嘘，只需带 5000 人就能横穿美洲大陆。斯特林大喊："（格兰特）也许现在带着 5000 士兵——人数是比我们多——但是我认为，他有本事过大西洋，踏上我们的土地，但有我们在，他别想靠近一步。"

1　1 码 =0.9144 米

两军相持不下，从日出东方到渐过头顶之时，双方人员保持原地不动，此时，英军真正的计划开始浮出水面。

斯莫尔伍德营的指挥官吉斯特当时提出具有重大意义的暂停的命令："我们的士兵表现得非常好，直到十点还在坚守阵地，而敌军（格兰特的部队）则撤退了约200码，而后按兵不动，双方都停止交火了。"

马里兰军意识到自己侧翼有危险。"我们很快便听到左侧传来枪声，不一会儿，我们又发现身后有敌军。"吉斯特继续写道，"我们被包围了，并且无人支援，（斯特林）勋爵命令我带领剩余部队撤退，冲回营地。"

克林顿的侧翼攻击已经万事俱备。感谢他们艰难的行军、优秀的侦察，以及美军松懈的布防，豪和克林顿渗透到美军防线之后。到了上午9点，战斗打响的12小时后，两门重型加农炮开始了猛烈攻击。这是让格兰特和黑森雇佣兵对美军右路（斯特林）和中路（约翰·沙利文）发起攻击的信号。

利奥波德·冯·海斯特将军和黑森雇佣兵直捣黄龙，来到郭瓦纳斯高地，攻击沙利文指挥的美军防线。为了击退沙利文的军队，德国人在山道的一块空地上集合。军队的场面蔚为壮观，有黑森雇佣兵的3个旅列在一排，近1英里长。克林顿的炮一响，德国人也开始进攻了，"旗帜随着鼓点和双簧管乐上下翻飞，仿佛是在腓特烈的卡塞尔广场……他们没有开枪，而是稳步地向前逼近，插好刺刀。"黑森雇佣兵一拥而上，冲破了沙利文军的防线，残忍地杀害许多不幸的美国士兵。他们在树林里发现掉队者后，通常会先将其包围，放低刺刀，然后慢慢缩小包围圈，把围在其中的人杀得一个不留。

就在沙利文西面不足1英里处，吉斯特和他的士兵们也在拼命顽抗，逃回位于布鲁克林高地的爱国者堡垒。马里兰侦察兵抓获了一位英军中士和"10名或15名掷弹兵"，惊讶地得知"美军左翼和中坚部队被击溃，他们，那几个人在肃清战场上是否还有逃兵"。塞缪尔·史密斯回忆道。这是他们第一次真正尝到近战的滋味。

整个军团分裂成多个小分队，很像各支连队从营队大部队分离。"军团登上山顶时，一个英国军官假装是独自前来，挥着军帽，让我们以为他准备投降。他拍了三下手掌，其实这是让他们连队起身进行猛击的信号。站在前方的三个连就被击溃。史密斯上尉立即命令自己的连队各就各位，然后前进，违反了斯特林勋爵让他站成一排的命令。"

吉斯特却换了一个优越的视角来回忆此次事件："我们很快就遭遇一队敌军，他们倒拿着燧发枪，向我们挥帽子，像是要投降；但前进到六十码左右时，他们露出了獠牙，开始射击，见状，我们立即匆匆回防，他们很快也停下脚步，退回埋伏的大部队中。"拉姆齐连的士兵也写道："他们的火力完全压制住我们，杀死了许多远在我们身后的几个兵。我第一枪就弄死他们一个，算是报仇了。"

敌军从四面八方蜂拥而来，吉斯特和马里兰军的大约5个连从大本营冲了出来；该大本营位于今第四大道和第3街路口附近。

密集的纵向射击，也就是前文所说的侧面火力，从两侧攻向马里兰军，直到美军"来到一片沼泽（和一座石楼）后，（主力军）被迫违抗军令，顶着枪林弹雨，以最快速度逃往小溪边"。

"在此期间，"吉斯特回忆道，主力"从我们的左侧撤离到沼泽地去了"。

斯特林命一队人跳进沼泽地——即今日的郭瓦纳斯运河——游了80码，渡过今天的郭瓦纳斯溪，终于和对岸驻守布鲁克林高地的美军安全会合。困难的是，美军摧毁了唯一一条可供撤退的路——一座跨过沼泽和小溪的大桥——来阻止英军使用。美军右翼在撤退时又遇到一个障碍，数百名英军占领了一座石楼及院子，率领他们的是英军战时最伟大的上尉之一查尔斯·爱德华·康沃利斯五世（康沃利斯伯爵，后升为侯爵）。

康沃利斯世袭伯爵之位，出生于伦敦，接受的教育使他非常具有贵族气质，就读于伊顿公学和剑桥大学。他在18岁那年就成为皇家卫兵，发现自己喜爱军旅生活。到了青年时代，他又成为贵族院的成员，并在那里发展了让他进一步拓展军事事业的人际关系。据说他相貌平平，用他自己的话来讲，即为"相当胖"，有双下巴。然而他的妻子却和他截然相反，美貌出众，楚楚动人。他热心参战，志愿参加了七年战争，期间表现出众，英勇杀敌，赢得了名望。在镇压美国起义的这次战争里，他又是志愿服役的，尽管他还是当初在议会上投票反对《印花税法》的6位伯爵议员之一。康沃利斯是位军中豪杰，总是站在一线指挥，他的马几次在黑暗中被子弹射中。他勇敢得近乎是鲁莽，是其麾下军团口号"Virtutis fortuna comes（命运同勇气作伴）"的化身。不过，每当这位伯爵看到自己的士兵需要，他常会自掏腰包，慷慨地为战士们添置装备和供给。在美国独立战争结束后，他又率领英军到印度打败提普苏丹。作为奖赏，他获得了价值几万英镑的巨额财富，而他则把这笔财富分给了战士们。

豪安排康沃利斯担任轻步兵的指挥官，配合实施侧翼战术。斯特林得知康沃利斯及其军队位于石楼，便命令手下实施自杀式攻击，先发制人，以为美军右翼争取逃脱的时机。"我发现康沃利斯伯爵指挥的军队就在靠近上磨坊的（裴希德－科特柳）宅院，出击绝对必要。"斯特林向华盛顿详述道，"我立即决定，让斯莫尔伍德（营）出一半兵力，首先命令其他部队尽量横渡小溪。"吉斯特回忆道："然后只剩下我们营的五个连队。"

英军的一整个师火力全开，打散了正从布鲁克林高地的防御工事中出击的美军右翼。

康沃利斯的士兵将滑膛枪和一门轻加农炮对准了逼近的马里兰军。

"射击！"

一排齐发的子弹让许多士兵倒下了，重伤了他们的四肢和头部，有的人当场被夺去生命。但吉斯特的战士们并未退缩，又重组队伍，冲进英军士兵在裴希德－科特柳宅发射的枪林弹雨之中。

马里兰军为了让他们正在撤退的战友顺利逃走，这个场景也反复出现了几次。"我们持续攻击了很久，"斯特林回忆道，"好几次……战士们重整队伍后又继续向前冲。"

吉斯特留意到，在第一波进攻之后，"我们的小型战线被打乱了，我们必须暂时撤退到右侧的小树林里，重新组队，发起第二波攻击。"召集这么多士兵的是军士，如杰出的加萨韦·沃特金斯。马里兰军英勇无惧地再一次涌入致命的弹林里。纳撒尼尔·拉姆齐记录道："我们的战士比罗马勇士还要勇敢。"

战斗中，据吉斯特回忆，斯特林无耻地"发动并激励我们的年轻士兵拿出几乎叹为观止的决心来。"自封伯爵的斯特林心情大好，坚信他和他的军队能够将康沃利斯伯爵赶出石楼，这时英国援军浩浩荡荡地来到了。援军同康沃利斯的高地军联手，从后方突袭马里兰军，同时，格兰特军又推向前方。吉斯特反省道："我们被至少 2 万人团团围住，却还在鲁莽、混乱地向前冲。"[1] 吉斯特、史密斯、杰克·斯图尔德和拉姆齐，他们是挚友，发现自己生死攸关，恐怖地经历了阿伽门农于 1775 年 2 月寄给独立连信上的预言。马里兰的战士们——不论贫富——都一动不动地倒下了，死尸遍地。

英军取得胜利之后，依然心狠手辣，抓走了几名俘虏。红衫军一位军官记录道："黑森兵和我们勇敢的高地人没有手下留情；我清楚地看到，他们把那些叛乱者包围起来，使他们不能反抗，最后用刺刀处死他们时黑森人是多么快乐。我们小心翼翼地对黑森人讲，我们对待叛乱者的方式太残忍——尤其是他们——先让叛乱者苦苦奋战，然后再弄死所有已经抓到

---

[1] 吉斯特对敌军兵力的估测明显过高了。由于是在战役结束后立即写成的，吉斯特的描述传达了他面临对手迎面扑来时的感觉，存在人为塑造的成分。某红衫军的记录："美军作战勇敢，（为公平起见）我军没有击溃他们，因为我军人数大大超过对方，我们还卡死了他们的两侧、前方和后面。"

的人。"另一位红衫军写道："我们对黑森兵和高地军在胜局已定后展开的屠杀大为震惊。"

许多勇敢的士兵——包括威廉·麦克米兰和塞缪尔·麦克米兰兄弟——遭受了这些暴戾的德国兵和高地军的摧残。麦克米兰兄弟出生于苏格兰，在马里兰哈佛县长大，他们大力支持独立战争，两人均在斯莫尔伍德营成为军士之前就加入了民兵。威廉后来写道，他是在一场混战中被抓的，"我的上尉死了，中尉也死了，少尉被打穿了手。"黑森雇佣兵还杀了该连的两个下士和两个中士，"其中一人就死在我面前，（与此）同时，我的刺刀也被打飞。"麦克米兰描述那次战役的悲惨画面，是一场"激烈无比的战斗"。他继续描写事态急转直下时的详细情况，"我们一侧被高地军围住，另一侧则被黑森人围住了。"最终，"我的弟弟，以及大概——五六十个战友被抓了。"

二等兵约翰·休斯和巴顿·卢卡斯上尉——第3连的指挥官——勉强保住了命；60人的连队里，总共只有7人活了下来。剩余的不是被杀就是被俘，其中就包括吉斯特的密友威廉·斯特雷特。整个马里兰战线的人，包括吉斯特在内，都认为斯特雷特牺牲了。吉斯特在《马里兰报》上刊登了一则讣告，表达了自己对斯特雷特姐姐波莉的同情，后来波莉嫁给了吉斯特。实际上，斯特雷特被黑森雇佣兵除去衣物，俘虏了。美军在撤退时被康沃利斯阻拦，而郭瓦纳斯溪上是唯一一条没被英军和黑森雇佣兵摧毁的逃生道路。海湾的水涨潮了，使得小溪及其相连的沼泽地几乎无法通行。人们需要趟过并游过齐腰深和大多没过脖子的深水，同时还要避开英军的火力。激战正酣时，一位美军士兵回头看了看吉斯特，大喊他和他马里兰军的兄弟们全都会挡在英军面前，不让大陆军被剿灭。"吉斯特少校（及其部队）坚守阵地，而其他部队都过了溪……少校和他的弟兄们被带走了，我以为再也见不到他们了。"

乔治·华盛顿和刚从曼哈顿举行的军事法庭回来的斯莫尔伍德，并排站在位于美军防御工事后面的小山上，他用小型望远镜观察，被马里兰军的勇气和巨大牺牲所感动。据一篇报告所写："华盛顿将军握紧双手，大喊：'上帝啊！我今天还要失去多少英勇的伙伴！'"

为了掩护游过小溪撤退的美军，斯莫尔伍德请求华盛顿允许就近从可能提供帮助的援军处调集两门加农炮。托马斯上尉的马里兰独立连——杰克·斯图尔德中尉便是其中一员——当天上午早些时候和斯莫尔伍德一起抵达了布鲁克林，他们和康涅狄格团提供了掩护。

康涅狄格团二等兵约瑟夫·普拉姆·马丁，时年 16 岁，他保存了一本宝贵的历经整个独立战争期间的日记，他和马里兰军并肩作战参与了几次战役，据其日记中所写，士兵们"爬出水和泥，来到我们面前，像河鼠似的"。许多马里兰军被闷死或淹死。斯莫尔伍德写道："大部分游到对岸来的士兵，还有其他在掩护部队下来之前尝试渡溪的士兵，在泥沼和溪水中失去武器、衣服和装备，有的伙伴则丢了命。"为减少溺水人数，在斯莫尔伍德营指挥第 8 连的塞缪尔·史密斯上尉在溪水里来回游了好几次。"他和一个中士游了过来，往近岸的水面上放了两块平板，便用这两块平板将其他所有不会游泳的战士们驮过去。"

拉姆齐不会游泳，但他傲人的 6 英尺 3 英寸的身高救了他的命。他不得不"抬高下巴，防止溪水钻进喉咙。"拉姆齐的舅子——掌旗官詹姆斯·皮尔——在趟过沼泽地时丢了鞋。不仅他们，独立士官连的创始人之一掌旗官布赖恩·菲尔波特差点被淹，但最终保住了命。他的儿子后来重新讲述了他的痛苦经历："（我的父亲提到过）在战役后撤退的时候，被迫游过一条小溪，可谓是困难重重，他要避开共同撤退的士兵的挣扎，才能不溺水。"家属还写道："（我的父亲）对我讲述（过）他第一次上战场的感受，（我）听他说，一次战役中，有个伤兵坐在他身边的一棵树下，突然一颗加农炮弹袭来，打飞了那个伤兵的头。"另一位士兵则报告说那具无头尸体飞到半空，砸中了一位军官。尽管危险无处不在，还是有马里兰军准备穿越沼泽和小溪逃走，坚韧不拔的吉斯特少校就是其中一位。他回忆道："一队人马撤到右侧，穿过树林，我、福特上尉带着其他 20 个人来到左侧，穿过沼泽地；只有 9 个人安全抵达。"

还有许多战士没有选择渡溪，最后被杀害或被俘了——"被俘"其实也是"死亡"的代名词。史密斯统计了伤亡情况："那些被敌军包围的战士们，几乎全员牺牲，因为当时的黑森兵完全杀人不眨眼。本团损失约 250 人；剩余人竭尽全力出发了。"马里兰军失去了许多战士，但没有一一记录他们的姓名。那天已知的牺牲军官是爱德华·维奇上尉，他是斯莫尔伍德营的元老级成员，组建了自己的连队。另一位马里兰军记录下大屠杀的情况："维奇上尉牺牲。巴特勒、斯特雷特、赖特、费南迪斯和迪库西这几位中尉以及大约 250 名本营士兵失踪。"自开战以来，马里兰军承担的损失是几支部队中最大的。

当天侥幸逃生的还有威廉·查普林，他出生于英格兰科尔切斯特，在马里兰经营一家农场。查普林对英国国王依然保留几丝忠诚，他很幸运，不像大部分其连队的士兵们一样，死的死，伤的伤。

马里兰的兄弟军团——特拉华蓝军——在这场战役中出现的伤亡人数较少，但他们的指挥官约翰·哈斯利特上校报告称，其军团的旗帜带回来时"满是弹痕"。由于其手下溃散，斯特林预备逃出战场，可是"很快就发现自己企图逃跑是多么徒劳，因此便自己找黑森雇佣兵的总指挥德海斯特将军投降"。康沃利斯后来表扬他时指出："斯特林将军作战时表现得像一匹狼。"

马里兰军对康沃利斯进行了破釜沉舟、厄运般的迎击，拯救了斯特林的残部和美军右翼，为他们赢得宝贵的时间，得以逃走。这次迎击同样阻挡了格兰特和康沃利斯的军队，这两人本可以联手袭击位于布鲁克林高地上的美军防御力量。参加那场非正规军突袭的马里兰战士，后来就被人们称为"马里兰 400 战士"或"不朽的 400 战士"。不朽的英雄用他们的鲜血赢得了"一小时，但是美国争取自由的历史上最弥足珍贵的一小时"。马里兰军在 8 月 27 日下午的阳光下熬过艰难苦痛，为华盛顿赢得了时间，避免英军当天组织起更多支分队，对布鲁克林防线进行合击。每过一小时，都离黑暗更近一步。豪拥有一支新军队，这是他们的首战，而在 18 世纪，哪怕是最有经验的军队，夜间作战也是难度非常大的。

豪后来在那天下午攻打了美军的防御工事，他的胜利果实似乎可以在那里达到极致。独立战争本可以在那一天结束。这是美军在独立战争中，集天时地利人和来粉碎英军胜利的几次机会之一。英军本可以把美军一网打尽，甚至连华盛顿及其高级指挥官也难逃魔掌。此举本可扼杀美国的革命，将其转化为大不列颠帝国历史上一段不值一提的小插曲。然而，就是这一系列的天时地利人和给了华盛顿的军队另一个存活的机会。

豪设想自己有时间慢慢耗，也相信胜利永远在自己那边。他不只是赢下一场重要会战，他还确信，他把美军困在了布鲁克林高地上，这样他就有一大把时间去摧毁美军力量，而把英军损失控制在最低。皇家海军所处位置能够防止华盛顿的军队撤退到东河对岸，则能有效将美军封锁在其防御工事内。华盛顿的军队——乃至整个战局——都岌岌可危。

第十章

逃出长岛

在不朽的英雄作出重大牺牲之后，英军将斯特林的残部驱逐到布鲁克林高地上的堡垒，"敌军逼近距离堡垒不到 150 码处，但也因我军反击出现了大量伤亡。我们期待今天再战一场，他们则在酝酿对我们实施炮轰……我听到加农炮的轰鸣、火枪的枪弹声，所以我相信，进攻开始了。"一位马里兰幸存士兵如是写道。

整个晚上，从郭瓦纳斯高地逃走的士兵陆续赶往布鲁克林高地的美军堡垒中。布鲁克林会战（又称长岛战役）开始的钟声敲响了。据斯莫尔伍德估算，256 名马里兰军士兵和军官牺牲或失踪。取得胜利的英军围在美军防线前的 1.5 英里处，但由于彻夜行军和一天的作战，英军明显体力不支，又累又饿。英军击败了华盛顿的前方防线，本可以扩大战果。也许是对邦克山战役中的惨烈伤亡心有余悸，而且由于马里兰军的坚守，耽误了战机，威廉·豪将军作出重大决定，命令部下原地休息，而没有乘胜痛击美军防线。"需要重复几遍命令，才能劝下那些士兵停止作战。"

美军的5座堡垒被长达1英里多的堑壕相连，直接袭击很难攻下。一位英军军官总结战况时记录道："我们没有柴捆填充壕沟，没有斧头砍断鹿砦，也没有云梯翻越那么险峻的障碍物。防线长达1.5英里，其中有尖角，加农炮打不穿，还有一串精巧的内堡，或者说是带壕沟的要塞，半条防线都有间隔；整个悬空，每一处都由最难着力的鹿砦组成。"鹿砦是朝外插有许多顶端锐利的圆木，这在18世纪等同于一个满是尖刺的铁丝网。人们需要用斧头砍穿它，才能向前进攻。当然，防御工事不是完全不能翻越，只是要花费许多时间，并且会暴露攻方的位置，给守方当靶子。

豪把手下视为宝贵的资源，不愿让士兵们白白送死。邦克山战役之后，他写道："当我看到此战的结果，得知我军损失了这么多勇敢的军官，我惊得毛骨悚然——胜利的代价太高了。"

威廉·豪没有指挥轻易发动正面攻击，而是命令手下士兵开始准备正式围攻。士兵有一半保卫堑壕，另一半则挖起弯曲的堑壕，有条不紊地向美军防线推进。为了剿灭爱国者，豪计划动用哥哥停靠在东河上的军舰去终结美军。正当豪展开致命一击时，乌云席卷，大雨滂沱，在堑壕积起齐及腰深的水。闪电在天空划过，冰雹也降了下来，强烈的东北风不断刮向美军防线和英军战线。美军二等兵约瑟夫·普拉姆·马丁回忆道："突然下起一场大阵雨，把我们淋透了，我们的弹药也失灵了。"整片战场成为一片泥泞。大雨阻止了英军挖掘堑壕的工作，也为美军创造了一个天时条件。

就在倾盆大雨之中，会战的天平开始向武装民兵一方倾斜。约翰·休斯——来自马里兰弗雷德里克县的26岁士兵，在巴顿·卢卡斯上尉指挥的第3连——回想当年，卢卡斯发现难以承担如此重大的损失。休斯在战后申请抚恤金[1] 时说："在（布鲁克林）会战中，巴顿·卢卡斯上尉因为自己的连死伤惨重……除 7 人幸免于难外，全体牺牲或被俘的结果，变得神志不清。"此外还有一些士兵随意开枪。"直到傍晚，部队里也有人开枪，感觉就算是走在我军的战线里也是危险重重。"其中一人说道。

在位于布鲁克林高地上那宽阔的大楼——四烟囱旅馆——的房间里，乔治·华盛顿召开了一次紧急军事会议，透过窗户看他那支正在经历风雨的军队。那天的雨"下得太大，不论是堑壕、堡垒、军帐还是营地……都雨水泛滥"。由于暴雨如注，闪电划破长空，华盛顿询问来自布鲁克林高地防线的 7 位将军，接下来应该怎么做。华盛顿的军官们质疑起撤退是否可行。因为东河宽 1 英里，水流湍急。他们没有意识到这场暴风雨也把皇家海军困住，使他们不得航行至上游，堵住美军布鲁克林高地防线的后方，那几位将军相信他们的士兵若试图渡河来到曼哈顿，则容易遭到来自水陆两方的攻击。考虑到情势危急，伊斯雷尔·帕特南将军大吼，士兵们应该守在防御工事里，继续战斗。

华盛顿下令撤退，结束了几位将军的争论。因为意识到保密的重要性，清楚哪怕只有一个叛徒，也会葬送整个行动，华盛顿下令，作战计划的实情不许透露给除了少数主要中尉外的任何人。所有可用的船只都搭载着援兵运往布鲁克林，总人数接近 9500 人。幸运的是，由约翰·格洛弗上校率领的这批援兵里就有来自马萨诸塞州马布尔黑德的水手和渔民，他们穿着蓝色的短上衣和白色的防水长裤；那些水手是专业海员，是参与此次水陆合作的撤退行动的不二人选。剩余的马里兰军和哈斯利特的特拉华团一起

---

1 从 19 世纪初开始，独立战争中幸存的美国退伍士兵可以申请抚恤金。这些退伍士兵还要专程前往当地法院，为其服役生涯作详细描述并宣誓。这个详细程度因人而异，有的很草率，有的则事无巨细。当地法院的行政人员不时会询问申请人诸如上级军官的姓名或者同属一支队伍的其他战友的名字等问题。其他退伍士兵的宣誓书有时也会作为支撑附在后面。本书广泛引用自独立战争的这些未经加工、非正规军的故事。

接受了组成后卫部队[1]的光荣任务。斯莫尔伍德回忆起华盛顿命令他的战士们"到离敌军只有不到250码的帕特南堡前哨去"时，他们"只能喘一天气"。

晚上7时许，撤退开始了。军官们对于撤退计划故意没有透露给士兵们，此时军官则命令大家整理武器，收好行囊，告诉他们即将夜袭敌军。一开始，东河湍急，潮水迅猛，让船难以通行。可那9500名战士就是在英军眼皮底下连人带装备地横渡了东河。

到了11点，风向巧合地转向了，非常有利于美军。起初只有10艘船可以加入到撤退行动中来。他们不可思议地发现人数多了，可船必须载满人和装备，这样才能保证在天亮前转移所有人。哪怕是船被装满，舷缘也只浮在水面上3英寸处。变天之后，河水"明显稳定许多，水面像玻璃一样平滑"。一阵诡异的寂静笼罩着布鲁克林。美军用裹着布的船桨划水，以减小声音，格洛弗和马布尔黑德的水手们则不停来回渡河，将美军转移到安全地带。晚风变得更加适合航行，他们又张开帆，就能够让船尽可能推进得快速又安静。

接近凌晨2点时，这超现实的寂静被战场上的一阵轰炸声打破了。也许那声爆炸是加农炮的意外触发，因为美军已经塞住它的火门，不让英军使用了。一位目击者回忆道："那声爆炸令人立即警觉起来，竖起耳朵。"待没有炮火声继续迸发，渡船行动继续。

1小时之后，一个误传的指令差点让整个撤退计划付之一炬。托马斯·米夫林将军，来自宾夕法尼亚的前贵格会教徒，曾是美军中第一位兵站总监，命令自己的后卫部队提前出动。上百人如潮涌一般来到渡船处[2]。华盛顿将军此时仍在布鲁克林，朝米夫林咆哮："我的上帝啊！米夫林将军，你如此不合时宜地命令军队从战线撤离，是要毁掉我们的军队吧！"幸运的是，

---

1 同样被编入后卫部队的还有纽约第1团，有120名掷弹兵参加，每人分别携带6枚手榴弹，当时一枚手榴弹的大小相当于一个板球，里面填满了火药。

2 这个地点位于今布鲁克林大桥底下一间雅致的河边餐馆附近。

英军并未注意到后卫部队的到来，而后卫部队也平安地回到原处。撤退行动继续进行。

就在黎明即将到来之际，乘船处开始发生骚乱。当许多美国士兵成功渡河之际，还有不少依然留在布鲁克林的后方。天空露白，之前的行动很难瞒过敌军。成群的士兵涌向剩余的靠岸船只上。华盛顿亲自控制局面。他的一名副官回忆道，当时总指挥拣起一块大石头，高举过头顶，命令乱作一团的士兵下船。否则，他就会"让船沉到地狱里去"。此话体现了华盛顿的领导才能，而撤退得以更有秩序地进行。

而英军方面，豪的部队开始起疑了。大约凌晨4点时，约翰·蒙特雷索上尉——豪的首席技师，曾参加过法国–印第安人战争——组织了一次巡逻，结果发现美军的胸墙里空无一人。此外，一位托利党妇女派自己的黑奴向英军送信，但这名黑奴被黑森雇佣兵抓住且扣押了好几个小时。不知为何，这些反常情况都没有被通报给豪。

惊人的是，天气再一次发生变化。一阵浓雾飘来，掩盖了正在进行中的撤退。马里兰军邻近的一位军官回忆说："我们那些仍留在堑壕里的人，开始担心起自己的安全来。等到天亮了，还有几支部队在执勤。这时，一场浓雾升起来了，像是故意落在两个军营上空似的，久久不能散去。我非常清楚地记得这有如神助的天象；那场雾浓密到距离我6码远的人我都看不清。"

塞缪尔·史密斯的第8连余部差点没赶上撤退行动，被留在帕特南堡。因为不知道撤离的计划时间，史密斯上尉的士兵们留在防御工事附近。"一个下士报告史密斯上尉说他跑遍防线上下，也没看到一个人影。"上尉出于担心，又派两名中尉继续搜寻。"他们回来后报告说，所有队伍都已经离开，只有他们不知道。"史密斯命令全连躲进主堡，他相信华盛顿的其他军队已经遗弃他们，把他们留在最后"作为一支敢死队"。他的恐惧逐渐缓和，然而，一个中尉前来通知他撤离的命令，并且其余"部队目前到纽约了"。史密斯及其部下即刻赶到河边，途中遇到了华盛顿将军。将军问这年轻的巴尔的摩上尉道"怎么这么晚；上尉回答说几分钟之前才收到命令。"马里兰军在关键时刻来到河边，真是幸运。他们爬进最后一艘船，离开河岸，"刚离开码头，英军的轻骑兵就现身山头，用卡宾枪射击，但没有伤到我们。"

布鲁克林会战对华盛顿来说，是一场损失惨重的大败仗。华盛顿后来估算美军此战的损失，约1000名士兵牺牲或被俘，大部分伤兵都被俘了。损失士兵多来自马里兰军。斯莫尔伍德营里有超过一半兵力，不是被杀死就是被俘。那些战俘几乎都死在泊于纽约湾的运囚舰里。英军和黑森雇佣兵的损失还不到那个数字的一个零头。

不过，到了8月30日破晓之际，华盛顿又躲过一次糟糕得多的命运。他指挥了史上最伟大的军事撤退，给了美军重振旗鼓的机会。

第十一章

曼哈顿

1776 年 9 月 15 日，美军哨兵在基普湾——今曼哈顿第 34 街东面附近——执勤，向外面的黑夜望去，一片阴沉。天空逐渐露出鱼肚白，一道阴影开始投向东河的水面上。

英国的快速帆船等军舰几乎合为一体，将装有 70 门大炮的舷侧对准爱国者防线，将其摧毁得落花流水。美军在艾克伦堡——后来的默里山——架设了一系列堑壕和胸墙。"忽然，英国舰队传来一阵轰隆巨响，那声音感觉快把我的头炸裂了，"二等兵托马斯·普拉姆·马丁回忆道，"我一个蛙跳跳进壕沟里，尽可能一动不动地躺好，然后开始联想自己要是中弹，尸体的哪部分先飞出去。"

硝烟逐渐散去，马丁和其他美军士兵看到了惊心动魄的一幕，一支装满英军士兵的平底船舰队登上了曼哈顿海岸；视线所及之处满是英军士兵。

在布鲁克林取得决定性胜利之后，休整了两个多星期，英军水陆两栖部队终于在基普湾登陆。英军的突袭造成了恐慌，美军士兵纷纷逃散。待消息传到华盛顿耳朵里，将军已经身处战争的漩涡之中，难以阻挡逃命的人流。这是继法国－印第安人战争之后，威廉·斯莫尔伍德首次经历的实战。这位身材肥胖、沉默寡言的军官抱怨道：

我过去常读到或听说懦弱的事例，可至今也只有个模糊的印象而已，直到现在才明白，人类原来受制于这种卑劣的本能——我真希望今天这一幕不要载入美国编年史里——所见的只有你追我赶、耻辱和混乱，可以说60个轻步兵发动第一波进攻就能打跑康涅狄格军团的两个旅，也毫不为过。

平时总是冷静而沉着的乔治·华盛顿也变得不同往日。"那些卑鄙小人——尽管那场面可能是有些奇怪——上至准将，下至二等哨兵，都受到华盛顿、帕特南和米夫林几位将军的杖笞和鞭打，"斯莫尔伍德回忆道，"然而，甚至是这样的屈辱，也不能让他们挺过一击。"对于相关事件，威廉·贝蒂记录道："一个新英格兰上尉因为胆小怯懦，被逼穿着女人服装，背着木枪，配着木剑，还被轰出军队。"

懦弱不是唯一一件美军士兵犯下的罪。有两个马里兰士兵——威廉·阿诺德和山姆·克拉克——以及一名纽约军团的士兵，被指控抢劫斯特林勋爵位于曼哈顿的宅邸。当华盛顿次日查出该事件时，他命令三人"把拿到的东西，归还兵站总监，如若不还，即日处以绞刑。"两个马里兰士兵因证据不足得以释放，但那个纽约人则被判处39下鞭刑。

英军士兵如潮涌上了岸，对美军象征性的抵抗加以回击，继而浩浩荡荡地朝他们的第一个目标——默里山——进发。在这场凶相毕露的浩劫中，面对距自己只有80码远的数百名英军，华盛顿在战场上显得有些紧张。纳萨尼尔·葛林还记得华盛顿将军为"手下部队的不齿行径恼羞成怒，此时思考得更多的是求死，而非求生。"最后，一名副官把将军拉离战场。

随着英军涌入曼哈顿，成千上万的美军部队在该市南部放弃了防守。英军轻步兵的先头部队不费吹灰之力拿下了默里山，又直奔位于今第42街的纽约公共图书馆之处。可是豪并未下令对撤退的爱国者军进行追杀，也没有下令继续向北出击，而是停了下来。

暂停行军的原因不甚明了，可是相传当地一位名叫玛丽·林德利·默里的贵格会女教徒在其中起了作用。据说默里夫人同情美军阵营，便邀请豪和其他军官到她家赴宴，以便爱国者们能借此时机逃跑。传闻说她和她女儿牺牲色相来取悦这些军官，此时一名女仆则站在楼上的窗台张望，好让女主人及其女儿知道华盛顿的军队何时安全离开。

或许默里夫人的诱惑计谋能起一定作用，但一些历史学家却质疑已经五十多岁并生下12个女儿的母亲设宴款待，是否会是豪家军延误的所有原因。阻止豪整支队伍的应出于更贴合实际的原因。据亨利·克林顿将军所写，豪下令等待第二波登陆的英军和黑森雇佣兵部队组成的援军。第二波登陆刚至，豪和康沃利斯就下令继续追击向北逃窜的美军。华盛顿要求马里兰军担任敢死队，这一次的作战地点位于第96街和第五大道，今中央公园附近。马里兰军在麦高恩山道背后挖开多石、凹凸不平的地面，该山道是一条驿路，也是供美军逃离的主干道，位于两山之间，一路延伸穿过哈林。

"华盛顿特意从营里挑出我们团，派我们向纽约行军，掩护大部队撤离……我们占领了有利地形，靠近位于主路上的敌军，我们那天准备了最好的装备积极备战，直到瑟奇旅带着辎重前来，他们是最后一支到达的部队。"斯莫尔伍德报告说，"此前到达的敌军将主力部队分为两列纵队，一列前去北河，尽量接近我军侧翼，然后包围我军；另一支则得令慢慢登上位于我们上方的主路。"

马里兰军在莫迪凯·吉斯特和斯莫尔伍德的率领下，作出誓死顽抗，好让最后一支美国军团逃进哈林，他们自己再在大约黄昏时分听从命令撤退。他们的死守阻止了英军轻步兵前进的步伐，此次马里兰军又成为帮助华盛顿军队撤离的那支核心后卫部队的一分子。尽管如此，此战依然造成美军 350 人伤亡；大部分人都被俘虏。历史总是惊人地相似，英军又获得了胜利，却没能歼灭华盛顿的军队。

在哈林高地上，华盛顿召集了他那支溃散的军队。扎营之后，将军开始收集情报，思考如何对付英军，并派出 150 名突击队员，由托马斯·诺尔顿中校率队。无畏的中校时年 37 岁，曾参加过法国 – 印第安人战争，深受战士们爱戴，作战中经常热情地大吼："加油啊，小子们！"

诺尔顿的突击队员在 1776 年 9 月 16 日清晨渗透到英军战线之后，攻击了豪军营的哨岗。新英格兰军打了几枪，就撤到一堵石墙后面。英军立即组织队伍，向诺尔顿猛冲，而诺尔顿的士兵们则和如潮般涌来的红衫军拼个你死我活。弹药用去一大半，突击队员又撤回哈林高地，英军紧追其后，眼看着不到 5 分钟就能追上他们。

由轻步兵带路，追赶诺尔顿的 300 人是英军步兵部队的先锋，蜂拥至美军的哈林防线。华盛顿的副官在回想英军如何想尽办法羞辱其美国对手时说："敌军出现在一片空地上，把他们的号角吹得震天响，仿佛是平时捕猎抓狐狸一般。我从未有过如此的羞辱感，大概是我们最为羞愧的经历。""轻鲍勃"还在向前推进，想当然地以为此举能让美军暴露自己的侧翼。华盛顿看准对方的弱点，立即部署了请君入瓮的计划：马里兰军和其他部队骚扰轻步兵的前方，分散其注意力，同时诺尔顿士兵和弗吉尼亚的步兵绕到其后方，争取包围他们。刚才的猎人也要成为猎物了。

诺尔顿的突击队员和弗吉尼亚军利用深谷掩护自己的行动，悄悄往英军左翼移动。不幸的是，几名突击队员在美军的包围战术尚未完全启动之前就开了枪，很快便发现自己遭受英国侧翼部队的袭击。诺尔顿和另一名突击队军官在行动暴露后牺牲了。

听到突击队员开枪（发动正面进攻的信号）之后，马里兰军立即集中滑膛枪火力，撕裂英军轻步兵阵列，不让他们再向前进。一位亲历者记录了此景："从没有哪支军队比他们更乐意且渴望上战场；双方随即开始了重火力较量。攻击持续了约一个小时，我们勇敢的南方军队把他们逼退。敌军又向前进，我们的战士又发动了第二波攻势。对方再攻，我军第三次将他们打跑，冲向他们。"

一位马里兰军官记录道："马里兰军得令要下山击敌，便照做了（拿起了刺刀）；经过一番激烈斗争，敌人跑了。"威廉·贝蒂中尉的"飞行团"也参与了此战："双方对抗非常惨烈……其中一人胸口受伤，另有一人腕关节以上的手臂外侧受伤，手指也被戳了，没有伤到骨头。"贝蒂、杰克·斯图尔德、塞缪尔·史密斯、约翰·伊格·霍华德和加萨韦·沃特金斯等人可能也参加了此次战役，吸取了宝贵经验，使他们在后续的长年战争中坚硬如钢。马里兰军等部队逼迫英军穿过一片荞麦田，今巴纳德学院和哥伦比亚大学的操场。

到了下午，双方均派出援军支援战场。美军战线死守不让，最终，英军退回到他们的战线后方。华盛顿回想起这场战役血淋淋的战果时说道："不论是他们站过的地方，还是经过的围墙，到处是鲜血一片，从这副景象来看，我们有理由相信他们给敌人造成了多少死伤。"由于此时马里兰军和侧翼部队已经暴露，并且希望避免重蹈敌军轻步兵的覆辙，华盛顿明智地叫停了此次攻击。到了大约下午 3 点，哈林高地战役宣告结束。尽管战果很小，胜利依然给华盛顿的部队雪中送炭，让一落千丈的士气有所提升。

战役结束后，哈林高地前的战线仍战略性保留，每边都派人巡逻，搜寻他人来防守，获取情报。在 9 月 17 日，马里兰军的杰克·斯图尔德中尉到英军战线后方执行侦察任务，与他同行的是另一个军团的战友。他们袭击了英军的前沿阵地，两军便展开了小规模战斗。

下午，斯图尔德被带到军事法庭，遭受"攻击隶属于戈尔德·塞莱克·西利曼上校军团的威廉·费尔普斯中士，使西利曼上校受到生命威胁"的指控。

根据宣誓证言显示，斯图尔德带领费尔普斯参加作战任务，称费尔普斯为"该死的胆小鬼"。斯图尔德打了费尔普斯，后来和前来阻止二人争执的西利曼上校发生争吵。当西利曼下令逮捕该马里兰战士时，斯图尔德把自己的军帽扔到地上，嚷道："我要回我军帐去——你们无非只是把我的委任状收走罢了，但我是个绅士，不用你们收，大爷我自己不要了。你等着，不到两小时我就来找你报仇，你这该死的。"

双方各被打了手腕：法庭判处斯图尔德攻击费尔普斯罪名成立，但没有威胁西利曼。法庭还判费尔普斯没有胆小之罪。双方均未被受罚，无罪释放了。

尽管有军事法庭，从军队中出逃的现象还是猖獗。军队针对试图逃走的逃兵们处刑。一个来自新英格兰的军士放弃了希望，绝望之余，便试图在行动中向一位美军军官开枪。他因谋反被判处死刑，特拉华团的伊诺克·安德森上尉接到命令，带 20 名士兵开枪处决那位中士。安德森回忆道："我走近刑场——罪犯跪在胸墙前面，眼睛上蒙上一顶帽子。我们来到距他 20英尺的地方——他的每一根神经都紧张起来了，出于临死前的痛苦，他哼了一声。我哼起来，我的战士们也哼起来——我们都哼起来。我情愿上战场也不愿执行这种任务。"就在这紧要关头，有人大喊："赦免，他被赦免了！"得知自己逃脱死罪，中士哭喊道："哦，我的上帝！啊！我不用死了——啊！啊！"处决者同样感觉如释重负。安德森写道："心里满是同情，喜悦的泪水划过我的脸颊。我那可怜的兄弟们也都不例外，也在擦他们脸上的泪水。感觉就像经过一上午的阴郁，傍晚时天终于放晴了。"那个中士不仅没有被处死，华盛顿还允许他继续在军中以士兵身份服役。后来，在独立战争剩余的日子里，他一直忠于爱国者。

由于大半个曼哈顿还握在英军手里，华盛顿和几位将军宁可烧城，也不希望曼哈顿成为英军的要塞。"我情愿烧掉这座城市和市郊，"纳萨尼尔·葛林在病榻上建言，"如果敌军占领了它，我们的海军敌不过他们，就再也无法翻身了。"华盛顿把同样的建议提给大陆会议，"但遭到全盘否定"。虽有大陆会议决议在先，9月21日，美军撤退时，曼哈顿还是起了火，很快就被席卷入浓烟烈火之中。市民们纷纷逃窜求生，该市陷入一片混乱。一位目击者写道："老弱妇孺半裸着不知所措地跑着……妇女和小孩的尖叫声和哭喊声……让这一幕成为我所见过的最可怕、最动容的场景。"这场熊熊大火，烧毁了超过600家房屋，该市近60%的建筑均被烧毁。纽约起火，华盛顿期待英军攻击哈林高地，但豪氏兄弟保全手下的心理演变成另一个计划——在华盛顿军防线后方以水陆两栖方式登陆。斯莫尔伍德当时正写信给马里兰地方议会，捕捉到英军登陆的惊心时刻："我必须匆匆停笔了，接到了行军的命令……敌军有几千人登陆了。现在只能孤注一掷，和他们拼到底。"纽约四面都是水，哪里也逃不过英国海军的魔爪。

第十二章

仅 25 人拖住一支军队

1776 年 10 月 12 日清晨，一场大雾笼罩了长岛海湾，让声音和能见度都大幅降低，接近为零。尽管此处是战区，当地渔民才不管附近是否暗藏凶险，照做生意。旭日东升，点亮天上的云朵，渔民突然发现自己被满载着士兵、马匹和加农炮的驳船包围，吓得说不出话来。很快，一艘快速帆船开火了，为豪氏兄弟新一轮登陆战打响对岸轰炸的第一炮。

天刚破晓，80 艘英军船只就登陆了位于布朗克斯东南部的曼哈顿窄颈半岛，即今窄颈大桥的位置。一条小溪径直穿过狭窄的半岛，让涨潮时分的半岛看上去更像是一座海岛。10 天前，美军安排了 25 名精英步兵，由宾夕法尼亚的爱德华·汉德上校带队。上校带其部下摧毁了跨溪桥梁，创造了一个天然的咽喉点和歼敌区。见英军来势汹汹，汉德一行立即派信使把英军登陆的消息传达给美军将军，自己则隐蔽在柴垛后面，静候敌军的到来。经历一番殊死搏斗，汉德的 25 名战士成功地在援军抵达之前，拖延住 4000 名英军士兵。

在窄颈遇袭后，威廉·豪下令撤退。不过，他们没有立即返回登陆的船上，他和部下在半岛尖端扎营，停留了数日，给了华盛顿宝贵的时间重整旗鼓。最后，豪命令将士们回到船上，前进 3 英里，直逼沛尔岬，今佩勒姆湾附近。爱国者们这次又做好伏击英军准备。军官利用地形优势，部署了非常奇特的战术。他们命士兵躺在该区域的无数道石墙后面。红衫军一到，第一排步兵就起身齐射，然后撤离。英军确认所有美军都逃走后，便预备发起刺刀战。待敌军走近后，爱国者的第二排士兵又起身瞄准直线射击。

沛尔岬为独立战争中进化的战斗形式提供了一个范例。随着战争的深入，马里兰军成为实践美式作战形态的先锋队。该作战形态随即被广泛应用，至今仍清晰地保留着它的影子。战术上讲，美军倾向于在战场上将火力集中于一个影响最大的特定地点，还发展出一套消耗敌军的防守策略，占据有利地形，充分发挥民兵和大陆正规军的特点。在战略层面上，美军用情报弥补兵力，帮助他们充分发挥部队特点。此外，马里兰军和其他美军部队依靠速度和灵活性，结合勇于冒险的精神，他们避免让士兵为没有结果的行动作出无谓的牺牲。

英军在战争打响时已经掌握自己的作战风格。他们还制订了一些规则，让士兵在战斗中遵守——欧式作战风格。随着战争进程加快，这些规则开始有必要修订了，该修订工作已经完成。英美双方为了独立战争，都重新调整了兵力、战术和战略。这是一场追逐赛，军队转型更快者为赢家。

沛尔岬同样证实了精英部队在战场上产生的决定性影响。熟练的爱国者守卫军运用拖延战术，给英军和黑森雇佣兵造成约 200 人的死伤；然而更为重要的是，这些战术给了华盛顿重新部署士兵的时间。根据华盛顿参选的主要竞争对手——查尔斯·李将军——的建言，华盛顿将军队主力从哈林北部地区转移到怀特普莱恩斯，留下一支 1200 人的军队支援曼哈顿北端华盛顿堡的守卫军。李近日才从南卡罗来纳的查尔斯顿回来，他在那里成功地粉碎了英军入侵。[1] 基于这些成功经验，结合他超群的指挥官经验，大陆会议对李给予高度评价，他此时又重新回到竞争总指挥一职的候选人阵营中。马里兰军又一次汇编入后卫部队，且在怀特普莱恩斯重返大部队之前，是离开韦斯特切斯特县的最后几个军团之一。

李是美国独立战争期间最非凡、最聪明的将领之一。他在法国－印第安人战争中展开了军旅生涯，后来又参加了葡萄牙和第五次俄土战争，回国后就投身到独立战争中来。他的事业起步于法国－印第安人战争，他的绰号是"沸水"，源于他火爆的脾气。他喜怒无常的个性使得一些传记作者推测，他有双向情感障碍。外表上看，资料多形容他身材瘦长，但头部较于身体来说过大。李非常不注意着装，有些不修边幅。据了解，李有点粗鲁，不时冒出粗言秽语。他非常爱养狗，他养的狗几乎一直跟着他，这个将军一次戏谑道，狗很忠诚，不像人。1773 年，他搬到弗吉尼亚，志愿加入爱国者。他渴望当选总指挥，视华盛顿为无能的对手。

虽然李性格易怒，他却给华盛顿贡献了一条绝妙的建议，推荐美军转移到怀特普莱恩斯，因为那里更易守，坐拥一个补给站。这一举动拯救了军队，而就在最近一次英军登陆后，这支军队就险些被围剿。为占据绝对的地理优势，华盛顿把部队安置于布朗克斯河后面的高地上。他把马里兰军、特拉华军、康涅狄格的几支军团，以及一些民兵转移到查特顿山——位于右翼的一座峭壁，高 180 英尺。近 2000 名士兵就在那里开始迅速挖起战壕，

1　1776 年夏天，英军大部队集中在纽约，但亨利·克林顿爵士率领了一支小远征队，试图占领南卡罗来纳州查尔斯顿，他们于 1776 年 6 月 28 日尝试击退南方的革命军。英军没有采取对等的策略来应对革命军，对革命的广度或幅度以及美国的效忠派、爱国者人数也没有一个清楚的认识——这是贯穿独立战争大半程一直存在的策略缺陷。为了拿下查尔斯顿，克林顿首先必须瓦解其位于莫尔特里堡的海湾防线。当三艘舰船冲到堡垒附近的浅水湾搁浅时，美军的守备军击垮了登陆的英军。英国海军炮轰堡垒也毫无成效。据报道称，许多加农炮弹射到堡垒用矮棕榈树干搭成的有弹性的墙上后，不具备杀伤力，为此南卡罗来纳获得了"棕榈树之州"的绰号。经过 13 个小时的激烈战斗，英军撤离查尔斯顿和南方大部地区。

修建起防御工事来。

当美军在怀特普莱恩斯外扎营时，马里兰军不止一次看到敌军出现在布朗克斯河对岸。塞缪尔·史密斯上尉回忆起有一次，他"和一位英军军官隔河对话"。史密斯问及他的朋友约翰·安德烈少校，他们曾是一起漂过大西洋打仗的战友。具有个人魅力的安德烈后来因涉及贝内迪克特·阿诺德变节而被判定为间谍，处以绞刑。在谈话中，"英军军官劝他退伍，以免被（黑森）步枪兵射杀，他可控制不了步枪兵。"

这段时间是美军士兵患病最多、最艰难的时候。他们在从长岛和布鲁克林撤离时，丢掉了大批辎重，军帐也没了，导致许多士兵在露天环境中生了病。一位马里兰军官报告说："将近 200 人不能执勤，而大多数都得不到医生诊疗。"

10 月 28 日，豪的军队已经各就各位，来到美军建成的坚实防线之处。亨利·克林顿向豪报告称，他"根据所见情况，不建议直接进攻……他们的侧翼很坚固，只要他们愿意，可以随时撤退"。几天来，两军用加农炮对轰。华盛顿部署了一支近 1500 人的军队——其中包含部队马里兰军——确认英军的前进情况。斯莫尔伍德遂召集部下，"问大家有多少人愿意跟他一起，赶跑英国人。"根据马里兰军的二等兵约翰·休斯回忆，有 13 人愿意。休斯描述了那次行动：

我同我们连的另外 12 个人出发了，来到英军的胸墙，我们用横杆之类的抵挡滑膛枪弹，对哨兵开火。英军立即用一颗加农炮弹回击我们，炸坏了胸墙上的一片围栏，围栏有一半横杆击到我的大腿，膝盖以上的骨头全碎了。我当时就被担架抬走了，打这之后，我就再也没参加过任何实战了。

豪集结起他的部队。当马里兰军从查特顿山顶俯瞰下去，这种情况对这些久经沙场的老兵来说，一定看上去是不可战胜的吧。"阳光耀眼，照得他们的武器闪闪发光，或许这些部队从未展示出如此的优越性。"一位亲历者回忆道。1300 名强悍的英军走了过来。大炮的硝烟弥漫在空气中，枪声四起。史密斯上尉回忆道："一门加农炮开始射击……敌军的目标像是要摧毁我军的大炮。"

豪派几千人马和 12 门大炮攻打查特顿山。然而，他们必须跨过布朗克斯河才能到达山脚，由于连日降雨，水位高涨。英军士兵停下脚步，"用倒下的树木和围栏横杆搭造简易小桥渡河"。见敌军暂停行军，斯莫尔伍德率领麾下战士"下山，过了半山腰后就开火，打得黑森雇佣兵乱作一团"。等到他们终于过了河，黑森雇佣兵又要穿过被炮火点燃的燎原。正当他们在如冰雹般的铅弹和火焰弹中缓慢前行之际，把弹药盒举过头顶，避免其爆炸。4000 名士兵在黑森雇佣兵的带领下，涌向马里兰军驻扎的小山。

一名马里兰军士兵忆起英军前进的情景："司令清楚地看到敌军向我们防线逼近，一窝蜂地朝我们右侧攻来，激烈交锋，当时火力更猛了。"尽管危险袭来，史密斯却不禁佩服起进击的英军来。"看见他们时只觉得很英勇，他们毫不犹豫地稳步向前，登上陡峭的山坡，"他在自传中写道，"可是，当我方的守备军就位之后，他们却成了自己大炮的靶子，大炮不得不在士兵到达山坡顶部时停火。"

美军向步步逼近的大批敌军发射榴霰弹和葡萄弹；皇家炮兵又以实弹回击。有颗炮弹像是长了眼睛。他"先是打穿了……一个大块头的脑袋；接着又打掉了奇尔森的胳膊，后来他被截肢了……再后来，它打穿了泰勒的肚子；然后击中我们连加勒特中士的屁股——打掉了髂骨尖儿。眼前的景象真是……人倒在地上抱着腿和手臂靠着背包"。马里兰士兵威廉·布鲁克斯回忆起当时的场景，"在这场战役里，我的右腿被打断了，后来被送往医院"，他在医院休养了 2 个月。史密斯上尉——他的连参与了行动的后程——报告了英军大炮的毁灭性影响："一颗炮弹炸毁了地面，接着它弹起来，打飞了韦斯特利中士的头"，此前该炮弹直接从史密斯肩膀上方穿过。

美军击退了来自东面的第一波攻击。"我们行军下山迎击敌人……经过一番激烈较量，敌军输了，但又冲了上来，这次是攻击我军右翼，再一次被我军打垮，攻击迫使民兵来到正面。"

由于死伤惨重，黑森雇佣兵开始攻打小山南面。民兵慌了，"仓皇逃窜，连胡乱、零散的回击也没有。"约翰·哈斯利特上校报告，当时他指挥的特拉华军，在山上驻守的位置靠近马里兰军。自布鲁克林会战后，这两支军队总会被安排在一起行动，通常特拉华在行动中要听从马里兰军的指挥。英军连续使用"大炮和步枪队的强大火力"攻击马里兰军和特拉华团，持续了"大约半小时"。

在怀特普莱恩斯，飞行团的约翰·伊格·霍华德上尉也参与了此次战役。当时华盛顿派霍华德及他的民兵上山，是为了给斯莫尔伍德麾下的马里兰军战友撤离作掩护。

特拉华团的伊诺克·安德森上尉报告所见情形时说："我团一名士兵在战场上遭受致命伤。他倒在了地上，倒地时，枪也落到地上。他捡起枪——转过脸去——瞄准步步逼近的英军——射击——枪从他手上滑落——他仰面倒下，没有了呼吸。"子弹射进斯莫尔伍德的手臂和臀部，有20名马里兰军士兵倒在枪林弹雨之中。

即便是可靠的马里兰军，也不得不撤退了。"美军在人数上处于劣势，不得不竭尽所能自救。"史密斯回忆道。他本人"深受鼓舞，以至于没有留意到他们的出发，他的撤离异常艰难——他的部下正在听从命令实施自救"。在撤离途中，史密斯被"冲力已尽的子弹"击中左臂，但依然在坚持作战，后来史密斯"和两个战友停下来了，躲在一堵石头墙后面；沉着地瞄准了正在前进的敌军。后来，发现那里留下了一滩血迹"。

最后，他找到了斯莫尔伍德上校，当时上校手腕受伤，还能集结"近百名掉队者，和他们一起并排而行"。斯莫尔伍德上校带部下走进营地时，路过一支新英格兰军团，看到他们正在吃饭。"一个年轻的二等兵（隶属于其他部队）站起来说：'我猜你们还在执行任务吧？'"

"'没错。'史密斯回答。"

"'你们今天可能也没吃东西吧？'二等兵继续说道。"

"'没有，整整 24 小时都没吃。'史密斯回答。"

听完这一席话，"那些士兵全都站起来了，直到我们吃饱了，他们才继续吃。"史密斯写道。

战役规模稍大些，双方死伤都很惨重。根据吉斯特报告，仅马里兰军就损失了 46 个士兵和军官。有报告显示，黑森雇佣兵一次齐射就夺去了 92 名美军的生命，可爱国者们依然坚定不移。一位英军军官点评道："革命军在怀特普莱恩斯拥有绝佳位置。他们作出的防御比平时都更好，并且不屈不挠地守护着他们的阵地。"

将革命军赶出查特顿山之后，英军开始忙于加强防御，而后继续出发。吉斯特回忆道：

自从那次小冲突之后，敌军就急于在从我军手里夺去的高地修建胸墙。昨天上午他们就准备好向我军开火了，但（华盛顿）将军命令我们放弃前线，因为照我们目前的形势来看，它对我们毫无用处。敌军很快就占领了那里，并且判断我们是仓促撤离，就组织起一长列军队向我们逼近，开战后，两侧的大炮不停开火，没多久便发现他们的情况不尽人意，似乎是为他们悄悄躲在树林后边、如此匆忙地藏在防御工事里面的行为感到羞愧。

战斗以及在战场上陪伴军队长达几个月的严峻条件消耗着马里兰军。威廉·贝蒂在美军离开怀特普莱恩斯那天写信道："我一想到我们跨越北河，是为了去疗伤并且一待就是两个星期，就觉得心中非常难受。"

据报道称，超过 300 名爱国者在怀特普莱恩斯战役中死伤。当华盛顿下令让整支军队撤退时，他们学会了服从命令，而不像在基普湾那样四散奔逃。英军赢得了那天的战役，但也付出了沉重的代价。华盛顿和他的将士们在翌日的倾盆大雨中撤离，让驻守在华盛顿堡的人员成为唯一驻留曼哈顿岛的美军部队。

第十三章

华盛顿堡

　　海拔 280 英尺，位于哈得孙河上，华盛顿堡坚固的东墙上排满爱国者的 140 多门加农炮。多石的斜坡和险峻的峭壁，给这座堡垒一种攻不破的假象。坚守城墙的是近 3000 名美军，其中也包括马里兰军分队。乔治·华盛顿没有坚持己见，而是采纳了坚称有必要守住那座堡垒、谨防英国海军进犯哈得孙河的纳萨尼尔·葛林将军之建议，留下那些军队保卫华盛顿堡。该城堡虽然表面上看坚不可摧，实则设计拙劣[1]。堡垒里面没有燃料，没有军需库，还没有水井。士兵们必须从堡垒下方的河里打水才行。一星期前，美军副官长威廉·德蒙特，独立战争期间最臭名昭著的叛徒，曾溜出堡垒，逃进英军营地，把堡垒的作战指令及作战计划透露给敌军。这种叛变行为更让堡垒的防守显得不堪一击[2]。

1　这座堡垒位于离今天的乔治·华盛顿桥 1 英里。
2　据英方记录，威廉·德蒙特在费城陷落之后负责战俘给养，后来在战时当上了军官。

一队马里兰军和弗吉尼亚军，由摩西·罗林上校和奥索·霍兰·威廉斯少校率队，守卫小山北坡。威廉斯的少年时期是在马里兰乡下的农场里长大，13岁那年父亲死后，他做了见习办事员。1775年，他加入了大陆军，担任中尉，在被任命前来保卫华盛顿堡之前，参与了波士顿围攻战，那场战役中，爱国者们成功地将英军困在波士顿。威廉斯的朋友有塞缪尔·史密斯、杰克·斯图尔德和纳撒尼尔·拉姆齐。

为攻破华盛顿堡，威廉·豪将军集结了近1.3万人的大部队。11月15日清晨，英军齐聚在堡垒三面。3000名黑森雇佣兵——约翰·拉尔上校就是其中一员——在北面登陆，此时休·珀西将军则从东面逼近，查尔斯·康沃利斯伯爵从南面攻打城堡。黑森雇佣兵登上华盛顿堡北面的陡坡，一路或正面迎击或策略性绕过美军事先安插在路上的障碍物，同时还要面对致命的枪林弹雨。2个多小时过去了，马里兰军等军队死守一条要道，将雇佣兵牵制在海湾。由于长时间作战，他们的多支步枪因使用过度而被堵塞。起初，华盛顿"很有信心能将敌军全数击退"。然而，到了最后，坚定的黑森战士登上山顶。拉尔对手下大吼："所有掷弹兵听令，前进！"黑森雇佣兵也高声呐喊："冲啊！"人声和鼓点、号角声相互呼应。雇佣兵一起冲向守卫军。

拉尔迫使南坡和东坡的美军撤回堡垒里，英军舰船又在哈得孙河伺机而动；于是，2800多名美军此时被困在缺水而易受水上轰炸的堡垒里。

主堡被攻破之后，拉尔派信使带着一支绑上白旗的步枪，要求美军投降。他要求所有美军放下武器、弹药；向士兵保证，他们可以保留自己的私人物品。美军只有30分钟做决定。华盛顿刚从哈得孙河的另一头发信激励他们坚持，城堡的指挥官罗伯特·马戈不确定他们能够再挺多久。与其看到自己的士兵遭遇屠杀，马戈宁愿投降。英军最后抓获了2838名俘虏，并缴获140门铜制和铁制加农炮。

战俘中有一位威廉斯少校，他的"肩章沾满了血……在这次行动中受了伤，血流不止"。一份战地报告上写道："马里兰军队里有罗林斯上校、威廉斯上校，以及约 200 名该营士兵被俘。在他们防守一条要道，同黑森雇佣兵作战 2 小时的过程中，200 名士兵牺牲。"

有几个士兵奇迹般地逃过死神的魔爪和被囚的命运，马里兰军的劳伦斯·埃弗哈特就是其中一个。他和其他几人"坐小船逃到李堡，继而又去了哈肯萨克"。埃弗哈特在新泽西见到了华盛顿，华盛顿在远处目击了堡垒陷落的全过程。"我在这里见到了乔治·华盛顿将军，走过门廊时脸上挂着泪。"

这次战役中损失那么多兵力，黑森雇佣兵一怒之下，猛冲进华盛顿堡，开始屠杀里面的美国士兵——虽然他们已经投降。英军军官最终出面制止了，可雇佣兵的怒火依然未消。俘虏纷纷逃出堡垒，一长排雇佣兵和部分红衫军站在两侧，强迫爱国者忍受屈辱的夹道鞭笞的刑罚。行刑者破口大骂，羞辱并不时踢向受刑人，扒走他们本就所剩无几的财物。许多美军士兵都没有鞋，被困堡垒之后，身上也邋遢，因此，他们成为笑柄。一个英军军官记录道："他们古怪的模样常引得我们的士兵哄堂大笑。"

一个英军军官命令一个叫理查德·托马斯·阿特金森的美国士兵背上美军旗帜——加兹登旗，旗帜上写着"不要践踏我（Don't Tread on Me）"——走出华盛顿堡。阿特金森刚走出大门，还没来到夹道鞭笞的刑场，就悄悄"取下旗帜"塞给其他士兵了。他们不愿把旗帜交给敌军，那个士兵"就把旗帜夹在马裤里"，一直保留到能够交给华盛顿之时。

就连美军——其中有许多马里兰军——走向牢房之际，辱骂仍未停歇。第一站是纽约市的商店和教堂，那里被临时改装成牢房，收押了许多人。在华盛顿堡被俘的士兵在那里和在布鲁克林会战中被俘的兄弟们重逢了。对于独立战争期间被俘的诸多爱国者来说，监禁真是有些生不如死。据一些历史学家所说，英军在美国独立战争期间俘虏了 3 万美军。当然，有大概 1.8 万人或者说 60% 都在关押期间死去。这个数字是在战场上牺牲人数的 2 倍多。那些在纽约及其周边战役中被俘的士兵，面临的条件也是最艰难的。虽然军官有时得以留在单间牢房里，许多普通士兵被带上英军停泊在纽约湾的运囚舰。这些船只超员得简直离谱，环境肮脏，滋生了疾病，这些囚犯大多营养不良，没有体力战胜病魔。估计仅在这些船上死去的美军就超过 1 万人。许多马里兰军在这些漂浮着的死亡陷阱中经受着地狱般的折磨，再默默无闻地死去。大部分骨瘦如柴的尸体像一袋袋垃圾似的，被随意扔出船外。

根据战俘和狱卒的档案显示，敌军军官通常会询问这些爱国者们参军之前做什么生意，以此取笑他们。这些职业军人，多数出生于军人世家，认为美国人选择商贩和农民领导军队非常滑稽。一个黑森军官回忆道："这些囚犯中，有许多上校、中校、少校之类的军官以前就是些技工、裁缝、鞋匠、做假发的、理发师之类的市井小民。有的弱不禁风，绝对不能成为军官啊。"

一位英军军官对曾在华盛顿堡指挥过马里兰和弗吉尼亚联合军团的奥索·霍兰·威廉斯用过这套战术。这个红衫军问威廉斯，威廉斯拒绝做对方的笑料，相反，"他回答道，他生长的家境，教会他要对侮辱性的言行加以指责并惩罚，这样质问者就会充分体验什么叫做以其人之道还治其人之身了。"

威廉斯的回应让他和英国人关系紧张。此番对话后不久，那个英国人就指控他秘密联系华盛顿，最后给威廉斯安排了更差的膳宿条件。威廉斯住的房间"大约有 16 平方英尺，暗无天日，永远都呈现着令人作呕的肮脏"，与他同住的是另一位独立战争期间的美军英雄——伊桑·艾伦，他是在率队进攻蒙特利尔时被捕的。"他们的健康情况大大受损，因为他们的食物都是最恶劣的，很难维持生存，除了这些不便之外，焦虑也蚕食着他们的思想，糟糕到极点。威廉先天的好条件遭受巨大折磨，他再也没能从监禁导致的影响中完全康复。"

在华盛顿堡被俘的美军士兵中有一个名叫威廉·斯莱德的康涅狄格人，他保存了日记，按照时间顺序把每天英军对他们施加的残酷行径记录在内：

17 日，星期天

我从没见过这样的安息日。我们一整天都处于忧伤和饥饿之中，他们毫无怜悯之心……

19 日，星期二

一直被关到晚上也没有发任何吃的，我们得到了一点发了霉的饼干，大概每人 4 块。这 4 天来，我们一直又饿又愁，每个人都来欺负我们，叫我们"叛徒"。

20 日，星期三

今天又多了 300 个人进来，之前我们已经有 500 个人了。然后就是无止境的吵闹和非常非常严重的拥挤。到了深夜才给我们每人 6 盎司的猪肉，都是生的，我们各吃各的。

21 日，星期四

我们今天过得很痛苦，没有吃没有喝，只有泵里的生水……

22 日，星期天

昨晚除了一整晚生病垂死的呻吟声之外，什么也没有。人们惊讶地过去看。那种无情和疾病传播得很快。死亡人数增加了……

几个幸运的马里兰军士兵设法逃出这些人间地狱。巴尔的摩人威廉·斯特雷特——斯莫尔伍德营的一名军官，后来成为莫迪凯·吉斯特的小舅子——在英军停在布鲁克林沃勒堡湾的运囚舰上待了几个月。1777年4月，负责战俘给养的约书亚·洛林——他的妻子是豪的情妇——探望了斯特雷特，尝试说服他发誓效忠于英国政府，只要斯特雷特妥协，洛林答应不会亏待他。斯特雷特拒绝了，"说我情愿继续被关在牢里，也不愿向随时威胁我们的痛苦屈服。"斯特雷特后来如是写道。

狱卒很狡猾，没有在花名册上填写斯特雷特的名字，使之看上去像是斯特雷特宣誓效忠了。12月时，当美方试图交换俘虏，把斯特雷特换回来时，由于他没有被以囚犯身份正式登记，英军不肯放斯特雷特走。马里兰军可能使诈拿走英军的效忠宣誓书，带斯特雷特回到美军战线，让他继续为大陆军服役。

还有几个俘虏也得以逃跑，并躲过敌军的追捕。13岁的克里斯托弗·霍金斯在被派去取清洗衣物时从小镇逃跑了。他搭了便车，走走停停，最终搭上一艘船，回到了家，"父母高兴坏了，我一点也不高兴"。掌旗官詹姆斯·费南迪斯就没有那么幸运了，衰弱的他被送上一艘运囚舰，直到1777年交换俘虏时才被释放。

在长岛战役中被俘的俘虏里，隶属斯莫尔伍德营的麦克米兰兄弟已逃了出来。威廉·麦克米兰回忆起他所经受的残酷待遇，首先是从他被黑森雇佣兵抓住开始。"黑森雇佣兵用加农炮打断了我们的枪托，还抢走了我们身上的所有东西，"他回忆道，"他们用我们的钱点烟斗，用笞杖打我们，连续5天没给我们任何吃的，后来他们从船上给我们发了饼干，呈蓝色，都发霉了，全是虫子和霉斑。"正如其他战俘一样，麦克米兰兄弟也被迫给敌军做奴隶劳工，为他们拖加农炮。

不过，麦克米兰兄弟在海湾被扣押数天之后，英军用船转移麦克米兰兄弟等囚犯去新斯科舍省的哈利法克斯。横跨痛苦的冬季，又熬到初春4月，兄弟俩成功越狱。"我们十个人从哈利法克斯逃出来，有两三次差点被英军逮到。"威廉说道。然而，英军不是他们唯一的敌人。麦克米兰继续说，

"要是没人会说加拿大话（法语），我们有七次差点被印第安人杀掉了。"他们艰难跋涉了几英里，穿过荒凉的荒野，吃"海湾里石头上长的草、贝壳，还有蜗牛"，终于来到了波士顿。"除了死，我们什么苦都熬过来了。"麦克米兰说。虽然经历了那么多折磨，塞缪尔·麦克米兰立即重新加入了大陆军，这一次他被分配到马萨诸塞团，威廉则在康复一段时间之后，重归马里兰兄弟们的队伍。

在大陆军撤离之后，一些纽约俘虏从船上回到市里。许多俘虏被关在改造后的教堂，另有一些被关在利伯蒂街上的"糖厂"。当时住在糖厂街对面的目击者后来回忆道，糖厂是一座很大的房子，"有一层重一层的小舷窗"。在酷暑难耐的夏天，"那面石墙上的每条窄缝都挤满了人，大家争先恐后地把脸贴在墙上，呼吸一丝屋外的空气"。冬天也不比夏天好过。一位俘虏——他和500人关在一起——记录道，几乎400人死于"暴晒、虐待、寒冷和饥饿"。

俘虏若要寻求医治，通常就是自寻死路。英军把曾经收押的法国囚犯当外科医生用，尽管其实那人没有受过训练，还被判有一身的罪。监狱里的护士披露"好几次，她听那个法国人说他在这个房间里害死了10个革命军士兵，又在那个房间里害死了5个，到了第二天早上，这些话总会应验"。2个美国人后来服了这个法国人给的"药"，结果发现那是毒药。在战争结束后，这位所谓的外科医生自白说，他"在纽约的医院里，用毒药谋杀了许多革命军人"，当豪将军听说法国人的行为之后，却给他加了薪。法国人还承认"往美军飞行团的水井里投毒，导致1776年该团出现大批异常死亡事件"。

第十四章

危急关头

1776 年 11 月，"一片黑压压的乌云扑向大地，几乎每个人脸上都写满绝望。"掌旗官彼得·雅克塔——隶属于哈斯利特的特拉华团——回忆道，他们冒着大雨，踏着泥泞，同斯莫尔伍德的马里兰军一起艰难地在新泽西穿行。这支精英部队体现了全国的情绪，他们先后经历布鲁克林、曼哈顿、华盛顿堡的失利，最近又痛失与华盛顿堡仅一河之隔的李堡。

英军在华盛顿堡取得决定性胜利之后，紧接着，威廉·豪将军便遣康沃利斯率 4000 名士兵横渡哈得孙河。当士兵们爬上泽西断崖那无人看守的峭壁时，康沃利斯很快便占领了李堡，乔治·华盛顿收到伯爵进军的线报后，立即下令撤退。英军缴获了大陆军的大量装备，有铁铲、镐、军帐、加农炮和军械。马里兰上尉威廉·贝蒂记录道："我军开始准备撤退。但敌军可能赶在此之前打过来，因此我们不得不赶紧撤退，各类重加农炮、贮存、辎重，全都落入敌手。"敌军占领李堡的动作迫使大陆军撤退，穿过新泽西，来到已知的安全地带，宽阔的特拉华河流域。这一次纳萨尼尔·葛林——正如在华盛顿堡之时那样——又提议修建防御工事。

11 月 20 日傍晚，新泽西的哈肯萨克"又黑，又冷，还下着雨"，不过，当华盛顿军和马里兰的残兵败将拖着沉重的步伐穿过小镇后，当地居民明显感觉到战士们的低落。一位居民写道："他们组成两列并排走，衣衫褴褛，有些士兵的脚还光着，大部分士兵都裹着毯子。"华盛顿军不仅士气一蹶不振，规模也严重缩水，从起初的近 2 万人，到现在仅几千人能继续作战；他们现在的装备也不如从前，更是雪上加霜。美军在李堡丢弃了军帐等其它军备，随军带走的掩蔽物、炊具等装备寥寥无几。许多战士以为战争很快就会结束，所以只带了夏装，但挺不住军营里风餐露宿的恶劣条件。现在已是冬天，有备而来的美国士兵屈指可数。一位英军军官对此嗤之以鼻道："从没见过哪个国家的人穿得这么破破烂烂。"

为追赶大陆军，康沃利斯命部下埋伏在哈肯萨克河远端。有了豪的援军壮大势力，他那装备精良的部队同不堪一击的美军悬殊巨大。不过，他们没有立即攻击，而是待华盛顿军离开后，转移到哈肯萨克，停留数日，休整兵马，掠夺粮草。

就在英军休养生息，侵袭当地农场之时，华盛顿继续向纽华克迈进；再把伤病员转移到莫里斯敦，剩余有生力量则继续出发，前往纽不伦瑞克。高个子中士加萨韦·沃特金斯就是被送往莫里斯敦的其中一名伤病员。他后来回忆说："我 11 月病的，就被送到新泽西的莫里斯敦，留在了那儿。我的衣服留在了辎重车上，这下倒好，车夫把东西都拉给敌军了。从莫里斯敦到安纳波利斯，我身无分文，没有多余衣物，1777 年 1 月抵达安纳波利斯，我在房间里一直待到 4 月才第一次出门。"直到 1777 年 9 月，他才重返军队。

华盛顿将军希望在新泽西征兵，以弥补之前损耗的兵力，但事与愿违，军队人数越来越少。一位美军军官站在路边数人数，惊讶地发现，他们只有3000名士兵了。许多士兵都在12月1日兵役届满时离开，还有的会在12月底回家。塞缪尔·史密斯上尉回忆那场凄凉的行军时想起："大雨如注，行军受困。许多人都累得精疲力尽，掉队了。夜晚黑得伸手不见五指，道路被路过的大炮和马车压得深陷。一步踩下去就有泥巴没过脚踝，甚至过膝。"贝蒂回忆道："这场行军是在夜里进行，除了要克服黑暗，还要与难以忍受的糟糕路况为伴，使这次行军任务尤为艰难。"

马里兰军和特拉华团的余部一听说有消息，便围在一起。接连几天以来，他们一直在逃离康沃利斯的追捕。现在，他们停下来了，守着一座桥，但是这支心力交瘁的军队还是展现出连吃几场败仗后的颓势。莫迪凯·吉斯特少校和史密斯上尉迎接了华盛顿将军，"告知他马里兰军团和特拉华团人数减少到250人，并且因身心俱疲，还要站警卫岗，战斗力还在下降。"他们要求将自己军团的任务移交给其他部队。

华盛顿激励马里兰军挺过难关："我对其他军团没这么有信心，因此任务不能指派给别人来做。我要你们对你们英勇的战士也如是转告。"听到这里，他们"欢呼三声，高喊随时准备承受任何艰苦条件和阻碍"。

马里兰军已经成为杰出的精英部队，多次在险境协助军队撤退。他们是身经百战的主力军，不少成员都是亲密挚友，还是巴尔的摩独立士官连的创始人，现在正在为稳定美国整支军队的团结奉献力量。有的战士调到其他部队去，发挥自己在实战中获得的实力及领导技能。亚历山大·麦克杜格尔将军后来总结了当时的情形："恰巧一个军团的骨干都是创建军团时成就伟大时刻的那些人。"

马里兰军和其他军队余部共担辛苦。吉斯特清点了马里兰军中还可以参战的人数，报告称："我们急缺衣物，其辎重里最主要的部分已丢失。"一位军官前往费城，试图为这些战士购置衣物。搜索4天后，他写信给马里兰安全理事会，信上说："我恐怕我现在买不到衣服，尤其是我们需求量最大的鞋子和补给品，但如果买不到，就会导致许多战士无法执勤。我推测能在圣诞节之前买到，可价格高得惊人。"食物也很短缺。"供应还算充足，"这名军官写道，"如果每天都能供应牛肉和面粉，有时会没有盐，腌猪肉一周能吃上一回。没有粮秣员供应给我们的那种蔬菜，就我们现在的情况来看，也吃不上蔬菜。"这些短缺无疑增添了马里兰军官的负担，鲜有士兵在 12 月服役期届满后延长服役的。

康沃利斯跟在美军后面——但很慎重。他们不会落后太远，英军将军大概只晚一天的行程。康沃利斯下令要将美军赶出新泽西，但又不愿引发可能会造成英军伤亡的大战。黑森军官约翰·埃瓦尔德——担任着狙击兵（"Jaeger"意为"猎人"）分队的指挥官——要求紧追撤退的美军，可康沃利斯却命令他回来，对他说："让他们去吧，我亲爱的埃瓦尔德，待在这儿吧……我们不想失去我们的战士。一个狙击兵的命可值十多条革命军的命呢！"根据康沃利斯的言行，埃瓦尔德作出这样的结论：英军感兴趣的是"和平结束战争，不让国王子民多流一滴血"。

早在袭击纽约之前，豪氏兄弟、威廉将军、理查德上将促成了一项政治决议。他们就尽量动用最少武力——并且牺牲最少的士兵——的认识达成一致。从某种角度上，这些态度反映了反叛乱战争的现代（有时也是错误的）原则。豪最后甚至下令赦免任何放弃爱国者身份并发誓对国王效忠的人，同时又让华盛顿的军队更加困难，看上去像是手段精明。几千名美军蜂拥来到英军军营，发誓向国王效忠。

由于对战争的缓慢进程感到不悦，加之意识到摧毁大陆军的重要性，豪的高级将领亨利·克林顿爵士获准从水路前往新泽西，一举歼灭华盛顿军。他设想的另一个备选方案，则是派军队到特拉华河上游，袭击美国建于费城的首都，端掉大陆会议。他倾向于包抄战术和灵活调度。可这两个方案都被豪否定了。

从战略角度讲，豪氏兄弟与他目标不同，一个是活捉美军，另一个则是彻底粉碎美军。他们想让华盛顿军节节败退，期间他们就派出克林顿手下的5000人马占领罗德岛普罗维登斯港，用作英军舰队的备用基地，因为到了冬天，曼哈顿周围水域都会结冰。

事实证明，这是一项重大错误，又一次让华盛顿军逃过一劫。11月29日，美军抵达了纽布伦瑞克，成就了决定性的里程碑。华盛顿麾下各军团——包括飞行团的马里兰军在内——应征兵多在12月1日服役届满，军队规模锐减。威廉·贝蒂记录大家的分离时写道："我们抵达纽布伦瑞克的这两三天，迎来了12月1日，也是飞行团应征兵服役期满的日子，我们出发去了费城。"华盛顿劝这些士兵们留下，可大多数部队的应征兵在到期之后就回到了自己的家乡，也是依法行事——华盛顿军队正在逐步解体，人数只剩3000左右了。

1776年12月，是美国独立战争史上的低谷。大陆军的一年应征兵大多在年底迎来届满[1]，决定回家的士兵不少，军队规模也越来越小。斯莫尔伍德麾下的应征兵是于12月10日届满，他一度引以为豪的近千人营队，现在人数只剩不到100人了。塞缪尔·史密斯记录下了军队当时的惨淡景象："除去牺牲的、生病的和叛逃的，（我们的）人数减到90个士兵和几名军官了。"

不过，在老营队骨干的组织下，全新的马里兰第1团等军团得以组建起来。斯莫尔伍德营的许多旧部——如吉斯特、杰克·斯图尔德和纳撒尼尔·拉姆齐等——都在12月10日前后正式应征，愿为大陆军效力3年，成为马里兰第1团的一分子。其他军官也响应号召，还迎来了许多飞行团的战友，例如约翰·伊格·霍华德和威廉·贝蒂[2]。尽管奥索·威廉斯在华

1　应征兵报名日期不同，因此，会在1776年12月的不同日期届满。

2　原斯莫尔伍德营的大多数申请延长服役的成员组成了马里兰第1团，独立连队组成了马里兰第2团，飞行团成员组成了候补军团。大陆会议要求组建由88个营组成的军队，期待马里兰成立8个团，但最后只组齐了7个团。本书没有分别描写每支军团的情况，而是针对在这些部队中起到关键作用的主要军官和应征兵的脚步进行描写。

盛顿堡战役之后仍被囚禁，他还是获得了名誉指挥权，甚至在监禁期间获得了升职。约翰·斯通，曾是营队第1连的上尉，在斯莫尔伍德回马里兰招募新兵时临时带领马里兰团。史密斯、吉斯特、斯通上校、拉姆齐、斯图尔德等核心人物全都留在了这支荣耀之师里。

在纽布伦瑞克，康沃利斯再次同美军狭路相逢。12月1日下午，华盛顿的军队目击英军轻龙骑兵在城外的拉里坦河对岸现身。华盛顿遂命令由21岁的西部印第安人亚历山大·汉密尔顿率领炮兵部队前去迎战。汉密尔顿和吉斯特一样，是一位杰出的年轻军官，他的炮兵连也是亲自招募来的，必要时会施以严厉的鞭刑。这支运转顺畅的部队吸引了华盛顿的眼球，他最后让汉密尔顿做了自己的高级副官。汉密尔顿后来成为美利坚合众国最具影响力的奠基人之一，主张战后创建一个强有力的国家政府，并协助建立国家金融体系。然而，在那12月寒冷的一天，这位年轻的炮手协助防守渡河点，掩护美军从小镇撤离。

特拉华团的伊诺克·安德森回忆道："双方炮火猛烈，我军出现了几名伤亡。"战斗持续到"近黄昏时分"，当时特拉华团的战士们接到了撤离的命令。这支部队不像之前的大多数军队，直到这一次，他们想方设法地护住了自己的军帐。但是，这次撤退也让它同其他美军一样，装备短缺了。安德森写道：

哈斯利特上校来找我，让我带上尽量多我认为合适的人手，之后就回去烧掉了所有军帐。他说："我们没有马车装军帐走，最好是把它们烧掉，以免落入敌军手里。"接着我也去烧了军帐——大概烧掉了100顶。看到军帐化作灰烬时，已是深夜了，军队也走得远远的。我们加快速度，于8点左右追赶上了大部队。我们在树林里露营，没有吃的，没有军帐，也没有毯子。晚上很冷，我们都吃了很多苦，尤其是那些没有鞋穿的。

哈斯利特的队伍和马里兰军在距离金斯顿镇13英里处扎营。次日早晨，英军渡河闯入纽布伦瑞克。康沃利斯在那里接到了停止行军的命令。他们也和美军一样陷入了窘境。许多黑森雇佣兵累得精疲力尽，鞋子也在自8月以来的行军和作战中磨破了，打着赤脚。康沃利斯在此停歇了几天以整备军力，这对华盛顿拉开自己和英军之间的距离起到至关重要的作用。抵达普林斯顿后，美军"在大学里舒舒服服地住下了"，可他们的军队人数却骤减至2500人，每天都有大批士兵离队。后有英军追赶，华盛顿前方也面临着障碍——特拉华河。如果英军把他的部队困在河岸上，他们就会被轻而易举地彻底消灭。

　　华盛顿留下1400士兵在普林斯顿听从斯特林勋爵的指挥，拖延英军进攻的节奏。其余将士继续向特拉华河岸前行，奔赴托伦顿。特拉华团和部分马里兰军走在主力部队的后方，总指挥也亲自同行。"我军还在撤退，我们的团位于后方……毁桥，砍树，以此给身后的敌军设路障。"安德森回忆道，"我们无法比华盛顿将军和他的先锋走得快。"他们在12月2日晌午左右横渡了宽约400码的特拉华河。

　　5天以来，美军借着河边点燃的大柴堆放出的火光，乘坐小船渡河。查尔斯·威尔逊·皮尔——宾夕法尼亚民兵队的成员——把这幅场景形容成"我所见过最可怕的景象，整片河岸都被熊熊烈火点亮，小船一艘艘去了又返，船上挤满了人、马、大炮和军营装备……竟让人觉得不像是人间应有的画面，更像是地狱的模样"。几十支满身泥泞的部队走过皮尔身边，"有人摇摇晃晃地脱离队列，向我走来。他的行装全丢掉了，现在只穿着一件又旧又脏的大衣。他的胡子长得很长，脸上写满了痛苦……我一眼没认出他来，直到他开口时，我才发现原来他是我的弟弟詹姆斯。"

　　掌旗官詹姆斯·皮尔是斯莫尔伍德营里幸存下来的近百名将士之一。

　　撤退期间，华盛顿多次命令查尔斯·李将军赶上宾夕法尼亚的军队，可李的步伐依然像蜗牛那么慢。原因只有他知道，他带着少数警卫，停留在新泽西巴斯金里奇的一间酒馆里。上午，李依然为华盛顿当上总指挥一事耿耿于怀，他坐在桌旁，写信给霍拉肖·盖茨将军："下面的话只有天知地知，你知我知。某个重要人物就是个弱智，"李在信中抱怨道，"他把我推到一个进退两难的境地：如果我留，那就是拿我的命和军队去冒险；如果我走，那这个省就再也回不到我们手里了……简而言之，除非有意想不到的事发生，不然我们都会输。"

意想不到的事果然发生了，一队英军骑兵现身了。其中一位成员就是长着红头发的巴纳斯特·塔尔顿中尉，他是一位商人兼奴隶贩子的儿子，他把大部分家产都挥霍在酒、女人和赌博上，剩下的钱刚好买得起骑兵委任状。他那支残忍的轻龙骑兵成为战场上最令人胆寒的部队，也和马里兰军正面交锋过几次。这天，骑兵很快便包围了酒馆，杀死或赶跑了房外的警卫。塔尔顿回忆道："我命令我的手下瞄准所有门窗，向房里开火，让他们大开杀戒。"

酒馆的老板娘为求自保，就跑向门边大喊说李在房里。塔尔顿一听便答，只要李不肯投降，他就准备烧房。

没过多久，李亲自来到门边，此时还穿着睡衣，说自己任凭塔尔顿处置，还说"他相信自己会受到如绅士一般的对待"。

由于无意设套将华盛顿围困在特拉华河岸，康沃利斯继续闲庭信步地穿过新泽西；12月7日才离开纽布伦瑞克，于当天下午抵达普林斯顿，比斯特林麾下的美军后卫部队撤离村庄的时间晚了1个小时。当天，英军在那里暂作休息，洗劫了大学图书馆。

与此同时，华盛顿集中了足够多的小船，把军队将士带到河对岸的宾夕法尼亚。每一艘船，不论多小，都横渡特拉华河来来回回几十英里，尽职尽责地输送美军，使他们远离英军的魔爪。正在这时，宾夕法尼亚海军领航，带着9艘大帆船直上特拉华河，协助进行河面巡逻，防止英军渡河。不仅如此，华盛顿还巧妙地将自己的炮兵安插在渡河要塞处担任守卫。

12月8日，红衫军和黑森雇佣兵进入了托伦顿，豪和康沃利斯带着几名副官赶赴河岸。据一名黑森军官目击者称，美军当时有不少于37门大炮开火。面对炮火，豪坚持不离开，展示了"名副其实的冷静和沉着，至少持续了一个小时"。那名军官写道，"不管我们面向哪里，都有加农炮弹飞来撞击地面，我想不明白，至今依然无解，为什么我们5个人都活下来了。"

美军再次逃离。黑森的一名上尉心想："这次行军之所以推进得这么慢，明显就是为了让华盛顿安全顺利横跨特拉华。"历史学家查尔斯·斯特德曼也同意这个观点："豪将军表现得就像是以最精确的方式计算了敌军逃跑所需的准确时间。"

安全渡河之后，马里兰军接下沿河守卫渡河点的任务。宾夕法尼亚民兵队的查尔斯·威尔逊·皮尔探访了马里兰军的军营，记录下那些人"散布在树林里，窝在用树枝、麦秆、树叶等搭成的小棚里，环境很脏，条件很恶劣"。

英军现已占领大半个新泽西，"正餐"还在后面呢。豪想在不承受许多伤亡的情况下，把美军赶出新泽西，再趁美军把牲口和粮草带走之前，占领富有的农场。英军的补给线延伸得太长，距离大后方伦敦有3000英里多远，很难喂饱将士们和马匹。起初，英军计划给向他们提供所需补给的当地居民一些补偿，然而，他们没有支付货币，而是给出许多张借据，通常都是无用字据，或者成了让他们随意拿走所需物品的通行证。新泽西满是效忠派，多是中产农场主，种有不少良田和粮食。可是，黑森雇佣兵非但没有保护新泽西那些拥护己方的人，反而洗劫了他们的农场。"附近的所有农场都被抢了，士兵在房子里找到的任何物品都被称作战利品。"一些效忠派人士和英军也插了一手。美军也不是没有做过这种事，只不过华盛顿尽量控制了军队的掠夺行为。许多殖民地居民都在向国王表示效忠和争取公平对待的两者间备受煎熬。英军占领了新泽西多久，他们的掠夺就持续了多久，也促使当地居民改变立场。

在美国经受黑暗的日子里，一位志愿者扛起了枪，也拿起了笔，掀起了全国的革命热潮，还号召大家拿起武器。他就是激进的记者托马斯·潘恩，广为人们传阅的《常识》的作者，他这时执笔完成了一系列宣传册，名为《北美的危机》。他永恒的文字印刻在许多美国人的脑海里，尽管当年他们还是学童："这是考验人们灵魂的时刻。那未经风霜的战士，还有那未受风吹雨打的爱国者，在这场危机中，将临阵退缩，不再为国效力；可是那依然坚挺至今的人，配得上所有人的爱戴和感谢。"潘恩为宣传册设置的定价不超过 2 便士，或者只收印刷费，宣传册"像野火一样，蔓延到全国的村镇"。令人惊奇的是，在 18 世纪，美军大都识字。二等兵和下士也像所有殖民地的村镇居民一样，三五成群地聚在一起，大声朗读这本小书的内容。在这危机和黑暗的时刻，"人们萌发了新思想。托马斯·潘恩的宣传册抓住了那个精神，并帮助它成长。《北美的危机》更像是一篇规劝、付诸行动的纲要……最为重要的是，他团结了整个国家的思想，只集中在当前最紧迫的那一个任务上，那就是尽快重建军队。"历史学家大卫·哈克特·费希尔如是写道。

宣传册向普通民众传达了一道思维狂潮，即每个人都要行动起来，共同为改变自己的境遇献出一份力量。

如今同手下的 1.3 万人手驻扎在托伦顿，豪经过深思熟虑，准备攻打费城，驱逐马里兰军以及美军的剩余有生力量。由于预测到英军准备攻打首都，大陆会议成员也逃出了费城，最后转移到了巴尔的摩。然而，英军没有给出致命一击，而是打起了欧洲式绅士风格的战争，选择扎营过冬。为了巩固胜利果实，豪在新泽西布下了一系列防御军事基地。他派英军和黑森雇佣兵在各个小镇屯兵布防，如珀斯安博伊、纽布伦瑞克、普林斯顿和托伦顿。事实证明，这个决定事关重大。如果拼整体实力，英军近乎是战无不胜的；可它一旦像这样分散开来，各成一阵，每个部分都经不起美军集中全力的攻击。

这样的战略布置对爱国者来说，也同样暗藏危机。一旦突然降温，特拉华河就会结冰，英军就能徒步渡河。不仅如此，美军还要解决支援战争的筹资问题和征兵难题，这让形势看上去很不利。华盛顿写信给兄弟塞缪尔道："我觉得真正的比赛即将上演了。"

然而，就在绝望之中，华盛顿瞥见了一丝希望。他决定赌上一把，其结果若不能带给军队以胜利，就会被彻底打败，进而可能输掉整场战争。

第十五章

不成功便成仁——托伦顿的赌局

　　在特拉华河岸的军帐里，乔治·华盛顿将军一笔一划地在几张小纸片上反复书写同样一个词。他决定冒个险：在圣诞夜跨过冰冻的特拉华河，给黑森驻军来个奇袭。他知道这次计划一旦走漏风声，奇袭必无成功希望，便安排弗吉尼亚军的一个旅担任哨兵，在爱国者军营周围站岗。他命令哨兵"不允许任何人进出——若有违抗者，立即扣押"。将军亲自为当晚择定了密码，即纸片上的内容，发给各部队指挥官。当大陆军的医官访问华盛顿时，一张纸片碰巧落到地板上。"我被纸上的内容震撼到了，"这位医生写道，"上面写着'不成功便成仁（Victory or Death）'。"

　　和许多少儿读物上世代流传的版本相反，驻守托伦顿的黑森雇佣兵既没有喝醉，也没有懈怠。他们久经沙场的指挥官约翰·拉尔上校是查特顿山战役和华盛顿堡战役中的杰出英雄，一直让部下保持警惕，加紧巡逻。华盛顿军和当地民兵在前几天接连发起多次袭击，使他们不得放松，雇佣兵们睡觉时也是全副武装。在托伦顿等待美军的是 50 名黑森狙击兵、20 名英军轻龙骑兵，以及分别由拉尔、威廉·冯·克尼普豪森和弗里德里希·威廉·冯·洛斯贝格率领的 3 个黑森步兵团共计 1400 人。此外，他们还有 6 门大炮。拉尔洞悉了托伦顿前哨的不安局势，屡次要求增援——结果于事无补。他未决定在军营周围筑壕沟防护，此举很不明智。相反，他选择灵活的机动作战，对此，他的解释是："我没有修建任何内堡或任何形式的防御工事，原因在于敌军会从各个方向袭击我。"恼羞成怒的他还抱怨道，"去他的！让他们来……我们就和他们拼刺刀去。"英军间谍只是警告称托伦顿即将遭受袭击，但无人知道具体的日期和时间。这场结合情报战的奇袭把拉尔及其部队搅得人心惶惶。

圣诞节的阳光洒向大地，华盛顿军——莫迪凯·吉斯特和斯莫尔伍德营那满身泥泞的余部也在其中——向特拉华河出发了。曾圆满完成横渡东河任务的约翰·格洛弗和马布尔黑德的水手们，这一次又光荣领衔渡河任务。当问及该计划可否实施时，格洛弗自信满满地向华盛顿保证："不必担心，他们会处理好的。"

华盛顿策划了一个复杂的计划来包围拉尔营，他们将兵分四路攻击托伦顿。他安排马里兰军在休·默瑟将军——原是一位苏格兰军医，在 1745 年英国剿灭苏格兰或詹姆斯党起义之后逃到费城——麾下，组成主力部队，将在麦康基渡口渡河。一旦抵达对岸，为数 2400 人的大部队将兵分两路。远在南部另有两个分队将在托伦顿的河流下游渡河——其中一支分队由费城团（本·富兰克林于 1747 年组建的费城自卫民兵队）的约翰·卡德瓦拉德上校带领，另一支则由费城民兵队指挥官詹姆斯·尤因准将率队。虽然当时华盛顿并不知道，受覆冰影响，上述两支分队当晚均不能渡河。

近岸处的河水开始结冰，甚至河道中央处也有冰层。战士们却毫无怨言地听从指挥。亨利·韦尔斯回忆起战士们抵达集合点后，即将乘船时的景象："就在我们准备下河之际，每个人看起来都为这次进攻感到焦虑，将军稳住了军队，然后一跃上马，慷慨激昂地为我们作了讲话，让我们忘记严寒、饥饿和艰辛。河面冻上了，冰雪交融，但就在我们勇敢的指挥官下令并骑马横渡水流时，无人抱怨，无人退缩，大家争先恐后地下河，跟随大家敬爱的将军来到了泽西河岸。"

夜里 11 点左右，战士们正乘着平底渡船和达勒姆小船横渡特拉华河，天空突然刮起暴风雪，雨雪交加，狂风呼啸。达勒姆船是当地特有一种船只，长度在 40 到 60 英尺之间，通常用于货运。每艘达勒姆船能容纳 40 人——他们得并肩站着，这种小船可以载他们航行 800 英尺的距离。对于这支军队来说，许多战士都不会游泳，落入如此冰冷的水流几乎意味着死亡。至少有一个人落过水，特拉华团上校约翰·哈斯利特就陷进冰冷的河水中，不过很快就被打捞起来了。尽管有冻伤和低温症的风险，不屈不挠的哈斯利特和大陆军依然勇往直前。

当天晚上，亚当·斯蒂芬将军率领的弗吉尼亚大陆军是率先冒险渡河的部队，紧接着是默瑟将军带领的大部队，其大部分成员是马里兰军。马里兰军战士约翰·布迪当时与杰克·斯图尔德、吉斯特在一起，"衣着单薄，全程都打着赤脚，"布迪写道，"现在已经是隆冬了，寒冷无比。"特拉华团和斯特林勋爵的其他战士是下一组渡河的部队。华盛顿报告时称他们从冰层里"闯出一条路"，经历了"极大艰辛"。大部分苦活累活都由马布尔黑德水手们承担，他们每人手持一根长杆，用于推动小船渡过冰封的河面。

美军在渡河过程中没有损失一位士兵，堪称奇迹。然而，暴风雪却让他们大大落后于原定计划。华盛顿的计划是所有士兵在午夜渡完河，但军队全员直到凌晨 4 点才在特拉华河对面集合。华盛顿当时还不知道另外两队人马没能渡河，便直接命令疲惫不堪、瑟瑟发抖的战士们立即出发，行军 9 英里奔赴托伦顿。

大风卷着雨雪，直打到在结冰道路上踉跄行军的人马身上。美军一如往日，装备还是那么薄弱，没几个人穿得暖。"我们中许多穷战士都打着赤脚，衣装破破烂烂，"一位军官亲历者写道，"他们走过的路很好追踪，因为鞋磨破了，脚底渗出血，凡是他们走过的地方很少有雪，都沾着血迹。"另一位军官也论及这些战士忍受艰难困苦的情景："今晚对于那些没有鞋穿的战士来说，将会是恐怖的一晚。他们有的在脚上缠上旧布条，有的光着脚，但我没有听到谁抱怨一声。"布迪回忆道："我军的衣物、军靴短缺，当时下着雪，那晚一反常态地下起了暴雪。我们有几个战士被冻死了。"华盛顿不希望看到军队出现更多损耗，便大声鼓励着部下："战士们，围在你们的军官身旁。看在上帝的份上，围在你们的军官身旁！"

快接近目的地时，约翰·沙利文将军发来消息，因暴风雪的缘故，弹药受潮，爱国者的大炮不能发射。可事已至此，箭在弦上，华盛顿别无选择，只能继续执行作战计划。"告诉沙利文将军，用刺刀杀过去。我势在必行，定要拿下托伦顿。"华盛顿告诉联络员道。整晚，美军总指挥都始终坚定而坚决；逆境磨砺出他最大的优点。"冲啊！冲啊，孩子们！"他骑马奔走于战线上下，大喊着激励着自己的部下。

按照华盛顿的计划，美军要兵分两路，同时从两侧攻击托伦顿城。这一次，事情尽在计划之中。美军在早晨 8 点前到达了托伦顿市郊。

多亏暴风雪妨碍了敌军的视线，美军逼近距离敌军前哨 200 码以内之后才听到有人大喊："发现敌情！发现敌情！"

默瑟的大部队——马里兰军也在其中——进入坐落于小镇西侧小山，走过一排排房屋，穿过一条条小巷进了村。枪声响起，美军发起猛攻，战斗打响时有人大嚷："这是考验人们灵魂的时刻！"黑森雇佣兵阵脚大乱，在美军铺天盖地的攻击下节节后退。巷战的枪声响彻全城。很快，加农炮和滑膛枪的硝烟也在街上弥漫，再加上持续的暴风雪，更增添了阴暗和混乱。

进入托伦顿后不久，华盛顿军立即夺下黑森雇佣兵的几门大炮。激战正酣，拉尔命部下夺回大炮，因为他们的损失会让军团蒙羞。

在鼓点的伴奏下，拉尔咆哮着："所有掷弹兵，前进！"

这时，美军已经渗入到全城，狙击手也占领了隐蔽位置，位于房子里和围墙后，可以杀掉敌军战士。美军炮兵的指挥官是波士顿军的亨利·诺克斯上校，他身材肥胖，曾经是个书商，在 1775 年至 1776 年冬天时，奇迹般地将重达 60 吨的重型大炮从泰孔德罗加堡转移到 300 英里开外的多切斯特高地。诺克斯集中自己的炮兵火力，不断向进击的黑森雇佣兵施加打击。雇佣兵最后夺回了大炮——却付出了沉重代价。诺克斯后来写道："这里发生的一系列战争场面，是我时常梦见但却未曾亲眼见过的。"还有参战士兵记住了生死混战的场面："看到那样的恐怖与不幸，我的血液都凝固了，地上血流成河，士兵在垂死挣扎，衣服也沾满了血迹，这样的画面简直让人受不了。"

大炮失而复得，拉尔也试图振作手下的精神。他接下来这一步又走错了，他认为自己唯一的撤离通道——横跨阿孙平克溪（特拉华河的一条支流，流经托伦顿）的一座桥——被美军阻拦住了。拉尔、克尼普豪森和洛斯贝格的军团试图死守顽抗，但拉尔最后还是命部下穿过一座果园，向东南方向撤退。就在这时，两颗子弹击中了这位黑森指挥官。由于是致命伤，他"在马鞍上摇摇晃晃的"。他的战士设法躲避美军的火力，但美军依然穷追不舍。华盛顿策马指挥进攻，命马里兰军等队伍向前冲，将军大喊："前进！勇敢的战士们，跟我向前冲啊！"

因三面受敌，黑森雇佣兵，如今已群龙无首，在上午 9 点左右放下武器，降旗，宣布投降。华盛顿当时正下令炮兵发起新一波轰炸，负责指挥野战炮的军官提醒道："阁下，他们已经败了。"

"败了？"将军反问道。

"是的，他们的旗帜都降下去了。"

"还真是。"将军答，驱马向前同敌军会面。作战双方互相问候，"在好奇心稍稍得以满足之后，开始以英语和德语夹杂的方式进行亲切交谈"。

1776 年

华盛顿保证黑森战俘得到人性化对待："如果遭受我军仿照英军对待我们不幸的兄弟时采取的残忍手段，（战俘）不应有任何理由抱怨。"在华盛顿的领导下，大陆军的战略、战术和独立战争的宗旨结合为一个整体。这支由业余的民兵战士组成的民主军队，听从了约翰·亚当斯所说的"人性政策"这一行为准则。该准则支配了战士们的所有行为，从他们对待百姓的方式，到他们对敌军投降者的宽大处理——带着尊敬，而不像英军常用的伎俩直接处死。北方战区在很大程度上恪守了这些准则（而南方战区则不能完全保证）。这些宽大行为通常与英国王室践行的对待俘虏方式大相径庭。

黑森雇佣兵投降的消息立即在依然位于托伦顿大街小巷的战士中传开了。尝到胜利喜悦的美军激动地把军帽抛向天空，欢呼雀跃，胜利的欢呼声震撼了这座小镇。士兵们不久又在镇上找到了40大桶朗姆酒，便把桶砸开。一位亲历者记录下士兵们醉酒后的疯狂："我军战士戴上（黑森雇佣兵的）黄铜色军帽，一派趾高气昂的样子，看了直让人发笑，伙计们露出了胳膊，有的军装上没了领，有的脚下没鞋穿等等。"华盛顿见状，下令把酒桶销毁，"战士们喝醉后太自由狂妄，不讲纪律，也没了防御力。"华盛顿有意乘胜出击，攻打托伦顿后方的普林斯顿和纽布伦瑞克，可这些计划，因军队的状态，全泡汤了。胜利的士兵们于是又醉醺醺地列队往回走，横渡冰冷的特拉华河。暴风雪依旧在肆虐，此次渡河行动甚至比第一次还要艰难，付出了3名士兵的生命作为代价。美军全体返回营地时，已经是次日中午了，有的战士已经连续50个小时不眠不休，与大自然的恶劣条件和敌人作斗争。第二天清晨，就有逾千名士兵报告称无法执勤。

美军在损失极少的情况下，造成黑森雇佣兵22人死亡、84人重伤，俘虏了896人。值得一提的是，他们还缴获了"这么多滑膛枪、燧发枪、弹药盒、佩剑"以及大炮，增强了他们的补给。华盛顿命部下恭敬地对待战俘。他甚至还和正在附近一座教堂里奄奄一息的黑森雇佣兵指挥官交谈过。在华盛顿提交给大陆会议的报告中，美军伤亡"极少，只有两名军官和一两名二等兵受伤"。事实上，更多士兵是在抵御严酷的自然条件中死亡的。

美军取得了巨大胜利，但他们没有时间休息。华盛顿不打算这么快又杀回托伦顿，但是约翰·卡德瓦拉德及其麾下的费城团需执行的行动却不得不执行。费城团和另一支分队在圣诞夜当晚没能渡河，于是又在12月27日重新尝试，成功抵达托伦顿。当时美军有近3000人困在新泽西河岸，很容易遭到敌军的袭击。更糟糕的是，华盛顿这支分队里的应征兵是在1月1日服役届满。华盛顿再次展示滔滔雄辩，号召士兵们继续战斗。"我勇敢的伙伴们，你们已经按我的吩咐做了，并且远远超出我的预期，"华盛顿说道，"可你们的家乡还危在旦夕，你们的妻子、你们的家园、你们珍视的一切同样还处于水深火热之中……如果各位愿意再多坚持一个月，则是为换来意志自由和你们的家乡，这就是你们为此做出的贡献。"

将军的一席话和他"饱含深情的举止"感动了士兵们，大部分士兵都决定继续作战。华盛顿再次命令士兵们于12月30日登上小船，再渡特拉华河。

1777年1月2日，美军做好了迎击康沃利斯军的准备，据线报称后者正在赶来的路上。军队就在阿孙平克溪岸边扎营。康沃利斯正率领一支5500人的军队，并有28门加农炮奔赴该市；他留下另一支约1500人的队伍保卫普林斯顿。两军之间只隔着横跨在阿孙平克溪上的一座桥。

"死守这座桥！"华盛顿听说英军已来到附近，对手下军官下达了命令。

弗吉尼亚团的查尔斯·斯科特上校毅然决然地起誓："阁下！直到最后一人，也会誓死保卫！"

在溪对岸，宾夕法尼亚的爱德华·汉德上校率领着一小支步枪队，正与敌军展开小规模战斗，为仍在溪边待命的其余美军部队争取时间，掩护渡河要塞——那是一座狭窄的木桥，这是附近渡溪的唯一通道，属于重中之重。他们身后，特拉华河几乎完全冻结，切断了退路——即便可以渡河，他们也没有小船可乘；他们前方，一大批英军和黑森雇佣兵来势汹汹。出于复仇心切，黑森军官命令手下不留活口。爱国者唯一的希望就是坚守阵地。

尽管就在几天前，美军在几乎同一地点取得巨大胜利，现在却发现自己深陷绝望。"这次是最危急的时刻，"当时参战的一位军官写道，"完全没有侥幸渡河的可能；硕大的冰块顺溪而下，有英军阻挡，我们也无法退到山里。"另外一位军官也传达了同样的心境，他回忆道："说起独立战争中生死攸关的危急时刻，这次就是了；30 分钟，两军展开了厮杀，战局锁定在 30 分钟后；哀号遍地，哥伦比亚可能已为失去它敬爱的长官，它最英勇的孩子们而落泪。"

当时华盛顿军的弗吉尼亚军、马里兰军等士兵还在溪边待命，只见战况惨烈。英军向他们步步逼近，华盛顿军处于随时被歼灭的生死关头。一位二等兵总结了当时的情形："我们用了 1 个小时，对，是 40 分钟，就在英军发现面前的小溪和那座桥之际一拥而上，决定最重要，也是最关键的问题，我们是独立联邦，还是反叛逆贼！"

在阿孙平克溪岸边，华盛顿谨慎地排兵布阵——马里兰军也在其中——他最信任的身经百战的大陆军人，带着无价的大炮，守卫着最佳渡河点。他把战斗力较弱的民兵分散安置在正规军之间，为他们壮胆的同时，也能防止战线出现缺口。那座关键的桥由斯科特及其手下的弗吉尼亚军以及由吉斯特和斯通率领的马里兰军坚守。在战斗打响前，斯科特简单向部下做了如下讲话：

小子们，你们也知道，上级安排我们在此守卫这座桥；祈求上帝保佑我们完成任务，让我们赢得胜利。现在我要告诉你们一件事。你们总是习惯性地打得太高，这是在浪费你们的火药和铅弹，为此我骂过你们不下100次。现在我要告诉你们，不许浪费，每一枪都要计数。因此，小子们，不论任何时候看到那帮家伙，等他们的脚踏上桥面了再崩了他们的腿。现在开始注意了，瞄低点打。把枪管放低，朝他们的腿射击，一个人腿部受伤总好（过）一枪打死一个捎带上两个拖他下去的，那就打了三枪。崩了他们的腿，要记住，我说崩了他们的腿。

华盛顿本人也待在桥边。汉德上校的袭扰部队，正慢慢退守，加入到其他防御队伍中。汉德的部队在敌军的追击下，退守到桥的位置，将军的沉稳、冷静给士兵们吃了一颗定心丸。一名二等兵后来写道：

华盛顿将军的马紧贴木桥西面的栏杆站着，将军面不改色，依然是那么庄严肃穆，在如此重要且危急的时刻，激励了信心，增强了把握。我坚守的是过桥的通道，很荣幸，能守在西面栏杆一旁，后来转移到桥的栏杆尾端，我紧靠在将军坐骑的肩旁，挨着将军的军靴。马如其主，站得坚定，似乎明白主人决不放弃自己的岗位和驻地一样。

汉德的部队刚到桥上，英军的攻桥部队也接踵而至。加农炮从小溪两岸齐排发射。康沃利斯派队伍沿着阿孙平克溪上下进行试探性攻击，但派出的队伍落下桥去了。

特拉华团一位军官回忆起攻占木桥的一次袭击时说："敌军蜂拥上桥来。攻势猛烈，轻步兵得令火速前去支援坚守要塞，待走近些后，我向前一步，命令士兵跟上；就在这时，马蒂纳斯·西普勒后退了十步；我立即拔出剑，威胁说如果他不跟上就砍下他的头。接着，他就往前追了上来，我回身向前，敌军很快就败下阵来。[1]"

1　此战之后，这位特拉华军官被点了名。西普勒则做了逃兵，弃战而逃。

黑森的掷弹兵为渡河打头阵，被美军的炮火拦在半路。一位民兵报告说："他们继续前进，不过速度有所放缓。当大部队抵达木桥时，他们的步子放得更慢，直到先头部队逐步逼近，我军火力迅猛，打得他们屁滚尿流。"黑森雇佣兵在这次进攻中损失了31人，并有29人投降。

　　不过，这次失利并未阻止英军，他们又向桥发起了一波攻势。"军官们重整队伍再次冲上桥，又遭受了一次枪林弹雨的打击，比刚才猛烈一倍，"一名美军士兵写道，"这一次敌军大部队还没走到桥中央就被打散了。"英军撤退时，美军兴高采烈地欢呼起来。一人回忆时说："那时我军欢呼了起来，那种呐喊是我从来没听过的；我不知道是什么信号，或谁下的命令。整条战线有一英里长，一眼望不到头，但是大家都异口同声地呐喊起来。"红衫军仍不死心。"他们发起第三次冲锋，"一名美军炮兵写道，"就在我们装载榴霰弹的时候，他们逼近了。我们又一起开炮，那杀伤力之大，你绝对想象不到。"冲锋失败后，英军连夜撤离了。

　　英军的三次进攻，让桥上血迹斑斑。"桥被染成血那样红，他们死的死，伤的伤，红色制服也留在上面。"一名美军士兵写道。还有人写："尸体摞成一堆，比我开动收割机收燕麦时田里堆的麦秆还要高，压得更紧实。"

　　虽然守住了木桥和其他阵地，华盛顿军的危机依然没有解除，康沃利斯的大部队以及从普林斯顿浩浩荡荡赶来的英军部队即将围歼美军。不过，通过连夜行军，康沃利斯自信满满地延迟了总攻，选择等到清晨再发动攻击。相传，当他的一位军官坚称如果不立即攻打华盛顿，美军就会在上午转移时，康沃利斯还斥责了那军官一番。康沃利斯报告道："我们现在已经活捉了'老狐狸'，接下来只要好好看着它，上午即可装入囊中。"

1777 年

第十六章

普林斯顿

在 1777 年 1 月 2 日至 3 日双方殊死搏斗的夜晚，就在美军于托伦顿取得二度胜利的几小时后，一道密令在军营传开了。战士们尽自己所能地把消息传给下一个人——他们又要转移了。

虽然破衣烂衫的爱国者军队在阿孙平克溪岸边又一次力克英军，但特拉华不是久留之地。他们发现自己后有河流拦阻，前方几英里开外还有规模大得多的英军部队袭来。华盛顿召集各位将军召开作战会议，探讨现在的形势。如果他们试图乘坐仅有的几艘小船进行撤退，横渡特拉华，那么不等他们全数抵达对岸，英军就会对他们发起攻势，此举很可能摧毁或俘虏美军的大部分有生力量。如果他们停留原地，康沃利斯一定会在上午对他们进行反攻。虽然他们占据了阿孙平克溪上那座桥的有利防守位置，敌军可能会利用小溪上游或下游的某处浅滩渡河，攻击爱国者军队侧翼。

就在将军们激烈辩论之时，有人——可能就是华盛顿自己——提议施行大胆的第三种方案。他们不再继续撤退，而是挥师北上，尽量安静地转移到英军左翼附近。这样就能突袭普林斯顿，而新泽西镇还有更小规模的英军驻守，只要美军取得普林斯顿的控制权，军队就能转移到纽不伦瑞克，再在那里缴获几批急需的补给，其中包括高达 7 万英镑的巨额战争基金。

此计划固然很引人入胜，但百密一疏，近日冰雪消融，本就泥泞的路几乎无法通行——大炮尤其寸步难行。可一入夜，气温下降，冰冷泥泞的路又会被冻硬。华盛顿就是要抓住这个机会，鼓励人们前行。因为他那破釜沉舟的计划只有趁敌军浑然不知其动向时才会成功，在踏上这段漫长、冰冷的征程之际，美军没有熄掉特拉华河沿岸的营火。"军令是以耳边私语的方式下传的；我们小心翼翼地端着滑膛枪，脚步声也放得极低。"他们甚至在走远后，就用布条缠在大炮轮子上，避免任何动静惊扰熟睡中的敌军。

前一天的战役让战士们精疲力尽，虽然如此，大陆军还是赶在黎明前抵达普林斯顿外两公里处的一条小溪旁。在他们身后，冰冻的地面上留有一长串血染的足迹。下过霜之后，地表的景象也和平时截然不同，树上、篱笆上还有小草上，都结了晶莹剔透的霜。一名美军军官回忆道："清晨很亮，一派安详，十分寒冷，一切都结了霜，亮晶晶的。"华盛顿在那里将部队分为几支，一来可以从两侧包围小镇，二来需要守住渡溪点，谨防康沃利斯追击。马里兰军和特拉华团组成的小分队（当时人数已经大幅减少，由约翰·哈斯利特率队）被指派到休·默瑟的部队里，默瑟和约翰·卡德瓦拉德麾下的费城团担任本次进攻的前锋。

驻守普林斯顿的有 3 个英军团和几支轻龙骑兵。大多数都奉命上午之内赶往托伦顿，接应康沃利斯军。他们在天亮前就从普林斯顿出发了，曾参加过七年战争的老兵查尔斯·莫胡德中校被马里兰军等默瑟麾下部队从树林里现身的画面震惊了。"我们向树木茂密的高处走去，期间看了他们很长时间。"一位英军战士回忆时说，"莫胡德中校面前有两个选择，要么撤回普林斯顿，那里……有我们筑好的防御工事，要么冲向第 2 旅所在的处女地。"莫胡德及其麾下近 700 人组成的先发部队选择战斗。他命令战士们卸下行囊，装好刺刀，列好进攻队形。

默瑟及其部下——由莫迪凯·吉斯特率领的原斯莫尔伍德马里兰营"残部"就在其中——"还没侦察就猛冲进茂密的果园里，很快就惊讶地发现，敌军步兵已列好队形（逼近），其侧翼设有前哨，还有两门加农炮。"

战斗随即打响，英军恶狠狠地拼起刺刀来。他们冲上前后，打伤了默瑟骑在胯下的马，冲向美军。默瑟的士兵们惊慌而逃，全然不听军官的呵斥。此时默瑟只能徒步作战，手下的部队弃战逃走了，默瑟拔出自己的剑，但因腹部连中七刀，最终倒下了。特拉华团英勇无畏的约翰·哈斯利特在 12 月 25 日横渡特拉华河时差点被淹死，才捡回一条命，尝试重整部队，结果头部中弹，当场死亡。

美军的前锋实质上已经群龙无首，这个旅的其他士兵都逃命去了，英军还在身后追赶。这时，卡德瓦拉德率领的 1200 人组成的费城团及时赶到，立即参与战斗。卡德瓦拉德驱马冲上前线，命令部下开始射击，但此时红衫军"距离太远"。待他们逼近之后，爱国者们开始重新装填子弹，却发现自己处于英军的射程范围内，莫胡德做的这个布置，目的在于"每个人都能不断装弹、射击"。默瑟的部队——包括马里兰军——受费城团的激励停下逃窜的脚步，回到战场。仅剩的几名军官——吉斯特和斯图尔德在列——在紧急关头把士兵们聚集在一起。然而，卡德瓦拉德的战线很快便崩溃了，"整个陷入一片混乱"。整个爱国者军部队很快就仓皇撤退了。

见到部下仓皇逃离，华盛顿将军策马奔赴前线。他每遇上一组战士，就会激励他们鼓起勇气，坚守阵地，还在出发前挥舞他的军帽。"他的规劝也于事无补"，一开始没能重整队伍。最后，他冲到距离英军前线不到 30 步的距离，亲自担当诱饵，吸引红衫军。敌军的射手随即瞄准将军，发出暴雨般的齐射。华盛顿的一位副官不敢看，连忙用军帽遮住眼睛，当硝烟散尽，华盛顿依然稳坐在马背上，号召手下的士兵和他一起，直面敌人。

"我勇敢的伙伴们！和我们一起向前冲！"华盛顿大喊，"敌军数量不多，我们能直接拿下他们！"

华盛顿的领导风范让一位军官大为触动，他在家书中写道："我亲爱的苏珊！那天真是荣耀之日，就算让我付出多少代价，我也不想错过。有关将军的事迹，我在普林斯顿的感受将成为我永生难忘的记忆。我领略了他毫不畏惧战场上一切危险，不顾周围已有无数人牺牲，依然愿把自己宝贵的生命悬于一线的英勇豪迈。相信我，绝不只有我一个人这么认为。"

爱国者军队和马里兰军重新集合，现在作战直接由华盛顿指挥，他们很快便克制住几百名英军，不少英军都弃械逃走了。看到红衫军逃窜的样子，卡德瓦拉德大喊："他们逃了，我们今天赢了！"一听到这，战线上下的士兵们也纷纷高声呐喊，继而满腔热血地向普林斯顿冲去，追击敌军。同卡德瓦拉德军并肩作战的是约130名战士组成的大陆海军陆战队，即美国海军陆战队的前身。这支部队的起源和马里兰军一样，可追溯到一家酒馆。战士们最近才刚下船。继几个月前在巴哈马首都拿骚发动袭击后，这是他们首次大规模陆上作战，开启了史诗般的240年历史。

华盛顿立即命令手下追击英军，当初英军在哈林高地看到美军逃离战场时大喊过一句羞辱性的口号，现在轮到美军如数奉还了。

"孩子们，今天猎狐的收获还不赖嘛！"

他们再往前走，眼前的景象非常可怕。刚才他们眼中的地面还结着霜，晶莹剔透，现在则凝成了血块。因为大地全冻上了，"士兵们流的血全残留在地面"。

枪炮声惊天一响，留守普林斯顿的英军集中在今普林斯顿大学的拿骚楼准备作战。美军派出一门加农炮前去迎战，向大楼里开火，逼迫里面的红衫军分队投降。华盛顿破釜沉舟的计划吓退了康沃利斯在托伦顿的兵力，并成功攻占了普林斯顿。

虽然美军的装备依然落后，胜利依然提升了战士们的士气，鼓舞了全国的斗志。一位马里兰二等兵回忆到托伦顿和普林斯顿的两次大捷时写道："华盛顿将军……赢得了胜利，抓捕了许多俘虏，但是我军损伤不多。我们团和我们连参与了这几次行动，圆满完成了任务。我记得，华盛顿布置的这次主动而出乎意料的行动振奋了战士和平民的精神。"

反观英军一方，由于在托伦顿和普林斯顿的接连失利，终结了他们对叛军即将灭亡的幻想。美军得胜的消息传遍了全世界，也终结了所谓业余民兵——几个月前，他们还是农民、面包师或铁匠——不可能战胜世界最训练有素、经验丰富的正规军的假想。就连普鲁士国王腓特烈大帝也对美军大加赞赏："华盛顿及其同胞，在12月25日至1月4日期间以少胜多的成就，在军事史上留下最精彩的一笔。"

托伦顿和普林斯顿改变了战争的步调。如今，主动权掌握在华盛顿手里。红衫军没有出兵追讨美军，但具备全新威胁的流言却传到红衫军耳朵里——美军的一支部队（曾经由近日被俘的查尔斯·李率队的军团）从莫里斯敦出发了，新泽西民兵也对英军几处防御工事间的补给线发起侵扰。华盛顿故意发出的这些假情报混淆视听，让英军相信美军已经壮大，规模超过他们。威廉·豪通过赦免来争取新泽西人民的计划也泡汤了。黑森狙击兵的约翰·埃瓦尔德上尉如此总结当时的心情："真是此一时彼一时啊！美军曾经一直被我们追着打。四个星期前我们还想过要结束这场战争……如今，托华盛顿的福，我们竟要考虑如何防守。"

占领普林斯顿之后，华盛顿又往纽不伦瑞克行进了约3英里，追击莫胡德的小支分队。正如独立战争中的多次经历一样，华盛顿召开了紧急军事会议。他决定放弃猎物和奖品——存放在纽不伦瑞克的一笔价值7万英镑的战争基金、补给、武器和钱。华盛顿哀叹如果他还能有600或800人的新生力量，他们一定能拿下那座小镇。但是，战士们太累了。

与其试探运气，冒险以少敌多，华盛顿还是决定求稳，继续向新泽西莫里斯敦周边的小山和破碎的林地前进，那里有一座小村庄，村里有"一座教堂，一家酒馆，还有约五十户家境小康的人家"。这个决定很慎重——康沃利斯推测华盛顿会前往纽不伦瑞克，准备好迎战了——而莫里斯敦则恰恰相反，可以作为临时休整的避风港。小镇坐落于一片高原上，两侧是陡坡。这是座天然要塞，人们只能从东面穿过几条危险的小路才能进出。显然，该区域周边喜获丰收的农田就可以供养军队。不仅如此，当豪向费城或哈得孙河进军时，小镇的位置还能帮大陆军快速转移。

抵达莫里斯敦后不久，吉斯特和其他幸存的马里兰军便展开了漫长而艰辛的归家之旅，向巴尔的摩走去。军官们需要招募新兵，扩充兵力。可是，在此之前，他们必须先粉碎一次叛乱才行。富有的农场主詹姆斯·查默斯所属的效忠派发动了起义，实则是在州内造成了一次叛乱。大陆会议的马里兰代表报告称："（特拉华）萨塞克斯县、萨默塞特县和伍斯特县的托利党人已经集结多日了。他们在距离索尔兹伯里9英里处的帕克斯米尔召集了250人，据报道称他们从雄狍号（一艘英国军舰）获得三门野战炮，以及部分兵力，旨在占领弹药库，摧毁辉格党人的家产。"

吉斯特、威廉·斯莫尔伍德和2000多名战士立即出发前往东岸，平息叛乱，关押其头目。马里兰大会宣布该区域成立了"一支武装部队，树立英国国王的象征，邀请……敌军进入国门"。爱国者军队的规模力压效忠派，把他们赶到地下。通过马里兰安全理事会当局，斯莫尔伍德称只要他们缴械投降，表示忠心，就全面赦免当地居民（14名叛乱头目除外），结果只有287人买账。斯莫尔伍德军逮捕了一些叛乱头目，但包括查默斯在内的大部分人物均逃跑了，静静等候英军的到来。

到最后，部分效忠派分子组建了效忠派马里兰第1军团，就是斯莫尔伍德营的小型翻版，人数最多时只有336人。在革命战争的这个阶段，他们忙着尽其所能在各方面帮助英军。例如，查默斯为英军担任间谍，加入了"他们那帮破坏分子和强盗"。他从附近农场抓获牛马，帮英军进行看管。还有一位东岸的有钱地主，不仅是把自家养的牛卖给英军，还让邻居把他们的牲畜放在自家田里"好生保管"，转手就卖了许多给英军，"换取一大袋金子"。马里兰的效忠派、大陆会议前成员罗伯特·亚历山大甚至不惜将自己家献给豪将军用作指挥部。

马里兰另一位有名望的效忠派亚历山大·米德尔顿医生，则以更为人道的方式为英军做事。他计划加入英军，但在看到美军关押托利党人的费城监狱之条件后，便改变了主意。他抽时间照料被囚的效忠派分子，后来被一群愤怒的爱国者赶出了小镇。他最后同查默斯见了面，被任命为效忠派马里兰军团的上尉。后来，伤痛迫使他辞掉军衔，携家人逃往英格兰。

加入效忠派阵营的不只有男人。伊丽莎白·伍德沃德宣称她曾同丈夫并肩作战。她说她曾在一场海战中，因帮忙点燃船载加农炮弄伤了腿。她的非凡事迹还有协助她丈夫等23人逃狱。当爱国者逮捕她时，有人给她左臂开了一枪，"然而，（她）依然无所畏惧，端起一把上好膛的燧发枪，向革命军开火"。根据她的档案显示，她当时还偷过美军烈士的马，卖给英国军官。马里兰地区的效忠派热情持续发酵了一段时间，但在短期之内，斯莫尔伍德和吉斯特也要协助打压效忠派的活动。

1776年12月，大陆会议号召各个殖民地根据人数组建军团。按照此要求，马里兰需要组建7个军团，斯莫尔伍德和吉斯特则着手募兵。大陆会议向应征兵保证，待战争结束后，会给他们20美元现金外加"一年一套衣服"和100英亩[1]土地作为奖励。虽然奖励丰厚，军官们觉得招募新兵依然很艰难。一开始，6支马里兰军团率先成立，有独立士官连和斯莫尔伍德营的老兵组成各军团的骨干。吉斯特率领第2团，斯莫尔伍德依然是第1团的最高指挥。

1　1英亩＝4046.86平方米＝6.07亩

虽然他在纽约市被英军囚禁过，俄亥俄的奥索·霍兰·威廉斯也担任了一支军团的指挥官——至少书面记载是这么写的。约翰·伊格·霍华德接受了担任马里兰第4团少校的任命，新任中尉威廉·贝蒂和杰克·斯图尔德、纳撒尼尔·拉姆齐和塞缪尔·史密斯上尉也和他一起赴任了。

从马里兰州上下的城镇和村庄，覆盖各个社会经济阶层招募到的新兵向莫里斯敦进发了，那里有几支从兄弟殖民地附近招募组建而成的新美军军团。这么多人集中于一处，成为流行病的温床，天花在部队里迅速蔓延开来。天花是一种破坏性极强的疾病，起初发作时像流感的症状，人会发烧，呕吐，感觉疼痛。不到一两个星期，症状就会突然加剧，病人会长脓疮，所有创口都会开始流脓。许多情况下，病人都会出现脱水症状，遭受二次感染，近1/3的天花病人都会病死。

在独立战争时期，尚无人发明出能有效对抗天花的疫苗，所以，唯一的预防措施就是接种；首先用刀切开一个脓疮，再用已污染的刀插入健康个体的皮肤下。有时这么做会引起某种致命性较低的天花，不过，通常被接种的人和因其他途径患病的患者病得一样重。尽管如此，华盛顿依然下令，让位于该区域的大陆军和市民接种，这样有助于防止流行病疫情恶化下去。马里兰军接受接种的其中一人就是约翰·布迪，他回忆道"整个军队，或者说几乎全军都接种了天花"。

实施那些接种工作的，看来应该是于1777年1月1日加入马里兰第1团的马里兰医生理查德·平德尔了。这个英勇的医生，耽于聚会，爱好赌博，随军团走完余下的作战旅程，他在信中记录下这支部队的许多行动。关于他入伍的原因，医生是这么写的，因为他"被对自由的热爱点燃了"。激昂的爱国主义让平德尔不但在军中照料受伤及奄奄一息的伤病员，还召集队伍，甚至接下指挥棒，在数次关键战役中一度率队参与作战。在他服役的6年里，他"推掉了多个无聊但报酬颇丰的工作，战争期间，如果我离开军队，开一家私人诊所，无疑会大赚一笔"；可他没有这么做，他全心全意地为军队服务，即便他通常得到的薪水只有承诺的一半，而且军队还征用了他的两匹马。到了晚年，他陷入财政困难，直到后来马里兰州议会批准了他的抚恤金，给了他"终身轻龙骑兵上校的全额薪水"。

因缺乏专业知识，平德尔医生在照顾病人时遭受重重阻碍。当时的大多数内科医生都很少接受过正规指导并在其他医生手下实习训练。他们还不知道病菌、细菌和病毒以及外科医生动手术时使用的不卫生刀具，都会导致坏疽等其他致命的疾病。当滑膛枪子弹进入人体不深，外科医生会设法取出子弹，然后止血，就让伤口暴露在外；如果子弹在人体多个部位伤及骨头，外科医生只会选择截肢来进行治疗。实施外科手术可用的工具有一根灯芯状的探针和取弹器。尖锐的柳叶刀和骨锯是用于截肢的，并有止血带，必要时就要把止血带塞紧正在流血的动脉。外科手术中（必要时）不断给病人施用一种烈性酒，还会给他一根树枝咬着。外科医生会尽快锯断病人的骨头，这时会有勤务兵把他摁住。接着，外科医生会包扎动脉，缝合残肢的伤口。被截肢的伤病员只有 1/3 左右能够幸存下去，这是不足为奇的结果。

那个时期，最先进的药物有女巫采集金鸡纳树皮等酿制的草药，硝酸钾、樟脑、鸦片酊（鸦片）、球根牵牛、蓖麻油、泻盐、吐根、红粉和猪肉绦虫。殖民地所用的药物大多是从英格兰进口的。随着独立战争的进展，封港令生效了，药物等补给变得十分稀缺，这让治疗病人变得更加困难。战地医院沦落为人间炼狱。一个美军将军写道："我们的医院，或者说屠杀场更为贴切，简直难以用语言形容，每个造访者的人性都会为之震惊。原因太显而易见了：医院里没有能够治好病员的药物和疗法，没有床或稻草供病员躺着，没有东西给他们御寒，他们只有自己破烂的衣服。"平德尔医生和其他外科医生为救治尽量多的伤病员，每天不知疲倦地工作，可在这样的条件下，疾病和感染毫无悬念地夺走了大多数伤病员的性命。

到了5月中旬，43支新建的大陆军团聚集到莫里斯敦附近。档案上显示，华盛顿拥有约8700人的军队，被调配为5个师，分别包含两个旅。威廉·斯莫尔伍德，现在已晋升为准将，指挥第1旅，其中包括马里兰第1、3、5、7团。第2旅包括吉斯特率领的马里兰第2团，以及马里兰第4、6团，他们共经生死的兄弟军团特拉华蓝团也和他们被整编在一起。同马里兰军一样，特拉华军的骨干由老军官组成，如罗伯特·柯克伍德和伊诺克·安德森，性格坚韧不拔。柯克伍德出生于1746年，毕业于纽瓦克学院（今特拉华大学），曾在家族农场里工作，直到29岁，成为特拉华军团的中尉。他后来荣升上尉，在战争结束时又晋升为少校，"鲍勃上尉"带领特拉华蓝团在独立战争中最重要的几次战役中与马里兰军并肩作战。柯克伍德是个铁骨铮铮的汉子，为他的家乡跋涉几千英里，参加了33场战役。他的部队通常被委以侦察的任务，或是担当不屈不挠的后卫部队。

第2旅由一位法国准将菲利普–于贝尔·皮德弘·德博尔担任指挥，他沉默寡言，践行苛责式的领导风格。德博尔骑士于1717年出生，在法国皇家军队的骑兵队服役，在七年战争期间参加过巴伐利亚、波西米亚和弗兰德斯战役。他头部受过4处剑伤，手腕上也有一处，此后他的手就未能恢复如初。1777年2月，他乘船抵达了美国，船上载满火药、武器和用于缝制制服的纺织物。马里兰军夺走了补给，却对德博尔的苛刻提出不满，不服他。马里兰军在经历了几次艰难行动之后，整支军队如今紧密团结，形成了坚实的纽带，并不愿意被外人，尤其是外国人指挥。

整个1777年冬天到次年入春，甚至在援军到达之前，华盛顿的军队和民兵队对抗豪家军的作战，都被欧洲人称为"小打小闹"，而豪占领了新泽西的所有前哨基地。他们在该州全境范围内发起了无数次小冲突和小规模战役。有几次，华盛顿号召马里兰军执行几项特别危险的行动。美军袭击了英军粮秣兵的道路，乃至引发700人参与的战役。马里兰军仅21岁的二等兵约瑟夫·诺斯记下了在奎宝镇(今新泽西州皮斯卡塔韦)的一次袭击。"我们大约400人全员出动,冲向敌军战线发动袭击……但是我们所处位置非常不利,因此未能坚守阵地。我们战斗了半小时就撤退了。"虽然后来美军以这样那样的攻击形式,没有达成更大的战略目标,他们还是慢慢地消耗了英军,同时也避免了自己这方蒙受巨大伤亡。

华盛顿打起了拉锯战。美军给英军造成死伤,切断英军位于新泽西的补给源,逼迫敌军放弃那里的阵地。因为豪不能保护效忠派人士或立场摇摆不定之人,他收复新泽西的计划也无法展开。整个战争期间,这个问题一直困扰着英军。利用英国海军的强大和灵活性,红衫军只占领了美国东海岸的几座城市,可是如何占领并镇守住他们攻陷之处,一直困惑着他们,因为他们没有足够的军队,也没有那么多受过军事训练、装备齐全且让英军信得过的效忠派。

因托伦顿的小打小闹及蒙受的损失而带来的负面影响,持续了整个1777年。数千名英军士兵和黑森雇佣兵战死、受伤或被俘,要么病死。到1777年,英军人数从1776年8月的3.1万人,减少至1.4万人左右。没有人能填满死伤者的空缺,更不能向英格兰申请更多的援军。这是整个独立战争中英军战略的动力,也是阻力。

到了夏天,华盛顿依然采取小规模战斗的战略,这时他开始四处转移,尽量不让豪摸清他们移动的规律。两军你追我赶,多是为了取得战斗优势地位来追逐对方的脚步。威廉·贝蒂回忆起行军穿过新泽西时目击的几幕反常景象,例如位于佩特森的帕塞伊克河大瀑布,他还见过畸形儿,"头比半蒲式耳(4加仑[1])大"可身子却只有7岁小孩那么大,手脚无力,"皮肤白的像牛奶"。这个小孩通晓《圣经》,"只要问他,他几乎能引用任何《圣经》里的出处"。

华盛顿经常指派马里兰军在其他部队从某一指定位置撤离时担任掩

1　1加仑=4.54609升

护。作为一支精英部队，不朽丰碑[1]会站在开阔处，迎战步步逼近的英军，借此尽量拖延敌军进军的步伐，好让其他爱国者们能够成功转移。

由于时常处于远离大部队的前方，马里兰军饱受缺衣少食的折磨。一位军官报告说战士们"大多赤脚行军，尽管他们比军队的其他师行军距离更长"，他担心这个问题会导致"每天都会出现许多逃兵"，不过，他的担心从未成为事实，逃兵只占很少部分。若有人真的逃走，德博尔将军也会即刻严惩当事人及协助者。逃兵被抓回来之后就是被枪毙，经查协助逃兵逃走的效忠派会快速召开军事法庭进行审理并处决。贝蒂中尉还记得当时的场景："法庭对他下达了死刑判决，依照德博尔将军命令，要对那可怜的家伙（托利党人）处以绞刑，把他吊死在路边一棵悬铃木上。"

自华盛顿从纽约撤退之后，豪留了部分兵力在斯塔滕岛。这些士兵平常是在周围觅食，捕获家畜，给当地居民造成恐慌。基于错误情报，华盛顿坚信这支部队里基本是由毫无经验的美国效忠派组成的。攻打斯塔滕岛看似会轻松取胜，同时也能通过减缓甚至可能叫停英军在泽西海岸沿线的突袭，来赢得百姓们的好感。岛上还有一座堡垒，控制着纽约湾海峡，进入纽约湾和通向曼哈顿的南端水路。

1777 年 8 月底，华盛顿命约翰·沙利文准将对斯塔滕岛发动突袭。沙利文在新罕布什尔州土生土长，以前是止赎权律师，他在布鲁克林会战中被俘，于 1776 年 9 月在交换俘虏时回到美军队伍，还在托伦顿和普林斯顿的战役中起到关键作用。关于此次攻打斯塔滕岛的任务，他的军队包括从斯莫尔伍德和德博尔旅抽调的"精力最充沛，最能胜任长途跋涉行军"的战士。他的军队共 1000 人，其中包括大部分马里兰军和特拉华团的人。为摆脱敌军间谍，沙利文从营地出发后先南下，再移师向东。当士兵们乘船

1　"不朽丰碑"用以形容贯穿战争期间作出许多牺牲的军人或精英部队，而不仅是在布鲁克林会战中牺牲的战士。

前往斯塔滕岛之际，斯莫尔伍德的士兵冲在前面。

突袭按计划展开了。效忠派军队对袭击猝不及防，吓得赶紧逃跑，让原本是前来阻止抢劫的突袭队也成了劫匪。他们围捕了一批俘虏，缴获了数量可观的武器和装备。不久，斯莫尔伍德的士兵们惊讶地发现——英军第52步兵团。英军同样因为爱国者军的出现大吃一惊，旋即逃回他们设立在岛上的防御工事里。特拉华团的伊诺克·安德森回忆道："我们沿着行军路线，走近一座大砖房。我在这里发现了几名英军士兵。不过，他们也就几个人出现——在一座干草垛周围——开了一枪就跑了。"

看到敌军正规军逃向掩体，这让沙利文军坚信，他们那天赢了。他们不再理会什么纪律，洗劫了那些军官的家，抢走找到的所有食物和补给。德博尔旅的一位军官后来证实道："我们的人散乱、无秩序，当时处于危险情况。我想方设法约束我军战士的放肆行径，阻止他们的贪婪掠夺，结果却发现他们太想抢得战利品了，我再怎么努力劝说都没有用。"安德森说他发现一屋子士兵都在"依法掠夺"，是他派自己的士兵进去拿他们能拿走的东西，他自己则守在房外敲鼓，通知士兵该出来的时间。

就在爱国者发狂，横扫整片区域时，纪律严明的英军正规军和他们的效忠派盟军在垛墙后面重新集结起来。红衫军向沙利文的军队发起突然袭击，而后者对敌人毫无迎战准备。现在轮到爱国者逃跑了。安德森报告称斯通上校从他身边飞奔而过，大喊："跑，快跑！逃命要紧！"马里兰军向横渡点猛冲，希望能从岛上逃回新泽西。"当时大家简直乱作一团，"安德森记录道，"没人指挥——士兵们完全照自己的意愿逃跑，船也不够；这些船还出了些小故障。我看到有艘船向我们驶来，就一直盯着它，等船快靠岸时，我也凑近去看。我让部下待在原地别动，然后和我们连一起上了船。我们终于安全了。"杰克·斯图尔德率领的后卫部队有大约150人，为了让马里兰军的大部队撤离，挺身顽抗。斯莫尔伍德旅全员和德博尔旅大部分人都横渡成功了。威廉·威尔莫特上尉——家境富裕的巴尔的摩当地人，斯图尔德的朋友——在信中对这次行动进行了描写："他们总共有大概 1000 个战士朝我们冲过来，其中攻击我们的是 500 个新兵和黑森兵，我觉得他们应该是不希望吃我们枪子的，但出乎他们意料的是，他们挨的枪子和我们发射的一样多，他们打出来的子弹也差不多是这个数，他们本该感到庆幸的，可他们却三番两次地试图对我们发动猛攻，我们也不示弱，加大火力迎战，每次都把他们赶跑。"

尽管自己没有投降，威尔莫特目击到斯图尔德被俘。

"我觉得很伤心，不是因为看到我军大批战士倒下，而我们的弹药即将耗尽，更因为那么勇敢的战士被迫投降成为战俘，可对方是一帮卑鄙、新组建的杀人犯和同胞（效忠派），弹药用尽后，（斯图尔德）少校举起一块白手绢，插在自己的剑尖上，然后命令自己的士兵撤退，他则走出阵地，投降了，直到他发现已经不剩任何东西来抵抗快速上前包围我军的敌人之前，也没有丢掉一寸土地。"威尔莫特写道，"甚至在（我）本来也暗下决心绝不投降的情况下，也迫于无奈，立即逃走，找地方躲好，当时我就躲在牲口棚屋顶上用来堆干草的仓房里。"

出于害怕，船夫不肯回头营救留在岛上的后卫部队。一些士兵设法躲在树林里，或游回去，保住了命，但更多人都被俘了。

斯塔滕岛一战损失惨重，行动彻底失败。尽管美军只有 10 人牺牲，依然损失了大量应征兵及军官成了俘虏，斯图尔德就是其中之一。英军此战总共抓捕 3 名少校、1 名上尉、3 名中尉、2 名掌旗官、1 名外科医生和 127 名二等兵。

惨烈的战斗过后，吉斯特和斯莫尔伍德又回到马里兰，招募士兵——特别是民兵。沙利文和其余将士则被整编进华盛顿的军队里。总指挥还不确定豪的下一步动向是什么，但是有迹象表明豪伺机攻打费城。同时，斯图尔德和逾百名马里兰军即将在英军停泊于纽约湾上的驳船和帆船上迎来恐怖的拘留经历了。

第十七章

布兰迪万

马里兰军 12 人一排,整齐地踏着横笛和鼓点的节奏前进。每个人都在军帽上插了一根嫩绿的树枝,这是胜利的吉祥象征。华盛顿还认为绿色能统一军队的形象,现在他们还没有统一的制服。总指挥三令五申道:"根据前车之鉴,(禁止)随着音乐跳舞,不许完全忽视音乐。"他还补充了一条警告,任何人擅自缺席本次精心策划的阅兵演习,将接受 39 下鞭笞。

1777 年 8 月 24 日,马里兰军和乔治·华盛顿军的其余部队,又一次行军穿过费城的街道上,这是公开演习的一部分。尽管费城是这个初生国家的首都,它更是著名的托利党人所在地。华盛顿有着演员般的直觉,希望借这出展示武力和冲力的表演动摇托利党人的忠心,然后再加入他的军队。美军总共花了两个多小时才穿过城镇中心。一路上,费城人民或围在窗边,或挤在屋顶观看,以欢呼和掌声为他们助威,美军的"步伐整齐而有朝气"。

1777年夏天，几个月里，华盛顿一直在尝试预测威廉·豪的下一步动向。英军将军则多次佯攻，设计迷惑，来引诱美军出战。虽然华盛顿将大部队分为多个小分队，戒备各种可能情况，但他不愿意背离计划，贸然出兵。"我们从多方获得自相矛盾的情报，我很难从中确定敌军的真正动向及意图。"将军写道。

然而，华盛顿最后依然确信豪有攻打费城的计划。由于特拉华是进城的最佳路线，他在特拉华沿线布置防线对付英军。他猜测，乃至确定英军何时会在纽约发动228艘帆船。豪又一次动用了强大的海军为自己壮大声势，以此迷惑、蒙蔽华盛顿。英军出乎华盛顿预料，没有拐进特拉华河，而是继续前进。美军总指挥慌了。"我承认，敌军的行为不可估量，并且超乎我们的理解。"他坦言道。豪继续航行了几个星期，进入切萨皮克湾，再转向北方，最后在位于费城西南部、相距50英里的埃尔克顿区域登陆。他"一定会从那条路进入费城，不过，显然这个选择很新奇"。华盛顿下了结论。

在豪异乎寻常的计划展露之后，华盛顿准备同敌军会会了。继费城阅兵之后，马里兰军和美军其余部队跨过布兰迪万河，向查兹福德行军。那里布满陡峋和深谷，是一座天然屏障。美军占领了高地，以及大部分——但不是全部——重要堡垒。他们修筑起防御工事，逼迫英军跨过布兰迪万河，每过一道堡垒，红衫军就少一部分，那里也成为歼敌区。安排军队做好迎战准备后，华盛顿告诉他们如果能在布兰迪万击溃敌军，"他们就彻底解脱了——战争宣告结束。现在正是我们拼尽全力的时刻。"为了让战士们严阵以待，华盛顿命人打开酒桶，给每个人多分配1吉耳——约合5液量盎司[1]——朗姆酒。对于18世纪的军人来说，酒是军旅生涯的重要组成部分。酒劲能够提升低沉的士气。华盛顿又增加了一个分队，作战勇猛，毫不怯懦。任何人逃离战场，将被美军步兵开枪打死。

1　1盎司 =28.3495克

华盛顿将兵力沿河布置了长5英里的防线，防守8座堡垒。马里兰军大部分都在约翰·沙利文准将手下作战，位于布林顿堡的右翼。斯莫尔伍德营派遣特拉华团守卫琼斯堡。士兵们很快就为大战做起准备来，砍倒大树，迅速筑起防御工事。马里兰军官威廉·贝蒂回忆道："就在敌军逼近时，我们有些畏战，所有部队得令快速在各自营地前筑起胸墙。"可是华盛顿犯下了大错。他没有派人守卫背面的两座堡垒，也许是因为他对该地区的情报不足，或许是因为他不相信敌军会向上游多行进10英里后再渡河。9月10日，沙利文甚至问及远在上游的几座堡垒，但华盛顿的副官向他保证，不会有问题。他们都想错了。

豪的密探回报北面的堡垒无人防守，豪便决定把布鲁克林会战的战略故技重施。1777年9月11日清晨，61岁的普鲁士中将克尼普豪森男爵率领五六千人左右的队伍直奔主干道，与守卫查兹福德和其他邻近渡河点的华盛顿军和马里兰军正面交锋。克尼普豪森像布鲁克林会战中英军的詹姆斯·格兰特将军一样，只是率队去牵制华盛顿的兵力，让华盛顿无暇顾及从侧翼袭来的军队。那支军队由豪和查尔斯·康沃利斯伯爵带队，规模较大，有6500黑森雇佣兵和红衫军。他们向西绕了远路，才在杰弗里堡渡河杀了回来，从北面攻击美军侧翼。

向右转！

向左转！

立定！

出击！

黑森军官用德语训话，喉音很重。

"子弹炸裂土地；树干在人头顶上爆开，树枝被大炮轰碎，树叶被葡萄弹击中后像秋风扫落叶一样。"一名黑森雇佣兵回忆道，他当时位于布兰迪万附近的查兹福德堡尝试牵制美军，与此同时，豪将军和康沃利斯伯爵指挥大军向侧翼攻击。

战幕拉开，克尼普豪森军猛冲向前，华盛顿决定运用大胆战略。他预备率兵出击，攻打敌军左翼和右翼，而普鲁士士兵正在攻打美军中路。华盛顿命位于最左面的沙利文和马里兰军，跨过布兰迪万河，攻打黑森兵右翼。隶属马里兰第4团的塞缪尔·史密斯回忆道："马里兰战线（莫迪凯·吉斯特的第3团）的（纳撒尼尔·）拉姆齐上校渡了河，与狙击兵展开小规模战斗"，一度"赶走了他们"。在附近作战的一名士兵看到，河水"被血染红了"。

华盛顿率军冲出重围，身边的战士一个个倒下。甚至当敌军的炮火轰飞他身边一名炮手的头之际，将军依然保持冷静。相传英军帕特里克·弗格森少校一度看到了华盛顿，但他没有开枪，因为少校有骑士风度，绝不杀害背对自己的对手。会战后不久，美军的步兵射伤了这位可敬的英军军官。

西面雾气厚重，康沃利斯和他的侧翼部队距离目标越来越近。几个目光敏锐的侦察兵立即汇报了英军的举动，华盛顿遂让沙利文派几支分队探听虚实。然而，分队发回的报告自相矛盾，使得华盛顿将军对步步逼近的威胁浑然不觉。豪和康沃利斯率队抵达了杰弗里堡。晌午过后，他们跳入齐腰深的河水，为前方一片坦途感到惊讶不已，尽管那里可容下上百号人埋伏。他们不一会儿就穿过了河边的树林，蜂拥进入附近的农田。住在当地的一位贵格会教徒目击英军抵达的过程，写道："短短不过几分钟，田里全都是他们的身影……天空晴朗无云，非常暖和，他们亮出的武器和刺刀在阳光下闪耀如银。"他记下了康沃利斯的仪容和派头："他骑着马，坐得笔直，显得高大。他鲜红的制服镶有金边和金色肩章等等，看上去英武又神气。"不但如此，这位贵格会教徒还注意到豪的形象，"将军身材高大魁梧，一派武夫之相。他的嘴往里凹，好像是牙掉了。"

到了下午1点15分，华盛顿才意识到自己犯下大错，忙派兵远离河边，以免北面侧翼遭受英军侵扰。2 点 30 分，华盛顿命令沙利文停止攻击克尼普豪森，而是移师向北，迎击康沃利斯和豪。马里兰军对该区域并不熟悉，磕磕绊绊地穿过深谷、沼泽、灌木丛和田野，试图找当地百姓询问敌军位置。沙利文回忆时写道："我既不知道敌人在哪儿，也不知道另外两个师选择的什么路线，当然，更不可能确定我能在哪里同他们会师。"

最后，沙利文终于赶到了战场，可当他准备安顿自己的部队时，再一次陷入迷惑。他一开始是把马里兰军等麾下部队置于一座树木苍翠的高山前方，但很快就注意到另有美军在他后方排好战列。出于担心，他"骑马前去同其他将军探讨"。马里兰军的指挥棒暂时交到菲利普–于贝尔·皮德弘·德博尔准将手里。由于斯莫尔伍德和吉斯特都被派出马里兰战线，组织民兵去了，马里兰军一下子少了两员此前长期率队的大将。从面前英军的行动来看，美军也没参透豪和康沃利斯要走攻击侧翼的棋。为了化解危机，需要重新部署沙利文的部队，离斯特林勋爵率领的部队更近些，于是他们发出号令，让德博尔行动。奇怪的是，德博尔却立即带领部下转起了圈子。

结果在下午 4 点刚过、英军发动袭击之际，沙利文和马里兰军还在赶往阵地的路上。斯通解释道："我们到达那里时，他们炮轰了我们的指定位置，火力太猛，我们还没得到命令列队迎战，英军的滑膛枪就开火了。"

就在战役打响后，拉斐德侯爵骑马飞快地窜出树林，加入马里兰战线之中。侯爵有个极其拗口的全名——"马里–约瑟夫–保罗–伊夫–罗克–吉尔贝·迪德莫捷·德拉斐德"，他是个富有的法国贵族，小时候就梦想成为一名著名军事指挥官。他 19 岁时就志愿申请在美国打仗，在开战的几天前，他刚过 20 岁生日。华盛顿立即对这个年轻人青睐有加，让他成为美国与法国的重要纽带。

在七年战争中屈辱落败之后，法国点燃了复仇的火种。似乎煽动英国殖民地起义对抗宗主国，就能报了于 1763 年签订屈辱的《巴黎条约》的一箭之仇。甚至就在美国独立战争爆发前，法国人还派密使勘探美国地形，打探美国对独立的渴望程度。美国也派代表去法国，就法国支援事宜进行交涉。他们此举也是各取所需——摆在面前的就是一个机会，可以清算旧账，还能重新调整世界实力平衡，动摇英国的地位。本杰明·富兰克林率队的美国使团争取到贷款及赊账购置火药等其他补给的机会。

待法国意识到美国独立战争有利于本国时，却不认为当时是正式谈判的好时机。他们对战争开销存在担忧，对美军是否能赢也没有把握。不但如此，法国国王路易十六对支持反对皇权的革命也非常谨慎。同时，法国战士开始为美军效力。实际上，当时在巴黎，能寻找到为美军服役并争取赢得军功的机会是件非常时髦的事。对于大多数外国战士来说，当他们同衣衫褴褛的美军共同作战时，浪漫的战争观被彻底颠覆；但对一些法国军官——比如拉斐德——则乐意为美军拿自己的生命和财富冒险。

拉斐德刚抵达马里兰阵地，"康沃利斯伯爵的战士突然整齐地从树林里现身。"拉斐德写道。那些英军战士带上了两门12磅重炮弹的大炮，血战一触即发。拉斐德腿部中弹，但依然顽强地重整部下。约翰·布迪也被子弹打伤，此时正在与杰克·斯图尔德并肩作战。布迪回忆当时他"膝盖被一颗滑膛枪弹打伤，不能继续作战，一直休养到冬天"。

一位爱国者士兵同样写到当时的情况："此次行动里，战友们的射击，我相信，是美国自开战以来最热烈的一次。"特拉华团的亨利·韦尔斯回忆道："在战斗中，敌军是顺风向，硝烟直接打到我们脸上，这是此次失利的一大原因。"

战役开始后不到一小时，德博尔率领的美军纷纷逃离战场，战役演变成一场溃逃。拉斐德是这么解释的："美军的火力本身很厉害，无奈左右两翼都崩溃了。"混乱延续着，一些马里兰士兵意外地朝自己人开枪。这也是德博尔最后一次指挥美军。

士兵们都逃命去了，有个马里兰人却表现得镇定自若。他是最不像是能将美军战线重新组织起来的人，那一天却加入了行动，他就是军医理查德·平德尔医生。这次是军医第一次参战。"我重新把不少撤退的士兵集结起来,"医生说,"让他们排好队,在他们被逼下战场后,我在指挥他们,直到有人(军官)过来,接下了指挥棒。"医生后来解释了一下,"我的军功,就是对那些奉军令加入刺刀战的士兵们表示敬重。"

回过头来看查兹福德,克尼普豪森的部队稍作停留,居然"一片寂静"。将军命令士兵们退下,静候北面的战果。时光一分一秒地过去,"我们开始担心豪将军,他要对付那么多从我们面前翻越山林朝他奔去的革命党。"一位英军炮手写道。那些担心没持续多久;没多久,他们便看见沙利文的部下"从树林一窝蜂地跑出来。我们现在又架起所有大炮,瞄准这些四处逃窜的无赖;他们的所有炮兵也火力全开,回击我们"。

逃散的马里兰军在英军和黑森雇佣兵的追击下,翻越崎岖的山区。红衫军带来他们的加农炮,还在向美军开火。"我们从炮兵开始恢复射击,先清理树木。"一位英军士兵报告称。"他们从四面八方逃走。"马里兰第1团的约翰·霍斯金斯·斯通上校——以前做过律师,战后成了一位政治家——说,他预计的损失比实际发生的更多。"敌军的炮火一直没停过,火力很猛,当我得知我军的死伤人数时,真是惊呆了。"

对于许多马里兰士兵来说,布兰迪万一战的溃逃永远烙印在记忆中。比如非裔美国人二等兵托马斯·卡尼,好像是昆安斯县人士,23岁,是个待人热忱的自由人,这是他第一次踏上战场。卡尼"6英尺多高,力大无比"。这次战役也是二等兵詹姆斯·古丁的初次作战,自从接种天花之后,他休养了很长一段时间,最近才重归部队。新面孔还有一位,迈克尔·埃利斯,他参加战斗的过程更是离奇。在战争初期,他还在一艘商船上做水手,船被英军扣押后,他被囚在英军的一艘护卫舰上,可是"(埃利斯)一听护卫舰进入特拉华河了,就逃走了,加入了当时守卫布兰迪万的马里兰军"。马里兰士兵雅各布·艾伦也记得这场战役,因为他"手和面部受伤",但康复了。他后来回忆说:"出了战场,我们被带到一片沼泽,马怎么使劲也趟不过去，地面的特性如此。行动中，我的右侧后腰添了块新伤，直到今天，伤疤还清楚可见。"

最后，许多马里兰军官和军士组织起自己的部下，坚守顽抗，让军队其他人趁机撤离。斯通回忆道："我们约撤退了1/4英里，重新集结所有可以集结的人手，这时葛林和纳什兵团前来支援，大家这才振作起来。葛林让他的部下重新占领一块阵地，坚持作战了一段时间，我敢说，他们表现得非常英勇。"附近是史密斯率领的马里兰第4团，从玉米地里钻出来，"发现了一大队敌军"。双方立即交火，马里兰一位士兵"被打中了脚后跟"。士兵们又慌了，"有的离开了史密斯；而我退出了战场，几乎是一个人站在高山顶，我在那里停留了一会儿，集结了近1000名士兵，让他们排好队列加入连队的作战，保持到太阳快下山时。"

迟来的英勇作战也无力回天。史密斯决定放弃山顶的阵地，前往宾夕法尼亚的切斯特，他希望在那里同其他军队会合。不幸的是，他不认识路。他找到一位当地农民，也是当地众多贵格会教徒的一位，请农民给美军指路。谁知这农民是个虔诚的和平主义者，起初拒绝了史密斯的请求。史密斯掏出手枪，指着农民，"威胁他说，如果他不立即备马，指出去切斯特的路，就打死他"。

"你怎么这么凶？"贵格会教徒大嚷道，接着给马上鞍，准备给史密斯指路。

临行前，史密斯警告道："现在，我还不完全相信你是否忠诚，但我明确告诉你，如果你不带我们避开敌人，一旦发现你背叛我们，我就打得你脑袋开花。"

"啊？你真是我见过的，最无可救药之人！"农民大喊，这次是真的受惊了。他向马里兰军官保证会带他找对路。就在那时，史密斯向农民道谢，感谢他提供了帮助。

"我不要什么谢谢，是你逼我的！"贵格会教徒答。

第十八章

韦恩事件

少女发出撕心裂肺的尖叫，划破长空。屋里摆放着她父亲深蓝色加暗黄皮革点缀的军装——也是父亲出门打仗时穿的那件——现在浸满血渍。

"啊，爸爸死了，我亲爱的爸爸，被杀了！"她哀号着，泪如泉涌。

这阵哀号惊动了房中的另一位主人。为了安慰女儿，宾夕法尼亚第5团的珀西弗·弗雷泽中校立即冲进房间。他并没有死，而是在布兰迪万河战役中受了伤——此战中受伤的美军数以百计，中校只是其中一位。由于家就在附近，弗雷泽找机会顺道去看看，收拾点东西，看一看家人。然而，短暂重逢后，弗雷泽很快又和其他大陆军战士一起，设法逃离威廉·豪的追击。

另一位美军伤员则没有这么幸运了，他面对着不做英军俘虏就要向国王效忠的残酷现实。特拉华团的迈克尔·多尔蒂声称："我拼命抵抗，直到弹药耗尽，而我的同僚也被迫撤退，我受了伤，被无助地遗弃在战场上，落入敌人手里。"因为"我绝不愿意坐牢",多尔蒂便同意倒戈,接受了"国王的馈赠",加入英军第17团。这不是多尔蒂最后一次被俘,也不是他最后一次改变阵营。

这场战役情况惨烈,双方均出现数以百计的伤亡。豪命士兵掩埋死者,照顾伤者,放慢了转移的脚步;而华盛顿军大部队向布兰迪万东面撤离,目标前往宾夕法尼亚的切斯特。豪又一次放弃乘胜追击。穿过切斯特后,华盛顿稍往北去,然后从宾夕法尼亚达比穿行而过。他的军队后来在米德尔渡口走过横跨在斯库尔基尔河上的浮桥,位于今费城市场街附近。

豪和康沃利斯追了过来,在市郊的白马酒馆发起小冲突。距离上次胜利已经过了很久,许多美军士兵都摩拳擦掌。特拉华战线的鲍勃·柯克伍德上尉回忆道:"每个人都欣喜地希望在几小时内再见(英军)。"

在英军逼近美军时,黑森雇佣兵上校卡尔·冯·多诺普伯爵决定亲自率领麾下的狙击兵参战。英军的轻步兵紧随其后。华盛顿为敌人的袭击所惊,没能很好地排兵布阵。何况该地区只有几条小路可供撤离,更是让情况雪上加霜。

华盛顿的少将阴沉地通知总指挥危险迫近。"作战指令还不完全。如果我们准备在此迎击敌人,需要立即做好战斗准备。"除非美军能够占领峡谷对面的高地,否则英军将以风卷残云之势击溃他们。美军仓促地冲向更有利的位置,可黑森雇佣兵早已抵达,开始向爱国者出击了。

值得庆幸的是,美军再一次赢得了天时条件。"天空突然电闪雷鸣,还伴有世间罕见的倾盆大雨。"黑森的约翰·埃瓦尔德上尉记录道。尽管暴雨来袭,英军依然准备按既定作战计划出击;狙击兵和轻步兵拔出佩剑,竖起刺刀,向美军发起冲击。埃瓦尔德和部下顿时展开近身肉搏战。大雨淋湿了双方的火药,让武器哑火,最终使得两军会战发展为一场混战。马里兰的约翰·伊格·霍华德——刚在巴尔的摩参加完自己父亲的葬礼,重新归队——回忆道:"我们军队的武器处于下风……从未像这次一样,把我们拉入迫近的危险之中。"不过，天气再次给了美军撤退的机会。威廉·贝蒂记录道："雨点重重地打在我们身上，而且我们还全副武装着。"由于天气在斗争中扮演了决定性因素，这场战役又被称作"云之战役"。

距离英军足够远之后，华盛顿命令安东尼·韦恩将军的两个旅、一整支大陆军的轻龙骑兵和4门轻加农炮与由莫迪凯·吉斯特和威廉·斯莫尔伍德率领的马里兰民兵联合起来，从巴尔的摩出发，跟在豪的部队后方，骚扰英军。将军强调"重要的是切断敌军的辎重运输"。华盛顿在命令最后加了一句急迫的警告："小心埋伏。"

安东尼·韦恩出生于宾夕法尼亚的一个爱尔兰移民家庭，接受过测量员的训练，为本杰明·富兰克林担任该职位，此外，他还会帮助他父亲料理制革厂的生意。战争爆发之后，这位具有领袖魅力的30岁男人应征加入了民兵团，当上了上校。韦恩以其坏脾气获得了"疯子安东尼"的称号。战役中，他的表现几乎堪称为狂暴，还有人听到他对属下大喊："我信仰的神更贪嗜人血！"

英军知道韦恩的计划，还知道他的营地设立在距离佩奥利酒馆几英里的位置，今宾夕法尼亚州莫尔文附近。他们派出1700人的轻步兵和几支轻龙骑兵"给这些绅士一些惊喜"。在一次大胆的夜袭行动中，英军命士兵给枪退膛，安静行军——这次袭击行动中，他们只能用刺刀和佩剑，以保持神秘感。行军开始时，红衫军充满了兴奋感："小伙子们全都热情高涨，期待着接下来的'恶作剧'。"

就在英军朝佩奥利行军期间，天下起了小雨。一个多小时之后，大约在午夜，他们来到韦恩的营地。韦恩营地边缘的哨兵通知将军，英军正朝熟睡的美军士兵逼近。将军立即上马，飞奔着穿梭于营地中，大喊："注意了，孩子们！那帮家伙来了，我们拿起刺刀和他们拼了！"

当英军潜入美军营地时，英军队伍里的翻版韦恩——查尔斯·格雷将军——向部下咆哮："冲啊，轻步兵！"

"杀!"

喉音浓重的呐喊在树林里回荡，格雷的几百号人高举刺刀，从中乱劈乱砍，杀到美军营地。恐慌随之而来。

大约在同一时间，斯莫尔伍德和吉斯特带着约 2100 名马里兰民兵和 3门加农炮正在缓慢向韦恩靠拢。红衫军准备给滑膛枪上膛，随着枪响，民兵队伍变得怯懦起来。"我军大部队中的一名士兵，被几个掉队者射中致死，使我方战线的士兵大为惊恐，许多人扔下枪就跑，之后再也没有听见他们的消息。"斯莫尔伍德写道。他麾下的骑兵也被同僚所伤："后卫部队以为我们是英军的轻骑兵，便在离我们 15 或 20 英尺处向我们齐射，几人受伤，在我身边等待命令的一名轻骑兵死了。"斯莫尔伍德翻身下马，讽刺地对民兵大喊："我看到他们准备向敌军射击的时候本来挺高兴的，我高兴得太早了，他们现在对着自己人开火呢。"以此阻止了同室操戈的局面。

吉斯特想方设法重整那些训练不足的士兵，可是当他掩护后卫部队撤离时，差一点死在混战中。他写信给同团的约翰·史密斯上尉："我的马脖颈中了两枪，幸好它只是跪了下去，否则，我要么已经挨了刺刀，要么已经落入敌手了。"史密斯——这个巴尔的摩小伙——是吉斯特的挚友，也是从吉斯特的部队里成长起来的。这件小插曲并没有阻止惊慌失措、四处逃离的马里兰军。除了元老级的 2100 位民兵之外，出现了 1000 多名逃兵。

韦恩的士兵则在战斗中表现得更加英勇，不过，这次袭击使他们的兵力大幅减少。此次英军的偷袭造成近 300 名美军死亡、受伤或被俘；而敌军一方，只有 3 人死亡，8 人受伤。"佩奥利大屠杀"震动了华盛顿，他现在改变了战术，避免被困在斯库尔基尔河，直接和豪的军队硬碰硬。可是，英军将军没有直接进攻，而是往上游走了 10 英里，剑指费城，并于 1777年 9 月 26 日占领了美国首都。在 18 世纪，攻占敌人首都一般就意味着战斗结束。一年前，革命军痛失费城就相当于遭受了致命一击，但因为华盛顿军损失不大，加之从加拿大袭来的英军在萨拉托加、纽约周边陷入泥潭，大陆会议没有选择投降，而是直接逃出该城。为了反击，马里兰军和剩余的爱国者军队都在强化自己。

1777 年 10 月 4 日上午，马里兰军发现他们再次处于鏖战的漩涡中。荞麦田上燃起的浓雾和黑烟营造出一副地狱之景，这时马里兰军正在袭击驻扎于日耳曼敦的英军右翼。可见范围只能用码来丈量。据一位美军士兵反映："加农炮和火枪的火药，还有其他可燃物……弄得一片漆黑……很长一段时间里都没有发现任何友军和敌军。"

这个场地早在一个多星期之前，英军轻松赢下费城——因为美军已经全员撤出首都——之后不久就布置好了。华盛顿不愿意让英军不战而胜。他开始精心策划攻打日耳曼敦，那是一座小村庄，位于费城北部大约 5 英里处，后来成为费城辖区。豪将军在那里布置了约 9000 人马。华盛顿可调遣的兵力有 8000 名大陆军和 3000 名民兵，他相信有了这么多兵马就能战胜豪，也是他收复友爱城战略计划的第一步。

华盛顿再一次展示了多元战略的才干，他制订了一套十分详尽的计划，先让部队在夜深人静时从麦萨克顿山的营地出发。如果一切进展如期，军队实施钳形运动，可在清晨于英军营地会合。每支部队都要依命行军 14 至 25 英里，且在抵达攻击地点之前，不得惊动敌军。华盛顿会率领其中的 3000 人，其中包括大部分马里兰军，从西侧走主干道向敌军中路行进；葛林、亚当·斯蒂芬将军和亚历山大·麦克杜格尔准将则带领其余 6000 人，往敌军左翼走去。马里兰民兵在斯莫尔伍德和吉斯特带领下，会守住钳子"左腿"，沿着名叫"老约克路"的古印第安小路前往。每支部队必须在凌晨 5 点各就各位，以展开联合攻势——这一点即便是最顶尖、最有经验的军队也很难做到。对于华盛顿的民兵队伍，以及经验远远不足的大陆军来说，任务极其艰巨。

从最开始，低能见度就阻碍了攻击。一阵浓雾飘来，加之路况复杂，当晚也没有月亮，指挥官们难以领路。马里兰军很不幸，仍然听从约翰·沙利文的指挥，在长岛、斯塔滕岛和布兰迪万接连收获的三次败仗——拜沙利文笨拙的领导力所赐——依然深深印在每个士兵的脑海中。沙利文领导的马里兰军迷路了，大陆军的其他部队也是如此。尽管落后于计划，沙利文还是命令停止行军，好让士兵们稍作休息，可以喝点朗姆酒，强打精神迎战。他们很快就继续出发，来到发起进攻的正确位置，但他们还是晚到了。当时太阳已经升得高高，尽管有雾，很难辨清目标，而且自从天亮之后，雾越来越浓。

由于收到有关美军进攻的警报，英军立起前哨，警戒敌军的到来。他们很快就确认进击部队的位置，炮兵开火了，打死了几名爱国者。战斗已经打响，沙利文遂匆忙命令手下进入战斗状态。几乎就在同时，他指挥马里兰军上前，穿过一片空地，"在果园里撞到英军轻步兵的营地，而对方正等着自己送上门去。"霍华德回忆道，"一场惨烈的肉搏战随即展开。"双方交火约 15 分钟后，"英军被打散，撤退了"。在激烈的进攻中，威廉·贝蒂"在最猛烈的战火中幸存下来"，还奇迹般地经历了"一颗致命的子弹打中我的大腿……但我一点事都没有，只是大腿有点涨红"的擦伤。同样参战的还有加萨韦·沃特金斯中士，自 1776 年 11 月起，他就一直在养病，最近刚归队参与这场激烈的进攻。

马里兰第 4 团的指挥官——乔赛亚斯·霍尔上校，当时打着赤脚——派约翰·伊格·霍华德命令马里兰军撤退。然而，当霍华德看到战况，发现他们"从背后的房子冲出，和敌军拼命"，他向霍尔报告说"我判断现在不是命令撤离的最佳时机，因为可能会暴露我军侧翼"。霍尔大怒，喝令霍华德下马让他来骑，他准备亲自传令。上校正在气头上，没有看马奔向何方。不久，"他被挤到果酒压榨机下，因伤势太重，就被带下战场"。此时军团的指挥大任落到了 28 岁的霍华德肩上。霍华德猛冲，穿越炸裂的炮火，冲破英军军官所待的克莱夫登宅邸的天窗，带领自己的士兵们深入英军战线内部[1]。

与此同时，其他美军队伍则在晨雾中推进，很快便同英军上校托马斯·马斯格雷夫爵士的第40步兵团展开了交锋，这支部队曾在红衫军撤退时担任过掩护。听闻美军准备拼个鱼死网破，马斯格雷夫对士兵们下令，全体隐蔽在克莱夫登宅邸厚重的木门后面。这座家宅属于一位效忠派领袖贾斯蒂斯·本杰明·丘，墙体是由页岩砌成，非常牢固，能够抵御一定程度的滑膛枪弹和大炮的袭击。红衫军蜂拥而入，"革命军紧随其后，他们必然会同时进入宅邸，只有当面对美军的军团开上一枪，才能确保他们的士兵进到屋里，关上门"。卡上宅邸大门的门闩上之后，英军把这座宅邸转变为一座易守难攻的堡垒。

英军把枪口伸出每一扇窗户，齐齐扣动滑膛枪，向企图冲入房门的大陆军施加暴风雨般的袭击。如果有人破窗和破门而入，则会被刺刀戳死。丘家宅邸周围的地面上横七竖八地躺着美军士兵的尸体。一位亲历者后来证实他"在日耳曼敦时身体受了伤，那颗子弹最后从脊椎旁取出"。英军甚至还向一位举着白旗走向宅邸劝降的美国军官开枪，致其死亡。在托马斯·马斯格雷夫中校的领导下，英军躲进宅邸的6个团阻挠了冲击战场中路的美军。马斯格雷夫不停穿梭于各个房间，激励着战士们，大喊："国王万岁！为英国欢呼！"

华盛顿召集了作战会议。大多数军官倾向于封锁克莱夫登宅邸，绕过要塞。身材滚圆的亨利·诺克斯——爱国者的炮兵指挥官——提醒大家一句军事格言，永远不要把重兵把守的堡垒置于进击的军队后方。华盛顿同意诺克斯的观点，便抽回3支成功深入英军战线的军团。在诺克斯的指挥下，

1 讽刺的是，这座在此战中夺走许多爱国者性命的宅邸，正是霍华德未来妻子——美丽的佩吉·丘——的家。霍华德在战后与丘小姐相爱。1787年5月这对新婚燕尔还在克莱夫登宅邸举办了晚宴，有许多显要人物参加，乔治·华盛顿就是其中一位。霍华德才气纵横、充满魅力和朝气，这让霍华德夫人为丈夫倾倒，天真地称他为"贵族奴隶"和"好护卫"。

加农炮在直线射程连续对宅邸发射炮弹。炸开宅邸大门之后，成群的美军立即展开攻势。"英勇无畏的（美军）士兵冲到门口和窗口……可是马斯格雷夫上校想尽一切办法，并动员自己的士兵拿出那样大的勇气来保护他自己，他们又把门锁死，从窗户爬得很高，直接射击，最终革命军被大火力屠杀击退。"

一名黑森雇佣兵形容那场残杀道："美军死了75个人，有的倒在门口，有的在桌椅下，还有的在窗口……房间里被炮弹炸成了筛子，血溅得到处都是，这座家宅看上去更像是个屠宰场。"

这30分钟全花在攻击丘家宅邸上了，给了豪家军重整军队的宝贵时间。

在此期间，葛林的军队冲进了日耳曼敦。其中一支部队——由出生于苏格兰的弗吉尼亚将军亚当·斯蒂芬率领——犯了错，有些偏离了既定路线，也许是被丘家宅邸的炮火声吸引，抑或者是被将军带错路——将军后来因作战时饮酒而被军事法庭判刑。浓雾之中，斯蒂芬的士兵误把华盛顿军的一队士兵当作敌军，开始射击。他们不仅错向同胞开火，夺走许多爱国者的生命，还导致美军的一个师撤离，让华盛顿带领的其他军队攻击不力。士兵们的弹药即将用尽，大家开始恐慌，这个过于复杂的作战计划土崩瓦解了。

距离丘家宅邸约1英里的左翼战场上，吉斯特和斯莫尔伍德的马里兰民兵面对着英军的精英部队：效忠派皇家御林军和警卫团的轻骑兵和掷弹兵[1]。同其他部队一样，恶劣的天气条件影响了民兵的进度。"我们驱赶着敌军，这是我们第一次展开攻势，但是雾太大，敌军来到我们后方，"一位士兵解释道。"于是，我们只好调转方向，一直撤退，直到到达合适的位置。"吉斯特说，"浓雾在整个行动实施期间一直没散开，好像是上天故意眷顾英军似的，而英军炮火的硝烟也让我们探不清他们战线的情况。"

1　当时费城大约有英德联军的3个营和效忠派军队的7个营。

尽管视野受限，马里兰军起初也取得了胜利，把红衫军和效忠派军队赶出他们的土制防御工事。吉斯特回忆道："在进攻打响后的几分钟里，我师在斯莫尔伍德将军指挥下攻击对方右翼，把他们从几处据点中赶出来了。"然后，没过多久，民兵开始怯懦起来。看到一大群皇家御林军袭来，吉斯特和他的士兵误认为是黑森雇佣兵。警觉过来后，吉斯特命令一队人马寻找掩蔽，躲到周围的几棵树后，以按预期进行反击。吉斯特前去安排位于左翼的另一队人马。当他回到树林的时候，"发现所有人都撤退了"，甚至连军官也免不了露怯。吉斯特写道，当射击开始时，一位民兵上校"立即犯病晕倒了，迫使他必须马上撤离，回到马里兰"。

　　不过，纵然有这么多反例，民兵里还是有一些英勇作战之人的，例如巴尔的摩的詹姆斯·考克斯上尉[1]。10月3日，他在写给妻子的信上说："我们还在继续朝敌军方向往下走，期待很快就能碰上他们，这次我希望我们能证明我们的实力。"不幸的是，他的妻子接到这封信时，还收到了3天前由她表哥乔治·威尔士寄来的信，信上写道："你亲爱的丈夫，美国最好的朋友，在本月4日，于日耳曼敦附近，光荣地保卫了他的国家，击退了敌人，把他们赶出胸墙，被一颗子弹打穿身体，后来他又坚持了一小时三刻钟。"斯莫尔伍德将军也证实了考克斯的勇气，称他为"勇敢而可贵的军官"。

　　可是大部分训练不精的民兵还是表现得不可靠。吉斯特认为："人性的弱点展露无遗，我推测对抗我们的指挥官深谙人性的这个缺陷，才会立即在情感上占上风，把我们赶出阵地。"

　　由于不知道位于战场另一端的同志们正在撤退，葛林还在继续进攻，

1　考克斯服役于光荣可敬的巴尔的摩机械工兵连，这支民兵连队组建于1763年，目的旨在保卫该市。这支民兵在战后依然存续，最终被称为美利坚合众国里最老的民兵组织。该连队被提名为巴尔的摩第一任名誉郡长，建起第一所学校和医院，该市最著名的市民多是其成员。

深入英军营地心脏。在那里，几名士兵无视军纪，一头扎向敌军的仓库。他们粗心大意使自己暴露于敌军反击的炮火之中，这些进入仓库的士兵不是被杀就是被俘。康沃利斯在该城附近，葛林开始撤退。

康沃利斯指挥猛追革命军，最终和丘家宅邸的守卫军会合。马斯格雷夫上校和他的部下还在硬撑。"第40团从我们部队前方突围成功，加入到追击革命军的队伍里来了。"一名英军军官报告称。霍华德回忆到当时的场景："敌军突围了，一百多人攻击后方。有人前去阻截，向他们开火，打死了他们冲在前方的指挥官，牵制住了敌军。"

美军又从前一晚来时走的同一条迂回的乡村小路上撤退。威廉·贝蒂写道："康沃利斯带着援军来了，我军出现了混乱，被迫撤退。"随葛林军作战的托马斯·潘恩，为那些士兵的镇定感到惊奇。他对本杰明·富兰克林说："他们展现在我眼前的，只有一点沮丧，而非溃败；而且比起担心如何到达集合地，他们更为从日耳曼敦撤离感到沮丧……撤退不是理所当然的。无人惊慌，每个士兵都按既有的步伐前进。敌军在后面保持一段距离，不时向我们开一枪，同样遭到我方的回击。"

康沃利斯见中间永远隔着一段距离，便催促手下快速追击美军，可是困扰爱国者的天气情况现在也同样阻挠了英军。一名英军军官回忆时说："英军的掷弹兵从费城出发，气势汹汹地一路跑来，加入追击的队伍，但大雾直到敌军离去时才散开。"

日耳曼敦战役中，美军共计有150人死亡，520人受伤，400人被俘；另一方面，英军损失了70人，450人受伤，15人被俘。"这真是战况惨烈的一天，"华盛顿写道，"若能去到天堂，我会补充一句，今天我们本来会更加幸运。"马里兰军也承受了重大损失，其中包括不少军官；斯通上校等几名军官都负伤了。美军损失了许多人，也失去了收复战略之城的机会，不过，实际上，他们在大西洋彼岸几乎赢下了一场重大战役，美国正在考虑同爱国者结盟。事实证明，美法联盟具有决定性意义。资助独立战争是个巨大挑战，美国国库日渐空虚。士兵们的军饷逐渐发不上了，必要的军靴、制服等其他基本补给和食物也成为时常困扰他们的难题。大陆会议正在用硬通货向法国申请贷款，换成纸币。美军也欢迎久经沙场、训练有素的法国军队加盟，法国海军出面也能限制英军的移动，阻碍英军的援军和补给。

联盟还有一个重要的间接影响——把美国追求独立的革命转换为一场国际战争，这样就会迫使英国保护其广袤的帝国势力范围，包括对印度和加勒比海的所有权。如此一来，英国国王就不能再集中向北美输送兵力，必须把兵力分散到其他地区。其他国家也跃跃欲试地希望参与这场争斗，把战争进一步扩大。甚至存在入侵英格兰的威胁，这样英国就更要在本岛安置防御力量保卫国家。

权衡了参与美国独立战争的潜在风险之后，法国外务大臣在日耳曼敦战役之后说："没有比这更让他震惊的。"

第十九章

马德岛

在费城南部，今费城国际机场附近，有一片广阔的沼泽地，长达400码，最宽处位于斯库尔基尔河与特拉华河交汇的河口处，有200码。在18世纪初，当地居民把这片泥泞的湿地称为马德岛。小岛顶部还有城墙，均用切割规则的石板和木料搭建而成，蜿蜒曲折地延伸出3个足球场那么长，其中还有用于爱国者炮兵连的野战工事。这就是著名的米夫林堡，其中堤坝和沟渠交错，形成一个大迷宫，此外还有几百个陷阱和浅坑，里面布满了尖刺，用来对付任何入侵部队。

在1777年秋天，爱国者这座堡垒成为独立战争时期围攻时间最长、受炮击程度最严重的地点，具有举足轻重的战略地位。英军舰队必须控制这座堡垒，才能为费城重新补给，这对威廉·豪将军向华盛顿军发起进攻行动具有直接影响。设法抵达费城的皇家海军护航舰必须从堡垒的炮火下穿过，跨过拒马。这种拒马是一长排用大块木料建造的30英尺高木箱，置于特拉华河床之下，里面填满了 20 至 40 吨石头用于固定，顶部插上了参差不齐的铁钉。木箱被铁链绑在一起，成为难以逾越的障碍，可以削掉任何试图闯过的船只的船身[1]。

华盛顿命令手下"死守（米夫林堡）"，并安排 25 岁的塞缪尔·史密斯中校负责此处，对他说："守住这座堡垒至关重要，我相信你的谨慎、乐观和英勇，能够担此重任，有力地守护这里。"史密斯命令近 200 名马里兰军出动，同时还有几百名来自弗吉尼亚和罗德岛的士兵。来自康狄涅格第 4 团的大陆军壮大了这支混编队伍，其中有年仅 17 岁便身经百战的二等兵约瑟夫·普拉姆·马丁，他形容该岛"只不过是特拉华域上位于河道西面的一片泥地。堡垒周围筑有堤坝，修有泄水道，这样堡垒就可以随意潜在水下……而在东面，主河道旁是一道曲折的墙，用切割规则的石板建造而成"。一位曾接受攻占此堡垒任务的黑森雇佣兵写道："这座岛因为岸边土地湿软，难以接近，并且还有两道沟渠和栅栏、陷阱和石墙，如果强攻，一定会牺牲许多人。"

当年设计这座堡垒的人——豪的总技师，约翰·蒙特雷索上尉——现在要负责摧毁它，真是太讽刺了。蒙特雷索参加过法国 – 印第安人战争，在英军服役了 20 年，曾监修米夫林堡。该堡垒始建于 1771 年。蒙特雷索的宏伟计划本来需要花费 4 万英镑——在当时可是一笔巨款——然而，殖民地州议会只给建造该堡垒拨款了 1.5 万英镑。动工后一年不到，工程就捉襟见肘了。直到 1776 年，该堡垒还有部分仍在修建，这时本杰明·富兰克林和费城公共安全委员会对米夫林堡，以及位于特拉华河东岸的默瑟堡重启了修建计划。

爱国者也拥有一位技师。华盛顿委任了一位 28 岁的法国贵族——弗朗索瓦 – 路易·泰塞德尔·德弗勒里少校——协助史密斯。德弗勒里学习过工程学，曾在科西嘉岛的法军部队里服役。将军对德弗勒里给予高度评价：

1　部分拒马如今仍保存完好，于 2007 年从特拉华河打捞起来了。

"他是个才华横溢的年轻人，专门研究军事科学这个领域。我对他有信心。"史密斯和这位技师结下了"互相理解且真挚的友谊……两人之间没有嫉妒，没有猜忌——有的只是为了大义的真诚和沟通。"其他人形容德弗勒里是个能团结士兵和民族的杰出战士和领袖。

史密斯和约翰·黑兹尔伍德中校——隶属建成初期的宾夕法尼亚海军——就相处得没有这么融洽了。黑兹尔伍德指挥的是一支小舰队，包括"漆成黑色不吉利的"大帆船以及特拉华河上的浮动平台，被称为"迷你海军"。当时加农炮是以其可发射炮弹的重量设计而成的，因此，比如说6磅炮发射的就是6磅重的炮弹。一些配备重型武器的英军军舰可在船尾搭载一门32磅炮、4门24磅炮和8门18磅炮，以及参加战斗的海军士兵，并有几名所谓被迫服役的托利党桨手。

对于英军来说，攻占米夫林堡存在一系列挑战。自10月初，蒙特雷索便谨慎地攻击了堡垒侧翼，并在卡彭特岛附近的几处位置架好炮兵阵地炮轰堡垒。史密斯指出，如果英军在那里修筑炮台，该岛就会面临威胁，黑兹尔伍德却对他的担心表示不屑，说："有我的大炮在，连只蚊子也飞不进来。"待蒙特雷索的确有所行动后，警觉的史密斯请黑兹尔伍德率他的舰队拦截正向该岛逼近的英国援军。黑兹尔伍德阴阳怪调地说："炮弹会击沉我的大帆船呀。"史密斯立即怒斥回击道："不仅如此，炮弹还会落在你或者我的头上，会被炸死。可我们究竟是为了什么参军入伍，凭什么领军饷呢？"

10月10日，史密斯亲自坐镇，趁夜深人静时率领约60人的突袭队，从马德岛出发，爬到英军大炮后方。利用一排大树做掩护，史密斯的部队开始朝毫无防备的英军炮兵开枪，对方很快就在推弹杆上绑好白手帕，投降了。然而，一些英军军官却拒绝投降。作为回应，史密斯"朝他们开了两枪，待他们愿意投降后才停火，不过他们不愿交出大炮"。最后，在持续攻击下，那些军官还是投降了，史密斯把他们押在牢里做俘虏。突袭队塞住了英军大炮的火门，让这些大炮不能发射。

突袭过后，史密斯迎来了一位意想不到的访客，他的朋友杰克·斯图尔德。斯图尔德在斯塔滕岛突袭失败后被英军俘虏，藏在一艘小船上静悄悄地逃跑，划到新泽西去，后来被关在英军泊于纽约湾的一艘运囚舰上。史密斯想为这个一同出生入死的伙伴送些钱，便找到一位愿意把钱交给斯图尔德的英军军官，给了 25 英镑，这名军官"把钱转交给了斯图尔德少校"，但不是史密斯所说的那个斯图尔德，事情进展大概就是这样。有可能斯图尔德用这笔钱收买了运囚舰的看守逃了出来吧。总而言之，史密斯同自己的老朋友重逢，看到他为堡垒带来补给，简直喜出望外。

英军依然在攻打堡垒侧翼，并从其他位置炮轰马德岛。炮弹开始撼动堡垒了。10 月 20 日，史密斯写信给华盛顿报告："昨天，一颗火红的炮弹飞进实验室，那里堆放着几箱弹药……被引爆后炸了营房。如果不是弗吉尼亚第 4 团的韦尔斯上尉，以及勒克特上尉及时扑灭了火苗，可能损失更大。"爱国者们，当然随即用炮火回敬了敌军。英军上尉弗朗西斯·唐曼写道："革命军开放所有炮台和掩体向我军开火，他们的葡萄弹袭击过于密集，以至于我军无法守住大炮。"

另一名英军士兵回忆到这可能是美国独立战争中最幸运的一击。从500 码外，"他们发射了一枚 12 磅炮弹，直接射中我军 24 磅炮的炮筒，由于精准度极高，我们的加农炮毫无损伤。"

10 月 23 日，英军已经围攻近两个星期，英军舰队开始向米夫林堡正面出击。载有 64 门大炮的奥古斯塔号军舰，以及载有 20 门大炮的梅林号炮艇，逼近美军所在位置。尽管敌军火力更占优势，但爱国者坚守着阵地，在两艘军舰靠岸之前，直接击中目标。奥古斯塔号的大部分船员当场死亡；梅林号的船员在面临相似命运之前弃船而逃。不到中午，奥古斯塔号所载的军火库就爆炸了，爆炸程度严重到震碎了费城附近房屋的窗户。米夫林堡的严守为华盛顿争取到更多时间，可围攻远远没有结束。

即便水上袭击失败，英军还有不少安置在陆地的大炮以及一座流动炮台。很快，他们的大炮每天都会向堡垒发射约 1500 枚炮弹，大多命中目标。这次行动给双方都造成重大伤亡。"我们的士兵像玉米秆一样炸开，"美军二等兵约瑟夫·普拉姆·马丁回忆道，"我看到 5 名围在一门大炮周围的炮兵被一颗炮弹炸到，我还看到有的士兵弯下腰躲避炮弹时由于隐蔽得不够低，像烤鱼一样被炸成几瓣。"

彼得·弗朗西斯科——6 英尺 8 英寸高，才 17 岁，他还有个绰号"革命巨人"——也在守卫马德岛期间扮演了重要角色。弗朗西斯科出生于亚速尔群岛，5 岁时，一位船长把他遗弃在弗吉尼亚锡蒂角的码头。当地人发现他时，他还只会说葡萄牙语。那些人收养了他，教他谋生计，他后来做了铁匠，只因身材高大，就为他选了这个职业。弗朗西斯科于 1777 年加入弗吉尼亚团，参与了日耳曼敦和布兰迪万河战役，而后在米夫林堡同马里兰军在一起。在独立战争期间，他和马里兰军共同作战过许多次。

据目击者称，史密斯在敌军发起炮轰期间始终坚定。一次，他看见有个副官正在逃命，他上前问："阁下，你在躲什么？普鲁士国王今天有 30 个副官被我们干掉了！"

副官回答："不错，可史密斯上校可没有那么多副官给他们干掉！"

10 月 26 日，一阵强暴雨向堡垒袭来，使得斯库尔基尔河河水湍急，水位暴涨，这座小岛没入水下 2 英尺。英军大炮还在不断撼动堡垒，更是雪上加霜。德弗勒里派部下冒雨加固城墙。"（德弗勒里）非常苛刻，让我们没日没夜地干活儿，"一名士兵回忆道，"他手里永远握着一根手杖，一听到有人叹气，他就给那人一杖。"为了避开德弗勒里，士兵们躲在堡垒东面的一道壕沟里，生火取暖。"我们会找机会从德弗勒里眼皮底下逃到这里待一两分钟，休息休息，驱个寒。等技师发现人手不够了，会到壕沟入口叫我们出去。"

随着围攻时间增加，补给状况也变得更加恶劣。纳萨尼尔·葛林向华盛顿进言："由于米夫林堡的持续坚守，敌军被严重阻碍，为市民着想，如果我军能坚持到下周中期，敌军会撤离的。"此话有些夸大事实，但英军的确越发沮丧了。黑森雇佣兵的弗里德里希·冯·明希豪森上尉已经把兵力布置在河对岸，出色地总结当时的情况："我希望我们最终能攻下这座该死的堡垒。"

1777年11月11日，是米夫林堡里的爱国者开始迎来终结的日子。史密斯后来声明："我到营房写回信给瓦纳姆将军，此举实在是不小心，一颗炮弹从烟囱落入。"史密斯受伤了，"在地上打着滚，来到前门。"待医生检查过伤势之后，他被撤出马德岛。这是独立战争中史密斯参与的最后一战，他后来大部分时间都在巴尔的摩养伤。德弗勒里重新集结部队就位，继续修补每天被英军轰炸的损伤。就在史密斯离开的第二天，德弗勒里写信告诉华盛顿，"我方位于北面的几处木栅破损，不过我们可以每晚进行修补"，然而，"驻军士气十分低沉，敌军一旦对我们发起猛攻，恐怕他们会赢。"他在下文中继续写道，"士兵们太疲惫了，要站岗，忍受寒冷、大雨和疲劳，他们的情绪也非常低落，有一半人员不能出勤。"

这些士兵还是坚持守了下来。11月14日，围攻的第48天，葛林将军——距离大部队就几英里远——写信给华盛顿："今天傍晚日落时，旗帜在米夫林堡上方飘扬。"虽然已进入冬天，英军还是准备发起总攻，不过，他们每天还在例行炮轰。葛林在信中提及，那天英军的炮击攻势"非常猛"，英军海军"准备登上一艘载有32门大炮的快速帆船进入攻击范围"。为减轻船身的重量，到达上游，水手们移除了大炮，转移到跟随其后的小炮艇上。然而，幸运女神还是站在了美军这边，风向和潮汐帮美军抵挡住进击的英军舰艇。

在美军死守米夫林堡期间，他们收到萨拉托加取胜的捷报。1777年夏天，英军大胆采取了行动。英军的战略家相信，南方殖民地大多对王室忠心耿耿，而北方殖民地则是革命阵营。他们决定派约翰·伯戈因将军前去镇压，这位参加过七年战争的老将当时在蒙特利尔做起了专业剧作家。伯戈因率领他的 7000 名士兵挥师南下，前去攻占纽约北面的泰孔德罗加堡，最终在奥尔巴尼附近同另两支英军队伍会师，就这样切断了美国北方殖民地与南方同胞直接的纽带。

伯戈因轻而易举就占领了泰孔德罗加，却发现接下来的进程非常艰难。堡垒附近布满了沼泽地和森林，美军会抓住一切机会阻碍红衫军的脚步。爱国者毁了桥，砍倒大树置于路面，尽量阻止伯戈因的军队向前进。与此同时，美军开始紧锣密鼓的招募新兵活动，号召数千名民兵加入位于纽约萨拉托加附近的霍拉肖·盖茨少将麾下。盖茨是一位退伍英国士兵，还与康沃利斯家族很熟。实际上，查尔斯·康沃利斯的叔叔爱德华，就是盖茨的启蒙老师。盖茨在法国 – 印第安人战争期间在华盛顿军中服役。由于对英国军队失望，又没有足够多的钱追求自己的事业，他卖掉了自己的少校军衔，在弗吉尼亚买下一座农场。在美国独立战争爆发之后，他就志愿加入爱国者军队了。

当伯戈因于 9 月赶到萨拉托加时，盖茨集齐了超过 7000 人的军队。这位英国将军出击后，由于对战场具有统治力，赢下了一场战略性胜利，可是损失也很惨重。心力交瘁的伯戈因选择驻扎在此等候与豪会师——永远也没能等到。1777 年 10 月，在比米斯高地战役中，美军俘虏了部分英军驻军。在捷报的鼓舞之下，有更多民兵涌入盖茨的军营，有的地方兵力扩充到近 2 万人，几乎和英国军队兵力持平。伯戈因尝试杀回北方，可英军大势已去，情况不容乐观。"约翰尼绅士"——伯戈因的绰号——撤离到斯凯勒维尔，即第一次萨拉托加战役的发生地。他在一座酒窖里召集下属军官举行了军事会议。随夫出征的冯·里德泽尔男爵夫人，其丈夫是伯戈因的重要作战指挥之一，她回忆起伯戈因整晚唱歌酗酒，"和他手下粮秣兵的妻子"即他的情人"寻欢作乐"。在伯戈因贪图享乐之时，潮湿的酒窖里依然回荡着地面传来的枪炮声。一位英军军官因手臂被一枚炮弹炸飞了，发出的哀嚎"在酒窖里回响……更加阴森"。

经过几轮交涉，伯戈因及其属下同意停战。为了保留英军的面子，停战文件名为"萨拉托加公约"，而非投降或协定。基于该公约，伯戈因及其部队士兵要放下武器，且不再参与独立战争。作为回报，美军同意允许他们返回英格兰。

10月17日，美军演奏起《扬基歌》，伯戈因正式投降。许多国王的战士还是决定顽抗到最后，把自己的滑膛枪托摔成两半，以此表达最后的抵抗之意。不过，独断的英国佬没有回家。大陆会议违背了投降条款。伯戈因部队还剩6000多人，没有回到英格兰，而是继续向南走，被囚禁了起来[1]。

萨拉托加战役改变了一切。对于美军来说，这场大捷给了他们最后终将战胜英军的希望。更为重要的是，它还坚定了法国相信革命军有望成功的信心。法国化的本杰明·富兰克林戴上了皮帽（住的公馆里也有一个贮藏有上千瓶法国红酒的酒窖），他一直在同法国官员见面。最终，富兰克林说服法国人支持美军阵营。就在萨拉托加取得决定性胜利的几个月后，法国同美国联邦签署了两份协定：一份规定了美国向法国货物提供最惠国待遇，另一份则详细说明了两国军事联盟的条款。两国均同意，未经另一方许可，不与英国谈和。法国还同意不占领任何英国位于北美或百慕大的领土，但他们可能选择攻打的墨西哥湾里或其附近岛屿除外。最初，这份协议是出于自卫，且允许法国自主选择参战。可是，就是协定签署的几天之后，英国就对法国宣战了。

结盟向美国提供了三件争取胜利所急需之物——贷款、军队和海上支

1　豪密谋将黑森雇佣兵送往英国，而把自己的英军部队留在美国。讽刺的是，由于美军疏于管理，伯戈因部队向南行军被囚时成功越狱，重新回到英国军队里。

援。从英军角度看，法国加盟将美国独立战争从镇压殖民地起义转变为一场国际战争。英国不仅需要戒备那 13 个殖民地，还要守卫加拿大、西印度群岛，乃至大不列颠本土不受法军侵犯。几乎在联盟结成的同时，英军离开北美战场，前去法军可能攻击的大不列颠帝国其他领土，组织防御。

华盛顿接到协定签署的消息时喜出望外。虽然他尽量克制，他的朋友拉斐德立刻拥抱了他，按法式礼仪亲吻了他的脸颊。华盛顿向大陆会议写信道："此时此刻，我真是由衷地感到无比快乐。"军队则为祝贺协定签署专门庆祝了一天。

11 月 15 日，英军最终还是势不可挡地征服了面前的天然及人工屏障，把他们的舰艇开到可攻击米夫林堡的火力范围。一位爱国者士兵回忆道："大约今早 8 点钟，敌军发起了猛烈攻势，水陆两方都有——船开进主河道，尽量靠近离米夫林堡。"激烈的炮轰随之袭来。马里兰军和其他驻守该岛的大陆军英勇反击，对方的火力远远超出他们的射程。"马德岛被英军炮艇轰成碎片，"一名黑森军官说，"大炮火力强劲，他们架好的所有炮台，最大口径的加农炮都开了火，该岛不但被轰塌，还被掩埋在碎石之中。"他后来又补充道，"血、脑浆、胳膊、腿……到处都是。"军官中有几名死亡，几名受伤，而坚韧不拔的德弗勒里则被一棵倒下的树砸晕了。

到了上午 10 点左右，美军决定发出需要支援的信号。一名炮兵中士降下堡垒的国旗，本想升起信号旗。可是英军一见堡垒的旗帜降下，英军加农炮停止发射，英军部队开始欢呼，都相信美军准备投降了。然而，爱国者军官还没准备要当俘虏。军官异口同声地大喊："快升旗！"中士立即照做，又把旗帜升到用作旗杆的桅杆顶端。双方继续开火，那名中士刚走，"就被一颗加农炮弹炸成了两半"。直到这时，正如马丁所写："堡垒呈现出凄凉之景，堡垒的整片区域就像被开垦过的田野一般。不管是什么形式的建筑物，都成了残垣破壁……一片破败之景。"

面对战士牺牲、堡垒崩溃的无情，爱国者们决定撤离。11 月 16 日清晨，在夜幕的掩护下，他们划船离开了马德岛。在他们出发之际，还注意了两点：其一，作为最后的挑衅，他们没有降旗，"我们离开该岛时让旗帜继续飘扬。"马丁回忆时说道。其二，一位革命战士——德国雇佣兵的逃兵，本来是支援英军的——留下了。明希豪森相信他"是为逃回我军阵线内才隐蔽了自己"。然而马丁把该名士兵的停留归因为"喝了太多'好东西'（酒）"。马丁还说："英军把他带到费城，在他们毫不知情的情况下，再次加入他们的军队，获得了一些奖金，还穿上了英军制服。"不过，这位二度"逃兵"并未留在英军阵营。一旦红衫军给他提供了衣服和一点钱，他又逃了，这次他直奔位于瓦利福奇的爱国者阵营。

英军占领堡垒之后，等待他们的是一片狼藉。一位红衫军军官报告称："奥斯本上校占领该岛的次日早晨，发现营地整个被烧焦，血迹斑斑。"爱国者在出发前放了把火，烧掉了他们的堡垒，只剩指挥站还挺立着——比废墟好不到哪里去。"指挥站楼身布满弹孔——不下 1000 个——地面被炸烂，脏乱得像个猪圈。"

英军"降下了革命军旗，升起一面英国国旗"。他们接着，迅速开始修复他们为期六周的围攻造成的损伤。英军清理时，天空下起一阵"稀稀落落的小雪"，有了一点寒冬的味道。

第二十章

瓦利福奇和威尔明顿

　　那个冬天，数千名战士再次经受同样的考验，约瑟夫·普拉姆·马丁把脚放到脚下冻硬了的车辙印里时，不禁畏缩了一下。他穿着用硬牛皮制作的简易皮靴走过 1 英里又 1 英里，牛皮逐渐磨破了脚踝处的皮肤，每走一步都是一种折磨。马丁几天前亲手制作这双简陋皮鞋，他自己原有的那双则在朝宾夕法尼亚的瓦利福奇长途跋涉期间穿坏了。每天早晨穿这双简易皮靴时，他的脚和脚踝都因前一天的行走而疼得站不起来。然而他还是站起来了，并且忍受了每走一步都会引发的钻心疼痛——因为其他选择糟糕得多。"我唯一的选择，"马丁写道，"就是忍受这种不便，要么就得像我们几百名伙伴一样打赤脚，就会有血滴在冻硬了的地面上留下印迹。"

　　这双简易皮靴保护马丁的脚不接触冰冷的路面，可好景不长，它还是被磨穿了。由于马丁没有多余补给品制作新皮靴，也像其他大陆军战士一样，按他的话说是"又挨饿又挨冻"。马丁说："我们绝大多数人不仅是破衣烂衫，打赤脚，其他代用衣物也非常缺乏，尤其是毯子。"不过，就像军队的其他人一样，马丁还在行军，即便他们在身后的雪地里留下一串串血脚印。

目标瓦利福奇的折磨之旅也给长期迂回作战的日子画下了句号。自1777年11月15日马德岛失守之后，两军元气大伤。在此期间，发生了几次小规模战斗，其中包括艾吉希尔保卫战（又被称为"怀特马什战役"），马里兰民兵在此战赢得了乔治·华盛顿的称赞，而英军指挥官威廉·豪则好像情愿休兵越冬，而非继续出击。

不幸的是，当华盛顿军到达其设立于瓦利福奇的越冬营地时，行军期间苦恼人们的难题变得更加严峻。沁入骨髓的寒冷，加之补给短缺，出现无数忍受冻伤、饥饿和疾病的病人。斑疹伤寒、肺炎、痢疾和坏血病在美军军营里蔓延，一度有高达30%的军人蒙受某种疾病的困扰。外科医生忙不迭地截除因受冻而发乌的肢体。食物更是匮乏到难以置信的程度，通常只有"烤饼"——放在烧热的石头上烤的面糊可吃。一名随军医生如是总结道：

食物匮乏、住宿条件艰苦、天气寒冷、疲劳、脏衣服、脏厨房、我的一半时间都在吐、精神失常。有恶魔在这里，我难以忍受……他们端来一碗牛肉汤——里面全是烧焦的叶子、灰尘以及致病物，足以让赫克托吐出来……有位战士，从他已经磨坏了的鞋可以看到他的赤脚，他的腿也几乎光着，仅剩一双长袜覆在腿上，也早被撕破；他的裤子几乎不足以蔽体；他的上衣也破成碎布条；他头发凌乱，面黄肌瘦；整个就是被遗弃的丧门星。

华盛顿看到自己的部队忍受着如此揪心、悲惨的条件，心里也不好受，他倾注一切力量为士兵们提供补给。他督促大陆会议指名纳萨尼尔·葛林担任兵站总监，发送了无数封请求食物和衣物的信件。他在其中一封信上预测道："坏天气再持续三四天，就会击垮我们的军队。"他还说明了士兵们没有肥皂，没有鞋穿，衣不蔽体的状态。许多人甚至无法入睡，因为他们没有毯子盖，晚上被迫依偎在火堆旁。将军还向那些愿意承受如此艰苦条件的士兵们，表达了崇高的敬意。"他们赤脚、挨饿，"华盛顿写道，"我们不禁对战士们无以伦比的耐心和忠诚表示敬佩。"

马里兰军的约翰·布迪，不像大多数马里兰州的士兵，他只在瓦利福奇做了短暂停留，回忆道："我军因衣物和食物大量短缺，处境十分艰难——由于难以获得食物，他们不得不用武力搜刮。"他还说他不时也承担粮秣兵的任务，"为了完成任务，需要行军四五十英里，有时甚至要到更远的地方才能购置齐全所需食物。"

在可怕的冬天结束时，近 2000 名美军士兵陨命。

许多马里兰军士兵逃过了瓦利福奇的悲惨命运，华盛顿派约翰·伊格·霍华德和马里兰军大部队前往特拉华州威尔明顿。城镇的冬天比山谷里的好过一点。威廉·斯莫尔伍德和莫迪凯·吉斯特暂留于福克宅邸，当时住在这座宅邸里的是 16 岁的萨莉·威斯特。她在日记中吐露她对吉斯特的外貌一见倾心，当时吉斯特 29 岁。她说吉斯特是"一个精明的鳏夫"，还说"他相貌俊秀，很有魅力"。她在写给朋友的信中提及吉斯特的眼睛"非常特别，目光严厉，他一转动眼珠，我就忍不住看他的眼睛"，她总结道，"他具备一位勇敢的军官身上应有的特质"。不过，吉斯特则似乎对福斯蒂娜姆小姐更感兴趣，他在写给朋友的信上说，他希望和福斯蒂娜姆小姐在当地酒馆里跳一分钟的舞，不过"我对自己的外形非常失望"。尽管情场失意，吉斯特在写给另一个朋友的信中提到："我刚和其他战场上的兄弟们分享了一个好消息，现在也很高兴地通知你，我健康状况良好……我的精神状态既不低沉也不振奋……我每一天都过得平稳，每一缕阳光都让我感觉到，相比那专横的暴君高坐在宝座上却奴役着他的臣民，我们抵御强权、保卫家园时更加快乐。"

吉斯特不同意华盛顿选择瓦利福奇作为越冬营地的选择，他在信上写道，这样英军就会随意攻击和侵扰大陆军，并且要把自己的士兵安置于潮湿的小屋和疾病丛生的环境中。最终，吉斯特不必和大部分同僚一样忍受痛苦的冬天，而是回到巴尔的摩，为马里兰团招募新兵。他很快便在巴尔的摩迎娶了玛丽·斯特雷特，马里兰战线威廉·斯特雷特中尉的姐姐，威廉是吉斯特的挚友之一。显然，吉斯特坠入爱河，即使就在几个月前他还警告过杰克·斯图尔德："只要战士有足够坚强的意志，记得自己的家乡，爱神维纳斯的醉人欢愉在战神玛尔斯面前就会显得微不足道。"

在威尔明顿越冬实为单调乏味，也带给他们特有的挑战。战士们大部分时间都在等待，无事可做。他们开始失去耐心，军队内部经常有人发生冲突。虽然大部分人都很冷静，可约翰·伊格·霍华德涉足的某次纷争，最终闹上了军事法庭。他被指控"第一，以其佩剑伤害达菲中尉；第二，在军营唆使暴乱；第三，在按照其要求集合的部下面前，企图用一把装上刺刀且上膛的燧发枪威胁上尉生命，严重破坏军纪及应有秩序"。法庭就第一项和第三项指控宣判霍华德无罪；可是对于第二项指控，法庭裁定"尽管促使霍华德少校作出该行为的动机情有可原，但其结果更像升级暴乱，而非镇压暴乱"。霍华德接受了惩戒，达菲也因唆使暴乱罪，同样接受了惩戒。经过该事件之后，霍华德恢复了固有的冷静，而达菲仍旧问题不断。几年后，军队开除了他，因其"出现不配担任军官的可耻而卑劣举动……酗酒，在街上闹事，辱骂一名法国士兵，举止具有煽动性，妨碍治安"。

漫长的冬季里，坚韧的玛格丽特·简·拉姆齐给马里兰军团的军官带来一丝安慰。她的丈夫——纳撒尼尔——最近荣升上校军衔，这对夫妇在瓦利福奇同几名马里兰军官一起共用一座小木棚（尽管马里兰军的大部队是在威尔明顿越冬）。拉姆齐夫人扮演着女主人的角色，会用咖啡等茶点款待大家。她的弟弟记录道："营地里的马里兰军官度过了许多惬意时光，有时其他军团的军官也会参与。"在战斗中结下的友谊之纽带，在同甘共苦的这些时光里变得更牢固了。

就在许多军官似乎会高兴地迎来冬天结束之际，马里兰军仍在分享苦难。贝蒂写道，他们"这段日子过得很好，可任务依然非常艰巨，战士们还是没有衣服穿"，直到一艘英军舰艇在附近海域失事，战士们截获了"一大批宝贵的衣物"。

爆发了几次小争吵之后，斯莫尔伍德变得"很不受欢迎，因为他总是高高在上，行动过于缓慢"。斯莫尔伍德宣称军官只能在下午3点到6点期间找他谈话，因此他在军官阶层里没有朋友。"也许敌军在上午袭击他，他也还在养尊处优。"他的一位属下评论道。

马里兰军也遭受疾病的恶劣影响，人数陡然直降。马里兰军自1778年6月后才与华盛顿重逢，期间马里兰第4团的455人里只有269人可以执勤。在这些艰难的日子里，逃兵成了困扰马里兰军的大问题。在冬季，威廉·查普林是布鲁克林会战少数几位幸存者，同十几名战友一起逃到英军阵营去了。一份英国报纸报道了此次事件："查普林和其他十六名士兵从威尔明顿逃跑，来到费城加入豪将军的队伍，他们在那里发誓效忠，得到英军军官的特别优待，并且，根据他们自己要求，他们将离开美洲。"查普林及其战友出发去了英格兰，此后杳无音信。

对瓦利福奇的驻军来说，漫漫冬季大多是在弗里德里希·冯·施托伊本男爵的指导下接受无休止的训练。这位普鲁士贵族兼军官是在本杰明·富兰克林的推荐下进入到华盛顿阵营的，富兰克林在法国遇到冯·施托伊本，误以为他是"在普鲁士皇家陆军担任中将"。实际上，他于1763年被普鲁士陆军解除上尉职务，而在富兰克林遇到他时，他为约瑟夫·弗里德里希·威廉——德国南部霍亨索伦－黑兴根的王子——担任典礼官。男爵自愿无偿为美军工作，他仔细检查了美军的军训课程，组建了一支由120名战士组成的模范连，以便让这些战士训练其他人。男爵强行明确划定军营布局，制定新的公共卫生标准，以帮助提高战士们的健康状态。相传，由于冯·施托伊本不大会说英语，他依靠一位翻译来训斥战士们，每当他的法式和德式刺激未能达到预期效果时，经常大喊："过来！替我骂他！"这位有趣的普鲁士人很爱狗，养了一只名为阿佐尔的意大利灵提，不论主人去哪儿，它就跟到哪儿。施托伊本在《革命战争军训手册》中总结了他的训练心得，整个1812年战争期间，美军都在使用这本手册。

华盛顿派冯·施托伊本的一位助手——弗朗索瓦–路易·泰塞德尔·德弗勒里，在米夫林堡保卫战中同马里兰军一起坚守到底——前去威尔明顿担当类似角色。军训的强度和寒冷的天气给战士们带来负面影响，不论是身体上还是精神上都是不小的负担，但通过男爵的训练，马里兰军和美军有了发展，成为一支有力的作战部队。

1. 英国军队占领了位于宾夕法尼亚州日耳曼敦镇的丘家宅邸（Chew House），并把它变成了一座堡垒。这座页岩结构的建筑至今仍然屹立着，墙面上布满了步枪和炮弹的痕迹。（图片来源：美国国会图书馆）

2. 约翰·伊格·霍华德，马里兰州最杰出的军官之一，他谦卑、有魅力，以惊人的记忆力和高贵的举止而闻名。他后来与佩吉·丘结婚，他以前的家（图1）在日耳曼敦镇的战役中占据重要位置。（图片来源：美国国家公园管理局）

3. 具有讽刺意味的是，美国许多风景圣地，包括宾夕法尼亚白兰地谷附近的田园地区，曾经都是战场，许多美国人在此奉献了自己的生命。（图片来源：作者拍摄）

4. 纪念佩奥利大屠杀牺牲者的纪念碑。这里是由英国轻装步兵部队攻陷，"疯狂的安东尼"——韦恩将军麾下士兵所占领的营地。莫迪凯·吉斯特和威廉·斯莫尔伍德率领马里兰增援部队赶到该地，参与混战。（图片来源：作者拍摄）

5. 战争的转折点：特伦顿战役。这是一次决定性的军事胜利，数百名黑森士兵被俘，振奋了马里兰军的士气。（图片来源：美国国会图书馆）

6. 美国独立战争中被遗忘的第二次特伦顿战役，它是发生在阿孙平克溪的一场史诗般的战争，在那里，马里兰军和华盛顿的军队击退了英军的多次进攻。（图片来源：美国国会图书馆）

7. 在第二次特伦顿战役中，华盛顿并没有孤注一掷地撤退，而是勇敢地防守，并攻击了在普林斯顿的英国军队，这是美国的另一场胜利。（图片来源：美国国会图书馆）

8. 英国陆军上将威廉·豪，负责英国陆军在革命初期的战斗。他因赌博和嫖娼而名声在外，经常带着他已婚的忠诚的情妇（被戏称为"苏丹娜"）参加公开活动。虽然他是国会议员，与国王有远亲关系，但他对爱国者怀有同情之心，并希望通过外交途径解决这个矛盾。（图片来源：美国国会图书馆）

9. 在纽约和新泽西的战斗之后，马里兰军遭受了巨大的损失：他们被杀、被俘，或者受伤。激烈的战斗让人疲惫不堪，之后马里兰军参与了特拉华河的横渡行动。（图片来源：美国国会图书馆）

10.1774 年的莫迪凯·吉斯特，他是一个革命的早期鼓动者，巴尔的摩独立学院的指挥官，是一个"荣誉颇丰、家族兴旺、家境富裕"。在这支独立的马里兰连队中，有许多他的好朋友。（图片来源：本森·罗辛《革命画册》）

11. 美国历史上最著名的小范围战役，发生在布鲁克林旧石楼前，马里兰军的经典塔防战。他们以刺刀冲锋的持续攻击，为美国军队争取了宝贵时间，让部分士兵得以逃脱。超过 250 名马里兰士兵，被英国人杀害或俘虏。（图片来源：奥洛韦·卡斯佩尔）

12. 乔治·华盛顿将军与马里兰军有着独特的关系。布鲁克林战役中，马里兰军发起了数次刺刀攻击，阻挡英国人，让美国军队得以逃脱。之后华盛顿号召他们在重大战役中做出决定性的贡献。马里兰军在北部和南部都进行了战斗，并多次扭转了战争的局势。（图片来源：https://commons.wikimadia.org/wiki/George_Washington#/media/File:Portrait_of_George_Washington-transparent.png）

13. 查尔斯将军，康沃利斯伯爵。他可以说是美国独立战争期间英方最伟大的将军之一。他第一次与马里兰人正面交锋是在布鲁克林旧石楼。康沃利斯是一名无所畏惧的领导者和一个适应性强的战术家，在整个战争期间，曾与华盛顿的王牌军队多次交锋。（图片来源：https://common.wikimedia.org/wiki/File:First_Marquis_of_Cornwallis.jpg）

14. 一封来自莫迪凯·吉斯特的信。此书诸多的研究资料都未曾出版：抚恤金档案、信件和日记。在这些未出版的资料中，参与者的讲述很大程度上呈现了不为人知的陆军部队。（图片来源：迈尔斯收藏，纽约公共图书馆）

15. 位于纽约布鲁克林庄严的美国退伍军人协会，从 1636 年起就悬挂了一块纪念万人坑的牌子。也许在附近，在某个车库或街道下面，躺着没被人发现的马里兰士兵的遗体。他们的遗体本应该被埋在神圣之地。而其他许多被俘的马里兰士兵，极有可能死在了纽约港的监狱船上。（图片来源：作者拍摄）

16. 1776 年 8 月，马里兰军向布鲁克林旧石楼进行先发制人的反击时，康沃利斯被困在了此地。旧石楼重建于 19 世纪末，使用了原房子的石料。（图片来源：作者拍摄）

THE TAKEING OF MISS MUD ILAND.

17. 美国独立战争中持续时间最长的围攻之一——轰炸马德岛。爱国者要塞封锁了通往英国占领的费城的海军通道。马里兰州的塞缪尔·史密斯指挥此地的驻军组成一支突击队，摧毁了英国的大炮，并毁灭了几艘英国战舰。（图片来源：美国国会图书馆）

18. 伟大的指挥官塞缪尔·史密斯，他是一个有魅力的领导人。他与约翰·伊格·霍华德以及其他一些马里兰人的军官私交甚好。在美国独立战争期间，这些领导阶层结成了深厚的友谊，这支18世纪的兄弟团队形成了牢不可破的纽带，他们带领华盛顿的大陆军度过了战争中最黑暗的日子。史密斯在马德岛保卫米夫林堡时，身负重伤。后来他在1812年的战争中担任保卫巴尔的摩的指挥官，并且取得了胜利。（图片来源：美国国家公园管理局）

19. 蒙茅斯战役，美国独立战争期间持续时间最长的战役。华盛顿再次号召华盛顿王牌军刺探英国军队的前进情况。马里兰人纳撒尼尔·拉姆齐和他的军团阻止了英国人的进攻，让华盛顿有充分的时间来修整他的部队，拉姆齐最终被包围后，被俘虏。有传言说，一个英国军官看见拉姆齐的共济会戒指后，饶恕了他的性命。他的妻子珍妮，随军者，同时也是军团社会活动的中心人物，和拉姆齐一起被俘虏。（图片来源：维基百科——伊曼纽尔·戈特利布·勒泽，加州大学伯克利分校的罗杰·W.海恩斯阅读室）

20. 俯瞰哈得孙河边斯托尼波因特的风光。在美国独立革命时期，英国人在这片土地上修筑了大量防御工事，多为多重环形防御工事。（图片来源：作者拍摄）

21. 运用深度防御，这在当时还是非常新颖的概念。摩根率领包括马里兰人在内的军队，在考彭斯战役中战胜了英军。在那次战役中，威廉·华盛顿与马里兰人在南部并肩作战，与巴纳斯特·塔尔顿决斗。华盛顿的剑断成两截，幸好有一位勇敢的非裔美国人挺身而出，他才死里逃生。塔尔顿和他手下的将近200人得以逃脱。（图片来源：威廉·雷蒙尼 https://en.wikipedia.org/wiki/Battle_of_Cowpens）

22. 巴纳斯特·塔尔顿，一个奴隶贩子之子，英国骑兵军官，以冷酷无情而闻名，获得了"血腥塔尔顿"和"屠夫"的绰号。作为康沃利斯在南部征战的左膀右臂，他在整个革命战争中追击马里兰军，并与之数次交战。他在吉尔福德县府战役中失去了两根手指，战争结束之后，他开启政治生涯。（图片来源：美国国会图书馆）

23. 考彭斯的地形在战役中起到了重要的防御作用。格林河路把这片土地一分为二，两侧是峡谷和小溪。摩根将军利用这一地形优势，给了英国人一个毁灭性的打击。（图片来源：作者拍摄）

24. 乔治·华盛顿的远房表亲：威廉·华盛顿，大陆军轻骑兵军官。通过多次战役具有一定的声誉，尤其是考彭斯战役。作为一个勇猛的指挥官，威廉·华盛顿在整个南部战役中与马里兰人并肩作战。他在尤托斯普林斯战役中受伤并被俘虏。（图片来源：美国国家公园管理局）

25. 华盛顿最能干的将军纳萨尼尔·葛林，领导包括马里兰在内的南方军队。他如此描述自己在南部的战略："我们战斗，被击败，站起来再次战斗。"他的战略最终使他们完成了任务，大范围地扫除了卡罗来纳州的英国军队。（图片来源：美国国家公园管理局）

26. 1780 年至 1781 年期间，包括吉尔福德县府战役，以精英兵团为核心的军队和坚定的马里兰士兵让美国军队团结一心。康沃利斯赢得了战争，却损失了超过 1/4 的兵力。这场战役对战争产生了巨大的影响，迫使康沃利斯向北推进到弗吉尼亚州。（图片来源：美国陆军国民警卫队）

27. 被忽略的九十六堡战役，堡垒下方有一条当时挖掘的坑坑洼洼的隧道，这是一场毫无希望的战斗。在这场毫无希望的激战中，突击队员佩里·本森和非裔美国士兵托马斯·卡尼建立了深厚的友谊。为了救本森，托马斯·卡尼在袭击中身负重伤。战争结束后，两人保持了长久的友谊。（图片来源：作者拍摄）

28. 近六年的战争过后，许多马里兰人见证了康沃利斯的军队的投降。他们兜了一大圈，又回来了原地。在他们的第一次战役中，在布鲁克林，马里兰被康沃利斯的枪炮"削成原子"。康沃利斯在约克镇的最终失利之前，曾在战场上多次与他的死敌正面交锋。（图片来源：美国国会大厦）

29. 战争结束时，华盛顿将军在安纳波利斯的马里兰国会大厦前辞去他的职务。许多马里兰军官到场听他的演说："现在我完成了赋予我的任务，我从伟大的战争行动中退休了……我辞去我所有的公职。"国王乔治三世听说了华盛顿打算辞职，而并非想成为一个独裁者的计划之后宣称："如果他确实这样做了，他将是世界上最伟大的人。"（图片来源：美国国会大厦）

30. 美国独立战争中发生于纽约斯托尼角最精彩的一场突袭战。马里兰人当中的许多人隶属于轻步兵，他们作为特种作战部队的先驱发动了一次惊人的突袭，并俘获了数百名英国士兵。美国发动攻击时，觉得"希望渺茫"（按照今日的说法就是，它就是一个自杀小分队）。这些人手持斧头，砍破锋利的的圆木屏障。其中一支队伍由马里兰人杰克·斯图尔德领导，他的努力得到了国会的嘉奖。（图片来源：美国国会图书馆）

31. 华盛顿美国军队总司令职务的竞争者——霍拉肖·盖茨。他曾参与过法国－印第安人战争，十分熟悉乔治·华盛顿和康沃利斯家族。他率领士兵在纽约萨拉托加取得了一场轰轰烈烈的胜利，但他在南卡罗来纳州卡姆登时，做了一个糟糕的决定，给美国人造成了巨大的损失。在这次溃败后，他从未恢复过自己的军事名誉。（图片来源：美国国家公园管理局）

32. 刻苦耐劳的拓荒者——丹尼尔·摩根，在法国－印第安人战争期间，他管理一支独立的大车队，获得了"老车夫"的绰号。因为对英国人的强烈仇恨，在战争初期，他组建了一支弗吉尼亚州的步枪兵连队，在萨拉托加战役中起到了举足轻重的作用。作为一名军事战术家，他的才华很快被军队赏识，并担任"飞行军"的指挥官。在南卡罗来纳州的考彭斯战役中，他采取了多种防御措施，效果极佳，击败了塔尔顿和他的军队。（图片来源：美国国家公园管理局）

33. 马里兰本地人奥索·霍兰·威廉斯，伟大的军事指挥官之一，1775 年加入大陆军。不同寻常的是，他在被囚禁的时候被晋升，然后在一次囚犯交换中被释放。威廉斯在南部的许多战役中，继续领导马里兰军。值得注意的是，在葛林经典塔防战中，他出色地指挥了后卫和掩护行动，但是这一切已基本被人遗忘，遗落在奔流的丹河中。（图片来源：美国国家公园管理局）

1778 年

第二十一章

"该死的胆小鬼"

延绵近 12 英里，似乎永无尽头的马车队曲折地穿过炎热、积尘的新泽西马路。替下威廉·豪将军担任英军总指挥的亨利·克林顿将军下令撤出费城。他将部队转移到纽约城，而在法国同意参战，支持美军一方之后，此处非常容易遭受法军的海上攻击。克林顿没有足够兵力能够固守两座城市。1778 年 6 月 18 日，有 1 万多名英军和黑森雇佣兵部队开始行军向北，目的地纽约，同行的还有数不清的随军人员和效忠派。庞大的队伍本就极难移动，加之头顶骄阳似火，路上灰尘漫天，这支队伍根本走不远。如果天气好，这条鲜红色的长龙只能爬行五六英里。

远在瓦利福奇的乔治·华盛顿将军则面临一个选择题：是允许英军逃至纽约，还是攻打正在转移的部队，获得一次大捷的机会。英军大部队步调迟缓似乎很好拿下；华盛顿也急于证明爱国者在 1777 年秋天获得萨拉托加大捷不是偶然。

华盛顿一向注重实际，他权衡了胜利带来的潜在收益高于风险：他选择在敌军抵达纽约之前发起进攻。殖民地军队的作战指挥由查尔斯·李担任，他重归部队已经有一个多月了。1776年12月，威廉·哈考特中校和巴纳斯特·塔尔顿中尉率领的英军骑兵，曾在新泽西的巴斯金里奇活捉李将军。后来在交换俘虏时，英军放了李，可是在那之前，多嘴的李将军大肆吹嘘，轻易透露了他自认可轻取华盛顿的最佳策略。他此时在新泽西的蒙茅斯郡府附近，又见到曾经活捉自己的宿敌，这一战成为独立战争中耗时最长的战役。

　　1778年6月28日，李派5400人攻击克林顿的后卫部队，战场靠近今新泽西的弗里霍尔德。然而，在听到李突袭的消息时，克林顿却快速往回骑行了2英里，命手下6000精兵"调头，全速往回进军，迎击革命军"。

　　战斗在晌午左右打响，战场则是长3英里、宽1英里的一块平地，四周被沼泽和多石小山包围。此处满是欣欣向荣的农田，一条条小溪和山涧横贯其间，景象非常壮观。李计划包围克林顿军，但敌军之强大令他大吃一惊。烈日当头，温度攀升至37摄氏度以上，爱国者军开始仓皇撤退。

　　就在这时，华盛顿还在领导大陆军——马里兰军也在其列——朝战场进发，正好遇到李的部队逃离战场的一幕。一名陷入恐慌的年轻横笛手率先传来"我军撤退"的消息。很快，大批逃兵现身，他们大多受了伤，不堪暑热。愤怒的华盛顿每遇见一个军官就要质问一遍为什么李下令撤退。最后，华盛顿遇到了李本人，这次会面后来也成为一次传奇。

　　根据一些文档记载，华盛顿轻瞄了李一眼便问："阁下，我非常想知道，为何会出现如此混乱无序的场面。"李对此并未作答。另有目击者坚称华盛顿的用词华丽得多。拉斐德报告上写道华盛顿把较他年轻的李将军称为"该死的胆小鬼"，还有人形容当时华盛顿的言辞"充满轻蔑的粗言秽语，极具威慑力"。查尔斯·斯科特将军——后来的肯塔基州州长——说那是他唯一一次听到华盛顿骂脏话。"当时是在蒙茅斯，那天的情况让许多人都骂声连连"斯科特说，"是的，阁下，他那天骂了脏话，震得树叶在树枝上瑟瑟发抖，又不失优雅，振奋人心！我从未，或者说再也没有听过如此令人赏心悦目的愤恨之辞。阁下，在那难忘之日，他就像从天而降的天使一样道破人心。"

不论华盛顿具体选择了什么措辞，他解除了李的职务，直接指挥战斗。目击者记得他跨上他的白色战马，喝止逃兵，激励他们转身回去直面敌军。拉斐德后来写道："华盛顿将军在这场战役中的表现是史无前例的英勇。因为他的出现，没有人再撤退；因为他的战略，我军赢得了胜利。他在马背上威严的雄姿，他的冷静及非凡的勇气，由于上午那场不幸的意外状况而带有轻微的怒气，激发了战士们狂热的斗志。"

华盛顿再一次召集马里兰军：

"如果你们可以阻止英军十分钟，待我重整进攻阵列，你们就能拯救整支军队！"华盛顿坚决地对纳撒尼尔·拉姆齐中校——马里兰第3团的副指挥官——如是说。

"坚决阻止敌军，直到牺牲。"拉姆齐有些结巴地答道，他是巴尔的摩独立士官连的元老之一。

华盛顿把拖延英军的任务交给马里兰第3团和宾夕法尼亚团，同时召集美军其他部队。马里兰军平时受莫迪凯·吉斯特的指挥，这时在拉姆齐的率领下出发了，奔赴蒙茅斯战场。拉姆齐匆忙中命令手下躲进路边的树丛里，等待敌军到来，当时敌军距离他们已不到200码距离。就在英军部队走近时，大陆军开火了。红衫军立即向树丛发起冲击，杀死了数十名爱国者。那一天，吉斯特的副指挥官及其作战分队成员都选择牺牲自己，只为大部队到达阵地，营救李的逃兵赢得宝贵时间。有趣的是，这也是马里兰军同詹姆斯·查默斯组建的马里兰效忠派军团的交锋。在马里兰爱国者军队浴血奋战之地的几英里处，托利党军团正为英军的辎重车放哨。这是两军最后一次相距这么近。在马里兰效忠派军团完成更多守卫式任务之后，英军派他们去了英属西佛罗里达，1781年1月，效忠派军团在那里展开了毁灭式的机动战，对抗西班牙部队。在英国皇家军队被西班牙军队打败之后，马里兰效忠派军团的幸存者回到了纽约。战争结束时，查默斯的效忠派军队残部大多迁出美国，来到大不列颠帝国属地（如新斯科舍省）安家落户。

　　得益于交换俘虏的结果，奥索·霍兰·威廉斯最近才离开英军位于纽约的俘虏营。他在被囚期间，军衔升至上校，马里兰第6团受他指挥。第6团在1777年才创建的新军团之一，"纪律松懈是出了名的，和同一战线的其他军团不可同日而语"。威廉斯可是个天生的领袖、军事家和组织者，在他的管教下，第6团逐渐成了气候，"即便不是全军最优秀的，也和其他军团一样，恪守纪律"。在这场战役中，威廉斯回忆道："马里兰军的纳撒尼尔·拉姆齐中校掩护他们军队撤退，为他挡下一匹横冲而来的马。"拉姆齐挥舞佩剑，杀死第一个现身的红衫军，但英军很快就包围了他。敌军开枪射击，一枚手枪子弹划破了他的右颊，几名军官战死。交战中，"我们伟大的好将军（华盛顿）亲自指挥作战，周围炮火连绵不断。"威廉斯补充道。

　　一个轻龙骑兵冲向拉姆齐，但是手枪哑火了，拉姆齐趁机出剑，把骑兵拉下了马，顺势跨了上去。然而，他的英勇没能救下他，他后来被其他轻龙骑兵牵制住，被英军俘虏。拉姆齐逃过一死的记录各不相同。有传闻说一位英军军官看到拉姆齐手上戴着共济会的戒指，便决定饶他一命；又有故事说拉姆齐在身上抹血装死，后来却被一名心存仁慈的红衫军军官识破，便决定俘虏他。不管过程如何，所有文档均显示，拉姆齐的俘虏生涯过得并不是那么艰苦。英军把他押至长岛，他的妻子——自开战以来就一直跟随着他——全程和他在一起。富有的夫妻俩在纽约买了一幢房子，时常款待其他"被俘"军官，"在条件允许下，尽量让自己过得快乐"。

马里兰军这次又牺牲自己，为大部队在战场边缘的高地上重振旗鼓争取到了时间。华盛顿把炮兵连置于两翼，特别在右翼加强兵力，安置了葛林的军队。斯特林勋爵（威廉·亚历山大）位于左翼，华盛顿本人则率军主攻中路。拉斐德指挥第二道防线，特拉华团也在其中。

英军击溃埋伏在树丛里的马里兰军等军队之后，红衫军又留意到美军战线的左翼。突破未果，英军和黑森雇佣兵便朝美军右翼，进而是中路发起攻击。查尔斯·康沃利斯伯爵指挥后卫部队，亲自率队攻打包括马里兰军在内的美军阵地。由轻步兵、警卫旅等著名军团组成的第二道战线则被誉为"后方及全军的精英"。英美两军的加农炮持续齐排对轰了几个小时。随着战役延长到1778年6月28日黄昏时分，人和马纷纷倒在暑热的魔爪下。华盛顿的那匹漂亮的白色战马因中暑，倒地而亡。战士和马一样，顶着骄阳，不停不歇地持续了几小时的高强度作战，疲惫不堪。可是，斯特林不断补充新鲜战斗力，加之华盛顿坐镇指挥，美军战线依然坚固。在瓦利福奇和威尔明顿度过的漫长冬天里，士兵们在施托伊本男爵的训导下操练了无数个分分秒秒。艰苦训练现在见到了成效，华盛顿军如此英勇和坚韧，一雪前耻。

在蒙茅斯顽强作战的不是只有美国士兵；传闻说女人也参战了。玛丽·路德维格·海斯———一位宾夕法尼亚大陆军士兵的妻子———开始为中暑的士兵们送水罐，因此获得了"水罐莫莉"的昵称。根据马里兰军二等兵约瑟夫·普拉姆·马丁的记录，玛丽还帮助她的丈夫———一名炮兵———装填炮弹。马丁写道："就在她快靠近弹药筒时，她尽量把两脚分开，敌军射来的加农炮弹恰好从她两腿之间穿过，只是把她的衬裙裙摆撕了去，没有造成其他任何伤害。她明显是毫不关心地看了一眼，庆幸那枚炮弹高度不高，不然就会有别的东西被撕下来了，而后继续干活。"这场战役后的一些文档中写道，海斯先生大概因中暑而坚持不下去的时候，水罐莫莉则继续完成装填加农炮的工作。

到了傍晚6点左右，战役结束，英军撤退。华盛顿意欲乘胜追击，召集接近崩溃的士兵主动追击。可是追击到底没有打成。由于天色已晚，夜幕降临，华盛顿不得已只能把进攻计划改到次日黎明实施。爱国者们那天晚上睡在野外，手边靠着步枪和滑膛枪。"我军所有人整晚都全副武装地睡着。"威廉·贝蒂回忆道。华盛顿自己则躺在一棵树下，以外套为毯。

当次日凌晨到来之际，美军精神焕发地起身，准备继续战斗。然而，英军却消失得无影无踪。"敌军借着月光，大概在29日凌晨1点撤离了，避开了美军可能在清晨对他们施加的袭击。"贝蒂写道，"他们留下一批受伤的军官和战士，以及他们抓走的部分俘虏在蒙茅斯郡府。"华盛顿不得不搁置计划，改日再战。

他们清点了在蒙茅斯的死伤总人数，两军汇报的损失人数相当。美军报告称8名军官和61名应征士兵死亡，相比之下，敌军则有4名军官和61名应征士兵死亡。英军还记录道："并有3名中士、56名普通士兵疲惫而死。"估计这些士兵是因极度高温中暑而死。此外，英军阵营还有136名英军、440名黑森雇佣兵在行军过程中逃走。

为追赶撤退的克林顿军，马里兰军等部队疾速出发，占领了怀特普莱恩斯和纽约布朗克斯周边地区。

在蒙茅斯战役结束后的一个多星期之后，一支法国舰队停泊在特拉华湾。这支舰队是由48岁的新晋海军上将让–巴蒂斯特·德斯坦伯爵指挥的。这位贵族的第一段军事生涯对于许多人来说太过根深蒂固，于是人们平时还是经常称呼他为"将军"。德斯坦的舰队包含12艘风帆战列舰、4艘快速帆船，船上承载了4000名法国正规军。如果他们早8天抵达，美军就能取得关键性胜利，克林顿也会落得和伯戈因一样的结局，陷入美军和法军的夹击。美国独立战争或许可以画上句号。

舰队接着便朝新泽西的桑迪胡克出发，华盛顿看到了可在纽约湾围攻英军舰队并将其摧毁的机会。然而，法国舰艇的船身太大，无法渡过纽约湾入口处的沙洲。纽约的围剿行动看来是无望实施了，德斯坦和华盛顿又制定出新的作战计划，以求歼灭英军置于罗德岛纽波特的6000驻军。沙利文和葛林将率1万多人发起陆路攻击，同时法军从海上发起攻势。这一次，天时站在英军一方。一场暴雨突如其来，豪上将率领的英军舰队粉碎了美军水陆双向的打击。结果，美法联军取消了全面行动，德斯坦退至波士顿湾进行整修。

美军最初迎来法国盟军的喜悦已经荡然无存。沙利文和其他军官怒发冲冠，纷纷指责德斯坦是叛徒。华盛顿则巧妙地担当起政治家的角色，谨防惹怒法国。不过，自两军联手以来，双方都觉得对对方感到心灰意冷。法军期待美军能有更多人并且有更好的装备。一位法军军官谈及华盛顿军时说道："我从没见过这更好笑的阵容。这个国家的所有裁缝和药剂师大概都被派到国外了……他们骑着病快快的小马，像一群鸭子过马路似的。"华盛顿做惯了中流砥柱，不爱执行法军军官为他制定的计划，他怀疑起法国人的动机来。他对该情况的洞察力让他一语中的地道出永恒的真相："人类的发展历程告诉了我们这样一个真理，那就是：没有哪个国家信得过，都只热衷于自己的利益。"约翰·亚当斯就简单总结过同法国结盟后的挫败感，他说法国外务大臣"把手放在我们的颌下不让我们被水淹死，却没把我们的头拽出水面"。

第二十二章

轻步兵

克拉德身着亚麻上衣，脚穿鹿皮靴，戴着数不清的鼻环和耳环，他是个印第安首领，此时正同周围现身的伏兵作殊死搏斗。由于中了约翰·格雷夫斯·西姆科设下的圈套，斯托克布里奇的莫西干族人和马里兰军并肩作战，举起战斧，对抗英军的尖刀。土著勇士身中数刀，莫西干族人同红衫军展开搏斗，把英军的轻龙骑兵拉下战马，用战斧劈砍。莫西干族人以步枪、战俘和弓弩为武器，背水一战，表现得非常英勇，但这次他们未能力克敌军。

"我老了，会战死在此！"酋长丹尼尔·宁汉姆大喊道。他命勇士先撤，自己则继续攻击西姆科。他打伤了对方，更重要的是，为自己的几位勇士和大队马里兰军赢得了撤退时间。最终，一名英军士兵不疾不徐地杀死了这位土著老人，终结了他光辉的作战生涯。

美国独立战争期间，美国东部的大部分土著居民都为英军效力，或与英军结盟。在东北方，联邦必须对付易洛魁族联盟的六大部落，分别是莫霍克、奥奈达、奥内达加、卡尤加、塞内卡和塔斯卡洛拉。六大部落中有五个都被收编进英国皇家军团里，袭击国境线附近的美国人村落。南方还有柴罗基部族行动活跃，一度同美军发生战事。

在美国史上近乎被人遗忘的章节里，斯托克布里奇的莫西干族人是唯一为美军阵营战斗的例外。1734 年，莫西干族人因债务等各种原因离开家乡，来到马萨诸塞州斯托克布里奇，在诗情画意的伯克希尔山附近找到一片美丽的大草地，便在那里定居。传教士很快让他们皈依基督教；1775 年，斯托克布里奇的莫西干族人加入了美军阵营。大陆会议委任亚伯拉罕·宁汉姆——丹尼尔的儿子，同样是部落酋长——为使节，负责同美国西部的印第安人交涉；1778 年，亚伯拉罕、丹尼尔和约 60 名勇士加入了莫迪凯·吉斯特率领的爱国者轻步兵。

1778 年秋天，蒙茅斯战役之后，乔治·华盛顿将美军大部队转移到纽约的怀特普莱恩斯，旨在将英军压制于纽约。华盛顿将军在那里下令组建轻步兵，这种步兵队伍更为灵活，具备突袭能力。不仅如此，他们还能同在该区域活动的英军轻步兵抗衡，骚扰其补给线——就在今布朗克斯和韦斯特切斯特县南部的道路网沿线——阻碍敌军的粮草供应。轻步兵是行使这项任务的最佳形态。华盛顿于 8 月 8 日下达指示后，又规定每个旅都要"推选最佳、最能吃苦耐劳且最为突出的优秀战士到轻步兵团，并且由意志坚定的优秀军官指挥"。马里兰军此时已经是一支精英部队了，此次推选了许多军官和士兵到新成立的军团。除了突击队之外，轻步兵可认为是 18 世纪的美国军队中，最接近特殊作战队的队伍。轻步兵团汇编入大陆军的几支精英部队，包括 4 个团，成员全是出类拔萃的老兵，个个"警觉性高，英勇无畏，同时作战效率高"。因为没有行李和重型炮的拖累，他们轻装行军，可以快速出击。

吉斯特担任轻步兵团的总指挥，杰克·斯图尔德则率领其中一支小分队。基于华盛顿的指示，他们把轻步兵转移到扬克斯的高地上，他们在那里就可以渗透英军战线，骚扰敌军。几十名斯托克布里奇印第安人跟随吉斯特的部队作战。整个 1778 年 8 月，骄阳似火，轻步兵都在实施小规模战斗，探察英军位置。英军节节顽抗，利用美军逃兵提供的情报，很快便派西姆科去歼灭吉斯特的轻步兵。西姆科是皇家御林军的指挥官，而这支轻步兵队伍的前身则是法国 – 印第安人战争期间的罗杰斯别动队。西姆科于 1752 年出生在一个皇家海军上校家庭，参军前先后就读于伊顿公学和牛津大学。他长着双下巴，大腹便便，生性狂躁，一头乱糟糟的灰色头发，在独立战争期间参加了无数次战役，包括围攻波士顿和布兰迪万战役，并在布兰迪万战役中负了伤。他还在获得别动队指挥权的任命时，致力于组建一支由效忠派自由黑奴组成的军团。在他的领导下，皇家御林军参加了许多次鏖战。

同皇家御林军一起行动的还有臭名昭著的巴纳斯特·塔尔顿及其麾下的骑兵团。塔尔顿和西姆科不相上下，都是英军军官里最残忍无情的军官。西姆科和塔尔顿侦察出吉斯特和斯图尔德的位置，准备于 1778 年 8 月 31 日设下埋伏。"我们的轻步兵，就在我们后方几英里处，感觉快被烤熟了，"马里兰军的本杰明·福特回忆道，"（英军）昨天几乎把我们打败了，他们埋伏了斯图尔德少校指挥的一小支侦察队；他们杀死了 6 个印第安人、一两个白人，抓走十五六个印第安人作俘虏。我们的小分队表现突出，虽然被一大波敌军包围了。"福特的文字中轻描淡写地描述了当天士兵们的士气、英勇和恐慌。

感谢数十名莫西干族人的英雄壮举，斯图尔德又一次死里逃生。西姆科的士兵拒绝给部分印第安人提供住宿，就没有俘虏那些人，而是杀了他们，后来这一事件被称为"斯托克布里奇印第安人大屠杀"[1]。福特——当时就在斯图尔德身旁——预言："用不了多久，杰克一定会（对英军）以其人之道还治其人之身。"

1　在布朗克斯的范科特兰公园东的一块铭碑纪念了这次伏击。

在 8 月的那个漫长的日子，斯图尔德、吉斯特和轻步兵团的大部分成员逃出西姆科的陷阱，但斯托克布里奇的印第安人遭受了毁灭性打击，其残部只好踏上回马萨诸塞州的归家之旅。1778 年 9 月，华盛顿下达命令，这个部落获得了寥寥几千美元的军饷。他们最终还是失去了在斯托克布里奇的家园，迁徙到纽约北部地区，和奥奈达人共居。

尽管一波三折，法国盟军还是结出硕果；独立战争成功转化为一场国际战争。1778 年 10 月，受形势所迫，英军指挥官亨利·克林顿派出 5000 人的军队前往急需支援的加勒比海地区。皇家军队正向那里的圣卢西亚岛发起军事行动，冒险踏上远征，占领位于中美洲的西班牙领地。克林顿的数千大军朝佛罗里达进发，并有数百人分队前往哈利法克斯和百慕大。1777 年以来，英军两年内在西大西洋的损失高达 15664 人。后续派遣的军队也不能填补伤亡损失的漏洞；继约翰·伯戈因于 1777 年 10 月在萨拉托加战役中投降后，四年期间，克林顿只有 4700 人填补 19200 人的缺口。人手短缺在整个战时一直困扰着英军，推动着其军事战略，限制了他们的进攻作战能力。他们需要扫荡爱国者军队的区域，建立新的前哨并加以固守——可是，他们的资源远不足以达成上述目标。

在伦敦，1778 年大半年和 1779 年的一段时间里，英国议会上重演了萨拉托加遭受的灾难性惨败。因为现在法国同美国结成了盟军，威廉·豪等主要将领对英军打赢这场战争表示严重怀疑。查尔斯·格雷少将——主导了佩奥利大屠杀，连威廉·斯莫尔伍德和吉斯特也差点在这场战役中牺牲——声明："依目前的美国局势来看，已无任何可依靠武力终结此次战争的希望。"约翰·罗茨利爵士的评价甚至更为极端："就算派出 5 万俄国人，他们也无计可施……我们的驻地太多，我们派出的军队也太多……信息传递链伸得太远。"

在这一点上，美军同样面临着难以招齐所需士兵人数的困难。法国人为扩大战争投入的金钱永远达不到华盛顿想要的程度。由于缺少火药、补给和军饷，华盛顿发动大规模进攻的力量被大大削弱。翌年的战局注定还是一场僵局，英军被限制在纽约，华盛顿军则死守城外和西点附近地区，防止敌军突围。由于双方均无敲定独立战争战局的手段，战争只能继续僵持下去。

1779 年

第二十三章

专制者

整个 1778 年下半年至 1779 年年初，马里兰军经历了几次尤为激烈的对抗，但这些对抗不是发生于战场，而是在美军召开的军事法庭上。奥索·霍兰·威廉斯自 1778 年 2 月被释放之后，于 1778 年 7 月在法庭担任法警，他听到了针对查尔斯·李将军的指控，他"被控"在蒙茅斯战役中"无视军令，擅自撤退，对总指挥无礼"。威廉斯等其他陪审团成员认为李有罪，判处解除一年职务。威廉斯记录道，这是"迄今为止最重要的审判"，但远不是最后一场，因为军事法庭在马里兰战线设立了一段时间。

1779 年 1 月 5 日，巴尔的摩的主要报纸《马里兰报》上刊登了一封信。信是由约翰·伊格·霍华德、塞缪尔·史密斯等马里兰军官联合署名的，信上称："爱德华·诺伍德上尉（因与斯莫尔伍德将军意见不合，在军事法庭被判处解除服役）在和我们一起执行行动过程中，总是有礼有节，赢得我们最诚挚的友谊，我们也由衷地向他这位光荣的男人、光荣的军官表示最由衷的敬佩。"

一时间，众马里兰军官和威廉·斯莫尔伍德产生了许多摩擦，而在大家眼里，斯莫尔伍德独裁专断，心胸狭隘，经常为微不足道的怠慢展开严厉报复。在见报的那封公开信所涉事件中，斯莫尔伍德因为第 4 团上尉爱德华·诺伍德拒绝执行命令就开除了他。诺伍德并未乖乖接受自己的免职令。他不仅找到军官同僚签署为他辩护的公开信，他还亲自写了一封信寄给报社，控诉斯莫尔伍德设计了法庭，"法庭上只说斯莫尔伍德将军不是完人，不是绅士"，信上写道："我很遗憾，在我军队伍里即将涌现专制体制，我军军官向来执行任务都是如此精准，用不着低声下气地奉承傲慢的上级，可委任状明示的任期却极不稳定。"

在时下正在反叛其国王的国家里，诺伍德对专制主义的指控引发了强烈共鸣。斯莫尔伍德恼羞成怒，不肯善罢甘休，继续斥责那些支持诺伍德的军官。1780 年 3 月，包括霍华德在内的几名军官发出一封联名信给斯莫尔伍德，信上写："关于我们对诺伍德上尉表示的赞许意见，您发表了粗鄙下流的言论，这只会展现您思想中的恶毒和蛮横自大，看不出您的正直和宽厚。"他们还说，其他被"您借机用粗鄙的方式辱骂内容长达 105 页纸"的军官，除了"离开军营"的，都会署名这封信。

斯莫尔伍德似乎打算挑霍华德出来进行报复。他召集了军事法庭，对这位年轻军官下达三项指控：在 1779 年 1 月的某几日不守军令，其中有一次未确切地参加检阅；"未按时且未依照正确的军事文体提交该营的晨报和周报"；向勤务员和作战士兵提供朗姆酒。气宇轩昂的加萨韦·沃特金斯中尉——来自马里兰霍华德县——笔下对此案的描写则有细微出入。沃特金斯在备忘录上写道："黑曾上校逮捕霍华德上校的时候我在场，事由是霍华德上校直到士兵们冻僵了才让士兵解散列队。"

法庭给出了综合判决。法庭认为：霍华德确系不守命令，但他不属于应参加检阅的分队成员；他没有按时提交报告，但"基本上他提供的报告都不恰当，不满足军队要求"；他分发朗姆酒的确有罪。离奇的是，乔治·华盛顿亲自介入此案，否决了法庭的判决。他写道："此乃敏感时期，此时召开的军事法庭比任何时候都令他感到痛苦，他不同意他们判处霍华德不守军令罪名成立的观点。"虽然他确实认为霍华德在报告和朗姆酒的处理上犯了错误。霍华德因卷入这次事件，他的名誉基本未受影响，而斯莫尔伍德仍旧不受欢迎。斯莫尔伍德语言出格的原因之一，可能是因为他的得力干将——莫迪凯·吉斯特——不在其身边；吉斯特是个刚直不阿的军官，如果他在军营里，也许能阻止对霍华德的指控。吉斯特当时在巴尔的摩，陪在奄奄一息的妻子身边，他的妻子在结婚几个月后就产下儿子，起名"英迪彭登特（Independent）"意为"独立"。他甚至违抗华盛顿让他返回战场的军令，他在写给总指挥的信中写道："我痛心地通知您，吉斯特夫人病重，生命危在旦夕，医生们也回天乏术；在如此伤感的时刻，我不得已只好违抗阁下的命令，令我更加心痛。"吉斯特返回战场几个月后，生平第二次经历了丧妻之痛。

和斯莫尔伍德不同，威廉斯非常受其他马里兰军士兵的欢迎。他一直和塞缪尔·史密斯保持联系——史密斯自从在马德岛受伤后，一直在巴尔的摩养伤——通过史密斯，他又和纳撒尼尔·拉姆齐关系很近——拉姆齐现在正同妻子一起被囚于英军占领的纽约城。史密斯和威廉斯的友谊非常深厚。史密斯总是打趣地说，读威廉斯寄来的信"就像读我宝贝儿子的信似的"。他后来还说想给自己的大儿子起名为"奥索"。

这一次，部分马里兰最老的士兵就要离开军队了，因为他们三年的服役期已经满了。许多人走时都没有拿到军饷，可他们还有家计要维持。三年来，士兵们一直与天斗，与英军打仗，经济出现超通货膨胀，而这场看不到头的战争已经榨干了许多人。詹姆斯·皮尔就是其中一位，他重新当起了艺术家。

他依然保留着炽热的爱国之心和热情——最为幸运的是，他的身体完好无缺。诸如吉斯特、斯图尔德、霍华德和威廉·贝蒂等核心军官，这时成了中流砥柱。他们经过多年指挥工作的提炼，拥有杰出的领导能力、耐力和经验，当时也为填补大量的阵容缺口而焦头烂额。

为马里兰军团招募新兵一直是个挑战。1778 年，州议会通过一项法案，要求马里兰为大陆军招募 2902 名士兵，并给马里兰的每个县分配了定额。在 1776 年和 1777 年，士兵们几乎都是志愿军，可如今马里兰要变花样策划，甚至点名抽调才能填补骤降的人员缺口。新兵中志愿入伍的人数大约只占1/5，大部队则多是民兵或冒名顶替者，还有少部分人是被州政府点名的。

流浪汉是第一批被点名召集起来的。人们只考虑流浪汉是否没有固定居所但有自由精神，再考虑是否年满 18 岁。他们被当地民兵强制服役了至少 9 个月。如果流浪汉签下服役 3 年的合同，他就可以获得标准应征兵同等的土地和金钱奖励[1]。

新兵的另一大来源便是冒名顶替者。富人可以通过雇人代替自己摆脱被点名抽调的命运。这应该是非正当买卖。可怖的怪象随处可见，不正直的巡警或民兵领袖逼迫顶替者登记入伍，然后又转手将其卖给其他县出价最高的竞买人。他们从此类欺诈买卖中捞了点油水，后来则被州政府遏制了。

后来加入的新兵不像战争初期志愿加入马里兰军的战士们，大多不想当兵。军官和军士们必须同这些生活背景不同的士兵们一起备战，并且想方设法地把他们融入到战斗队伍里去。那些志同道合的挚友、并肩作战的老战士组成的马里兰军团结一心，其核心部队迎来新兵使之陷入艰难的局面。

1779 年春天，马里兰军在新泽西米德尔顿扎营，以阻挠英军同蒙茅斯县以及泽西海岸的托利党人做交易。因远离大陆军补给基地，军队成员不

1　金额和土地面积取决于应征年份有所不同。

论新老，都必须从对自己怀有敌意的当地居民手中购买食物、衣物等物品。士兵们本就几乎身无分文，又没有军饷支持他们自己购买食物。再加上超通货膨胀的影响，马里兰军营中升腾起不满的情绪，蔓延开来。

超通货膨胀肆掠了整个美国经济，对美国独立战争具有致命的威胁。大陆会议正在印发自己的钱币，可很快就变得一文不值。三年里，纸币的价值一落千丈；1781年，700美元才能买到1英镑。艰难痛苦的事例比比皆是："一顿劣质晚餐和酒"标价850美元，一位大陆军军官指出："一匹普通的马（当时）值2万美元；我的天，2万块啊！"

大陆货币贬值的因素主要在于几大方面。首先，大陆会议不能收税，各个州当时也不会自动向大陆会议缴费。其次，多个州都在发行自己的货币，与大陆货币竞争。另外，为了摧毁资助独立战争的美国经济，英国发动经济战，启动了秘密造假机制；英国代理商在各个殖民地散发美元伪钞，策划制造通货膨胀。

大陆会议实则已经破产，因为它没有足够的硬通货替代印发的纸币，只得大量依赖于法国的经济支持，可是，这样它就没有足够资金供应军需。士兵们没有钱，没吃没穿。美元价值几乎跌为零，而美国经济的惨状也成为美国独立战争的一颗定时炸弹。

从巴尔的摩回到军营后，近日荣升准将军衔的吉斯特向大陆会议抱怨道："我们每看到其他州的军队都能获得价格公道又合理的衣服等其他必需品，只有我们，是被强制性要求以最荒唐的高价从私人店铺购买每一种必需品时，我们就感到羞耻。"巴尔的摩独立连的战士们着装潇洒帅气的日子一去不复返了。战士们的不满气焰高涨，于1779年4月3日达到顶点，吉斯特的一支连队完全失控，他不得不号召当地民兵前来帮忙。"吉斯特上校通知霍姆斯上校，有一支连队在米德尔顿发生暴动，为维护其部下的秩序，急需民兵支援；如果截止到明天，霍姆斯长官不予提供50个民兵抵达米德尔顿，满足吉斯特长官要求，他们决定投靠敌军。"该事件只是前奏，

1780 年 1 月还发生了多起撼动大陆军团的军变，当时几乎整个宾夕法尼亚战线，以及小部分新泽西战线都发动了军变。马里兰事变因为是第一次记录在案的军变，意义重大，不过，实际结果似乎被掩盖起来了。提及这些事件的信件寥寥无几，而军变头目的下场也无从知晓。

就在此次事变后不久，吉斯特的部队被换成马里兰中校本杰明·福特及其部下，可当地居民对待新来者的态度还是没什么转变。在什鲁斯伯里，福特的部下看到当地教堂的尖顶上立着英国皇室的标志，便朝尖顶开枪，待发现滑膛枪弹无法摧毁他们的目标物时，他们又准备烧掉教堂。（什鲁斯伯里的基督教堂保留着爱国者士兵造成的破洞，士兵打出的一颗滑膛枪弹至今仍嵌在木头里。）当地的暴徒后来逮住了十几名士兵。4 月底，马里兰军驻扎在蒙茅斯县的日子终于宣告结束了。英军在纽约集结了 800 人的突袭队，帕特里克·弗格森中校率队冲了进来，志在剿灭马里兰军。弗格森时年 34 岁，是个坦率的苏格兰人，他是个经验老到的神枪手，早在战前就发明出破坏力更强的新式步枪。

弗格森迅速追击，福特连忙向美军阵线撤退，遗弃了民兵和马里兰军的一支先遣部队。威廉·贝蒂上尉回忆道，在战斗打响之前，大陆军"还在和隔壁的一拨儿美女度过非常太平的闲暇时光"。据贝蒂回忆，此前毫无预兆，弗格森进攻时"一大清早，天还没亮"。"我们差点被弗格森少校率领的英军截住，可没有任何敌军靠近了的通知。我们向蒙茅斯郡府撤了 7 英里。我和我的随从走散了，除了身上穿的贴身衣物，所有衣服都丢了，还有几个军官和我情况差不多。我们损失了 22 个人。"

在重新集结列队，朝美军位于西点的堡垒北上之后，马里兰军很快就做好了突袭准备。

第二十四章

美洲的直布罗陀——午夜席卷斯托尼角的暴风雨

　　轻步兵穿行在夜色中。尽管已是盛夏，夜晚却很凉，风声呼啸。马里兰军和其他大陆军士兵正鱼贯地在坚实的土地上走过，跳入齐腰深的厚重且呈绿色的粪肥里。因为任何细微的声音都会向英军暴露自己的行踪，结果基本上只有一个——当场毙命——士兵们全程噤声。他们隶属于由 20 人组成的"绝望分队"，类似于突击队——换用今天的话说，就是敢死队。绝望分队作为百里挑一的精英，要率先袭击北美地区最难攻破的堡垒，必须先设法突破英军设置的高难度障碍，然后直接冲进英军的枪林弹雨中，死里逃生的机会非常渺茫。

　　队员们挎着沉重的斧头和滑膛枪，设法在鹿砦上开了个洞——迎接他们的是尖利如刀的木桩，悬在半空，随时准备刺入任何企图穿过防线之人的身体，撕裂他们的四肢——斧头是拆除第一道防御工事的必需工具，以便其他突袭部队能够进入。只有鹿砦被拆除后，其他突袭部队才能进入堡垒。

绝望分队将用斧头慢慢地从木桩里劈开一条路，而敌军还在不断向他们开火。如果他们能活着完成第一项任务，还要再次举起斧头，砍穿第二道有敌军重兵把守的厚重的鹿砦。

1779 年 7 月 15 日，队员们从斯普林斯蒂尔农场出发，该农场位于纽约的斯托尼角堡以西 1.5 英里处。"疯子安东尼"韦恩将军曾下令："任何战士不允许有一丝恐惧，如有战士在面临危险时，试图后退或逃避，他身边的军官有权立即将其处死。"如有任何人说话或卸下滑膛枪，也会同样被处死。军官们携带了戟——这是一种长且锋利、骇人的铁制长矛，末端插在木棍上——在必要时，军官可以毫不犹豫地用它实施韦恩将军的命令。

至少有一名士兵违令了。一位军官后来报告："分队爬上了山。有士兵擅自出列，给滑膛枪装填弹药。我命他归队，并停止给滑膛枪装弹。他拒绝服从命令，说他不理解不开枪怎么打仗。我立即刺穿了他的身体。"

行刑的军官悔恨不已，后来向带队指挥官吐露施刑的细节，指挥官则毫不掩饰地说："你执行的任务确实痛苦，但正因如此，也许，我们的胜利才有了保证，更多勇士们的生命才得以存续。你放心吧。"

尽管绝望分队执行的是自杀式任务，但士兵们都将其视作荣誉的标杆。分队里不乏志愿加入的战士——"由战功显赫的军官率领的一帮亡命之徒"。率领绝望分队和先遣部队攻击斯托尼角左翼的军官正是马里兰军的杰克·斯图尔德少校。

早在斯托尼角战役打响的 7 天前，斯图尔德就开始担任该角色了。他骑马登上位于堡垒西面高约 800 英尺的巴克伯格山山顶，又和轻步兵团的新指挥官韦恩一起，侦察当地崎岖的地形，这片陆地向外突出，插入哈得孙河。这座面积为 90 英亩的半岛海拔约 150 英尺，三面是岩层裸露的悬崖峭壁，只有一面由一片沼泽地阻隔，不得近前，这片沼泽也充当了壕沟的角色。

一个半月之前，1779 年 5 月 30 日，6000 多名英军离开了其位于扬克斯的驻地，向哈得孙河上游前进。他们占领了斯托尼角，具有绝佳的优势。当时，峭壁上还有美军所建砖房的残垣断壁，当时美军匆忙逃脱英军打击时放了一把火，把砖房烧成平地。就在英军占领此处的几天前，英军还忙着修建"魔鬼降世般的"浩大防御工事，其中配备有 15 门大炮。

河的正对面也立着一座英军堡垒，人称"弗普朗克角"。红衫军即刻便开始在斯托尼角和弗普朗克角修筑防御工事，两处均提供了得天独厚的防守位置。华盛顿·欧文把这两座建于峭壁上的堡垒誉为"赫拉克勒斯石柱"，英军则把此地命名为"美洲的直布罗陀"。双堡守卫着横渡金斯渡口——连接新英格兰与南方各殖民地——的咽喉部位。距离西点约有 13 英里，直逼美军哈得孙防线的要塞。双堡就像一把尖刀，瞄准了美军置于西点的防线；又像一张网，引诱华盛顿军南下，这样美军就会遭受英国皇家海军来自水陆两栖的攻击，被切断退路。

为了开辟战场，英军砍倒了附近的大树，又用树干修筑起两道鹿砦。锋利的圆木连绵不断地贯穿半岛背面，再向下延伸至水平面，面向西面。在这座堡垒中，英军修筑了两道防御工事，靠上的一道被英军称为"山间台地"，而靠下的一道就在沼泽附近。皇家技师们为后者修建了"V"形工事，以法语单词"flèches"命名，意为"箭头"。在"箭头"上方，英军布置了军队和加农炮，只要美军对堡垒发起进攻，他们就能实施纵向打击。

英军集中了强大火力在斯托尼角。他们在防御工事后面架设了 15 门大炮。这些重型炮包括一门 12 磅、一门 18 磅和一门 24 磅重的炮。为防止美军偷袭，英军还排布了几台迫击炮，其中一台可以发射 48 磅重的炮弹，就像用大镰刀收割麦田里的小麦一样，轻松消灭袭击者。

守卫斯托尼角的是第 17 步兵团的 8 个连（两年半前经历普林斯顿战役的许多老兵也在其中）以及第 71 步兵团的两个掷弹兵连。第 71 步兵团以弗雷泽的高地军著称，于1775年在斯特林、格拉斯哥和因弗内斯组建的军团，成员大多是联合在美国打仗的苏格兰各大家族人士。军团的几名军官就是氏族首领，自长岛一战后，高地军参加的都是最激烈的战斗。效忠派也派出一支分遣队协助英军防守，其中一员就是曾在马里兰军第4团服役而后叛逃的约翰·威廉斯。还有一些和威廉斯一样倒戈的美国人也在斯托尼角驻守，比如有趣的机会主义者迈克尔·多尔蒂，他在1777年5月随特拉华团作战，一个月后便做了逃兵，经历几个月的漂泊，8月再次参军。除了军人，还有一些妇孺及数名非裔美国奴隶与军队同住。

乔治·华盛顿很快便洞察到这两座堡垒带来的潜在威胁，立即为发动突袭部署情报搜集工作。他委任韦恩——新成立的轻步兵团指挥官——担当此任，他写道："敌军在弗普朗克角和斯托尼角架设堡垒的重要性已经昭然若揭。我们应该尽量拔除隐患，特委派你速速尽全力搜集准确情报，了解驻军人数、周边河流状态、当地及邻近地区的地形地貌以及防御工事的位置和防守强度，不得延误。"

韦恩还没接下新任务，华盛顿又写信寄给了亨利·李少校。人称"轻骑兵哈里·李"——他的儿子罗伯特·E.李就是南北战争时期南方邦联最有名的将军——他有两任妻子，共育9个子女。他在战前毕业于新泽西大学，当了律师，马术高超。在美国独立战争期间，轻骑兵哈里从骑兵队伍里脱颖而出，是最杰出的骑兵军官之一。他极为严格，一次他对抓捕回来的逃兵处以斩首之刑，以儆效尤。华盛顿听说此事后，命令李藏好那人的尸体，不要展示给其他士兵看。

这一次，华盛顿渴望得到情报，而且是立刻得到。他恳求李说："我现在只有请求你出力，让你的亲信去搜集情报；必须渗透进斯托尼角的工事，除非找不到入口，否则你们必须搜集最可靠的情报，详细描述工事的结构、敌军的精确位置和驻军的兵力。如果你们成功搜集到情报了，我在此恳请你们即刻把敌军工事的草图发给我，这样我就明白了。"

李为了这次大胆的任务，指定了一批美国独立战争期间的无名英雄，其中一位就是阿伦·麦克莱恩，他出生于费城的一个商人家庭，后来搬到特拉华。麦克莱恩和莫迪凯·吉斯特一样，将自己的私人财产用于资助自己连的同僚了。在前往斯托尼角之前，麦克莱恩的非正规军连队就从特拉华团分离出去，在李的骑兵部队里担任步兵或不骑马的轻龙骑兵。在独立战争的大部分日子里，麦克莱恩都像一匹独狼，担任侦察兵和非正规军的长官，时常位于敌军战线后方。他对符号有特殊的第六感，早在贝内迪克特·阿诺尔德叛变的几个月前，他就嗅到了蛛丝马迹，但当时很遗憾，华盛顿并未采纳，而是打消了他的疑虑。

麦克莱恩是突破斯托尼角、刺探英军机密的最佳人选。他非常机智，换上打猎服，背起山民常用的猎枪，举着白旗走入堡垒的正门，在敌军众目睽睽之下大胆地搜集情报。与他同行的还有史密斯夫人，这位女士来自附近的乡下，本是来探望自己的儿子——驻守在此的6名美国叛军之一。

麦克莱恩一进入堡垒防线内部，骄傲自负的英军军官就对他百般讥讽，嘲笑他是乡巴佬。"你觉得我们的堡垒怎么样？"英国人问，"能把华盛顿先生堵死在外头吗？"

"我可什么也不懂啊，"麦克莱恩答道，"我就是个砍柴的，只会摆弄我的猎枪，不过我猜那个将军——将军，哦不好意思，不是'先生'——可能要费尽心思才能打进这样的堡垒来吧……相信我，我们还没有蠢到要去挑战明知不可能的事情。"

说话间，麦克莱恩用他锐利的双眼留意到内堡还未完全搭建好。他将这个信息报告给李，李又把消息传达给华盛顿，华盛顿开始制定计划了。

情报的另一宝贵来源是一位英军逃兵，他报告称斯托尼角右翼或者说南面的河滩"只用一道小鹿砦隔开"。在低潮时，鹿砦没有全部没入水里，为进入堡垒打开了一扇后门。

有了这一最新情报，华盛顿向韦恩描述了突袭计划。他千方百计而事无巨细地把计划传达给韦恩。

此番进攻，我的计划是这样的：这次任务只能交给轻步兵来完成，他们趁着夜色行军，要严格保密……进攻路线应该是沿着南面的河水，穿越河滩，进入鹿砦。（突袭队）必须安排既稳健又坚决的精英战士，听从指挥，能扫除障碍，保持警惕，冲破敌军防御。所有队员必须携带上了刺刀的滑膛枪，但滑膛枪事先都不装子弹。这些就是我大致的突袭计划；但是，你有权违背。

他后来又叮嘱了韦恩务必保密；"这项任务一定要隐蔽，直到最后一刻才能通知你最信得过的军官……一旦敌军收到消息得知你们的意图，哪怕是在你们行动前十分钟收到，也功亏一篑。"

轻步兵团仅建成数月，韦恩作为指挥官，准备这次突袭行动时也是万分谨慎。轻步兵团集结了约 1350 人突袭斯托尼角，其中有不少马里兰军士兵都是从各个军团的精英部队里选拔出来的优秀战士。他们兵分两路。韦恩又在其中挑选了两支特别的先遣部队担任此次行动的先锋队。率队军官都是由华盛顿钦点，杰克·斯图尔德少校就是其中一位。

轻步兵团的战士肩并肩地列好战队，两眼注视前方，安纳波利斯本地人斯图尔德正骑着马在他们面前走来走去。为先遣部队物色人选的职责就落到这位勇敢的指挥官身上。他看着志愿加入绝望分队的战士，大喊："我只要最好的兵，愿意为国家出生入死的战士。"士兵们热切地跨步上前，愿意加入敢死队，其中许多都被拒绝了。受少校一番慷慨陈词的激励，文森特·瓦斯和他的袍泽战友塞缪尔·阿诺德等人还向前跨了三步。瓦斯后来称赞斯图尔德"说话非常聪明"。斯图尔德的用词一定直击人心，鼓励战士们先不去想付出生命的极大可能性。

斯图尔德还为余下数百人规模的先遣部队募集到志愿兵。许多马里兰军都积极响应，例如约翰·班特姆，经历过布鲁克林、怀特普莱恩斯、蒙茅斯和日耳曼敦战役的老兵，还有非裔美国自由民乔治·迪亚斯[1]（或戴斯），一个老皮匠。跨步上前的另一位马里兰士兵在迪亚斯做皮匠时曾经制作过一些补给品。巴尔的摩本地人伊莱亚斯·波洛克（又叫约瑟夫·史密斯），出生于18世纪70年代搬至巴尔的摩的五大犹太家族之一，他通过为乔治·迪亚斯之类的皮匠制造"黑球"——用来染黑鞋底皮革——家财殷实。

斯图尔德的先遣部队只背着没有装填子弹的滑膛枪、刺刀和斧头，有了绝望分队打头阵，他们将从堡垒左侧发起进攻。位于右翼的是另一支由150人组成的先遣部队，和20人的绝望分队，率队的是法国贵族、技师弗朗索瓦-路易·泰塞德尔·德弗勒里中校。他将围着鹿砦，从英军逃兵透露的河滩入口处突破。

中路由哈迪·默弗里少校坐镇，只有他率领的大陆军队伍携带着已上膛的滑膛枪。他们的任务是声东击西，以大火力骚扰英军，分散其注意力，掩护侧翼的进攻。

7月15日清晨，轻步兵团集合了。韦恩命他们"刮干净脸，抹上粉"再出发。疯子安东尼对军人的着装规范有着大胆且新奇的嗜好。韦恩曾经写道："我承认，我对优雅制服、军人应有的外表有着难以克制的偏爱，严重到我宁可赌上性命和声誉冲在队伍的最前面，穿上满意的服装，配上称手的装备——哪怕只有刺刀和一包弹药——也比他们平时带着60发子弹好。因为穿上好军装可以让士兵们都散发出自豪感……这对于一个战士来说，可以敌得过所有其他美德。"

到了晌午时分，韦恩的1350人突袭队向崎岖的山路展开13英里的征

1　迪亚斯负了伤，在后来一场战役中逃脱英军的监禁，但从未摆脱战争的阴影。抚恤金申请文件中记载，"迪亚斯患有斑疹伤寒，如今年事已高，曾受过伤，这个伤口令他情况雪上加霜……据证人描述，他没有任何形式的财产，现在或将来都拿不出一分钱来，他全部家当只有干活的工具，就装在他随身携带的一个小包里。"

程。出发之前，战士们卸下了大部分装备。瓦斯回忆道："我们只带了武器和水壶。"他们沿着蜿蜒的山路曲折而行，"大半段路程都要穿过高山……险要的小路，迫使分队排成一列纵队走完这么远的路程"。据瓦斯回忆："我们一路上翻越高山，趟过深深的沼泽，攀上岩层，而且没有任何随身品。处处都是困境，需要我们克服。"为了达到出敌不意的效果，韦恩向突袭队员隐瞒了目标。

夜幕临近时，军队稍事休息，迅速吃顿晚饭。韦恩合上写给小舅子的信，全心投入到战斗中，把生死交给命运去决断："他们叫我去吃晚饭，可明天的早餐呢，是顺利攻破敌军防线，还是前往另一个世界？"

在距离堡垒1英里之处，军官们才陆续告诉属下，他们的任务是重取斯托尼角。军官们往此次行动中增添了几分竞争性，他们告诉部下，前五名进入内堡或堡垒台地的战士就可获得奖励，第一个夺下旗帜的人可获得500美元奖金，第二个可获得400美元，以此类推，此外还有晋升军衔的奖励。为了进一步刺激士兵，军官们估测了可在堡垒里看到的所有战利品，并告诉了大家。一番任务概述之后，他们利用常规时间帮助自己在伸手不见五指的黑夜里如何区分敌友："我们用一小张纸条系在军帽的帽尖上。"为了保密，"每座房子都要安排人守卫，避免任何人进出。"一天之前，他们残忍地用刺刀和佩剑把附近的狗都杀了，因为狗叫可能会暴露他们的行踪。

尽管如此，他们的绝密行动还是困难重重。英军也有间谍，打探到美军酝酿着偷袭。第17步兵团的威廉·阿姆斯特朗中尉后来回忆道："我听到我指挥的连队收到晚上全副武装睡觉的命令，因为约翰逊中校派出的两个间谍回来了，送来情报称敌军正向我们逼近。"英军枕戈待战，只是不知道战斗会在当晚打响，还是次日。

待斯图尔德少校和部下把纸片塞进帽尖后，斯图尔德又把绝望分队的指挥权委派给了曾经与他并肩作战的战友——理查德·沃特斯。用他自己的话来说，沃特斯"经常在完成任务之余追求刺激"。除非风险极大，率队作战一直被视为是一种荣耀。另一位20岁左右的宾夕法尼亚士兵约翰·吉本则因为自荐率领绝望分队却没被选中而面露愠色。为了解决此事，"在长官下达作战指令之后，安排了抽签，我抽中了。"吉本如是回忆道。

吉本率队朝堡垒攀爬而去——此时他们还没被敌军察觉。在他身后，步兵排成一列，尽量安静地趟过粪肥，他们将没有上膛的滑膛枪吊在肩上。

接近英军防线后，斯图尔德及其轻步兵团超过阿伦·麦克莱恩及其手下，这些侦察兵们在过去24小时里为了获得情报，曾经偷偷溜到英军前哨附近。

斯图尔德的先遣部队踏进粪肥之际，猝不及防地掉进又深又稠的沼泽。他们起初认为那些粪肥不过及踝深，等他们进去才发现，竟没过了腰乃至胸口。战士们迎着风，跨过在风中瑟瑟发抖的灌木丛，听到英军哨兵发出一声呐喊，接着炸药的火光点亮了漆黑的夜晚。英军战鼓奏响了武装迎击的鼓点。

距离鹿砦越近，绝望分队的马里兰军等战士们行进得越艰难。他们用斧头劈向鹿砦，砍出一道小口子。

滑膛枪弹、葡萄弹，纷纷投向这支先遣部队。

英军的威廉·阿姆斯特朗中尉命令部下，立即在鹿砦后面各就各位，向美军发起全面进攻。"（我们）每人开了五六枪。"

尽管英军发动了整排齐射，阿姆斯特朗看到美军汹涌而来之时也还是惊恐万分。"一大波敌军涌入内鹿砦的开口，很快他们的前线就推到我布置防线处。"

锐利的树枝刺破了衣服，刺进了身体，绝望分队的战士们依然奋力直闯，身边陆续有同僚倒下。开辟出一条狭窄的小路，其他队员得以继续往第二道鹿砦推进。斯图尔德的另一支先遣部队紧随其后，穿过吉本等人清理出的窄道。一位大陆军战士回忆起动身穿过绝望分队开辟的窄小突破口时的场景："我们穿过了由削尖的苹果树干筑成的鹿砦——那条路很窄，我硬闯过去，结果一根尖树枝扎进手臂里了。谢尔顿上尉在我身边待了几分钟，直到树枝被取出来才走。我记得这个，是因为……上尉已经听不见了，我得用手抓住他，他才明白是怎么回事。"炮火喧嚣之中，亨利·约翰逊中校——英军的斯托尼角驻军指挥官——咆哮着对部下们下命令。他犯下一个致命的错误，命令自己的一半兵力下到内鹿砦处，其中的约翰·罗斯中尉说："我的指挥官要我们和他的连队一起，在（第一道或者说位于外侧的）鹿砦处列队作战，我正好在其中。"战斗很快演变成近身肉搏战，"有人用刺刀刺中了我，他用燧发枪的枪托把我击倒在山地上。"

敌友双方厮打起来后，由于夜色深沉，很容易弄混。

"我的一个士兵错手杀害了自己人。"罗斯心想。

"该死的混蛋！"他大叫起来。不久之后，罗斯就被美军俘虏了。

由于大部分士兵仍在前线，默弗里的北卡罗来纳扰敌部队向约翰逊发起"骚扰"，约翰逊上钩了，如此一来，他的侧翼便无人防备美军的突袭，特别是鹿砦并未没入水面的右翼。低潮的时候，敌人可以绕过障碍，长驱直入。

一门 3 磅加农炮很快向斯图尔德麾下蜂拥而至的绝望分队发动致命轰击。这门炮架设在炮台上，下面有轮子，它越过一道矮墙发出了炮弹，好像被包围在箱子里一样。这门炮向爱国者投出了 69 发炮弹。托马斯·波普——吉本的绝望分队中的一名大陆军士兵——后来提到："那加农炮发射的炮弹离我的头很近，把我一下打倒在壕沟里，要记述这个太难了，那枚炮弹炸聋我了。"此战过去几十年之后，他依然还有"当时的炮弹残片留在手里"。

英军炮兵后来证实斯图尔德的绝望分队遭受的重大损失："对方 20 人里有 17 个都是被 3 磅炮一击致命。"

虽然伤亡惨重，斯图尔德的先锋队依旧勇往直前，很快就对英军侧翼发起进攻。

红衫军乱作一团。"革命军在后面！"阿姆斯特朗的一个士兵前来通报。突然，"我看到有两个人向我步步逼近，他们帽子上都插了白纸，我猜他们是革命军。"阿姆斯特朗立即命连队"上刺刀……向后方开火"。

一颗滑膛枪弹而后划过这位年轻军官的头顶，"他浑然不觉"。很快，美军便活捉了他。

约翰逊上校一脸迷茫，还在继续发号施令："打死那些无赖！"

可是，这夜里伸手不见五指，英军也很难讲清楚谁是谁。第17步兵团的一名年轻中尉回忆起当时有美军盘问他和他的指挥官时,他还回答道:"你他妈是谁？！"

一名美军士兵接着立即扑向约翰逊，而约翰逊"被死死摁住，逃脱不了"。

美军一拥而上。他们大多人的衣服"一直到衣领也全部是泥"，要么"几乎破成布条"。美军突破第二道鹿砦之后便如潮水一般奔向上方的防御工事，近身肉搏战随即展开。刺刀、佩剑、戟铿锵交错，刺入对方的身体和骨头里。

马里兰斯莫尔伍德营的初期成员至少有两人在此战中负伤。詹姆斯·费尔南迪斯中尉——差点在长岛战役中对阵康沃利斯时牺牲，后来又在泊于纽约湾的英军监狱船上受尽折磨，不过，在双方交换俘虏时得到释放——不顾有伤在身，还把一名负伤的马里兰军官背到安全地带。伟岸的加萨韦·沃特金斯中尉则指挥着斯图尔德先遣部队的一支分队。在斯托尼角突袭中隶属沃特金斯麾下的约翰·奥哈拉，也是斯莫尔伍德营的初期成员。抚恤金文件记载："约翰·奥哈拉在斯托尼角战役中，右足受伤，导致他终身残疾。"

攻占斯托尼角的战役得益于几代人的努力。也许没有那个家族在突袭战中遭受的打击会比科夫曼家更多了。约瑟夫·科夫曼——参加了此次作战——在抚恤金申请书上提及，"他的父亲约瑟夫·科夫曼在独立战争期间服役，军衔为上尉，在斯托尼角战役中牺牲。他有两个弟弟，同样在军中服役，其中一人——本杰明·科夫曼——在斯托尼角战役中，死在父亲身边。"

战场上枪林弹雨，一位隶属守卫部队的大陆军士兵回忆道，当时"我怕受伤就逃走了，不过（我的）帽子和衣服可以说被打成了筛子"。

在堡垒右翼，疯子安东尼·韦恩正在突破防线。绝望分队的战士们在德弗勒里率领下，趟过及踝深的水，沿着外鹿砦边缘绕行，突破障碍，进入堡垒右翼。绝望分队一举进攻，其中一位大个子远远冲在最前方——彼得·弗朗西斯科，人称"革命巨人"——大跨步走近防线前方，他挥舞斧头，斩断水边的鹿砦，他背上还缠着 6 英尺长的腰刀。弗朗西斯科就是个人肉坦克，他和战友安索勒姆·贝利"大开杀戒"。这场战役里，弗朗西斯科可能用他的腰刀砍死了 3 个掷弹兵，肚子上还被人划开了 9 英尺长的伤口。

韦恩也受伤了，生命危在旦夕。一颗子弹从他脑袋旁擦边而过，"他握紧戟"站起身来，脸上流着血，嚷道："前进！我勇敢的小伙子们！前进！"韦恩暂时晕了过去，倒在血泊之中，后来他睁开了眼，请副官带他回前线。

美军非常幸运，英军的秃鹰号炮艇——奉命保卫堡垒右翼及鹿砦衔接的那片河滩要地——在美军打响突袭之际，受大风影响，不在驻地，而是航行到下游去了。

美军还占了一个天时，突袭的那天夜里，许多英军大炮都没有开火。英军拥有一门火力十分强劲的榴弹炮，可以投射出 48 磅的炮弹，本来可以阻止美军在右翼的进攻。突袭当晚，英军把弹药囤积在另一个地方，大部分炮也架设在那里。主要有改造的船载炮，用于白天打击更远射程里的目标。那天晚上，当大陆军逼近时，皇家炮兵约翰·罗伯茨急忙召集战友，"我的天哪！这里的大炮为什么在敌军渡河、上山的时候没能起到作用呢？"

罗伯茨话音刚落，榴弹炮落入美军手里了。韦恩的手下已经以迅雷不及掩耳之势夺取了炮台，断了英军摧毁美军突袭队的念头。一名英军军官回忆道："敌军占领了榴弹炮，把炮口对准了上防线，我调转方向往上跑，结果一节树干把我绊倒了，还没等我站起来，几个人又倒在我身上，我当时很确信，敌军已经进入到堡垒的上防线了。"

坚守斯托尼角前方防线的英军听到身后的说话声和叫喊声，立即陷入恐慌。第17步兵团的西蒙·戴维斯下士有一种不祥的预感——他们被包围了。他赶快去请示上级威廉·霍恩顿中尉，中尉"告诉我们，一旦做好选择就要继续开火，他则把加农炮对准了上方，我们又和刚才一样，继续开火，后来，上防线也朝我们开火"。

绝境中，霍恩顿又派出两名战士伪装成美军，试图冲出敌军阵线，寻路而逃。戴维斯回忆时说："他命令两个士兵（反）穿大衣，试一试看能否有路出去。可那两个人发现，前方也是敌军。"

危急关头，他只好派出一位经验丰富的军士做抉择。当这名军士被杀之后，中尉"下令，如果我们还和他一条心，就把炮口调头，去保卫我们的堡垒；否则，他就首当其冲，带领大家往炮艇上冲"。霍恩顿无奈之下，便英勇地亲自率队冲进战线，让戴维斯等残部向大陆军官投降。

罗伯茨中尉的境遇也和霍恩顿类似，他设法躲避刚夺下其大炮的美军队伍，却听得韦恩分队的先遣部队对他大喊："放下武器！"他看到"敌军不但攻击了侧翼，还深入到我们的后方"。

一听美军的喊声传自前方，罗伯茨走进河水，开始向刚返航驶近堡垒的秃鹰号游去。"（我）在河里走了好远，估计有半英里远，当时身上裹得严严实实的，一听到秃鹰号炮艇的开炮的声音，但是晚上太黑，我看不见它在哪儿，我赶紧脱去衣服和装备，向它游了过去。"罗伯茨累得精疲力尽，冻得瑟瑟发抖，他是逃出斯托尼角的唯一一位英军军官。

绝望分队和先遣部队的战士们大喊"我们胜利了！"他们成功地突破堡垒安排在小山台地的上方防线。由德弗勒里和韦恩率领的右路分队从防御工事或胸墙的小入口一拥而入，率先抵达目标要塞。斯图尔德以及紧随其后攻击两侧翼的士兵们在台地顶会合了。

文森特·瓦斯冲锋时听到了"加农炮和轻型武器的闷响"。一路闯进斯托尼角的上防线，他"受了两处伤，一颗滑膛枪弹扎进我的髋关节里，还有一颗铅弹打中了我的大腿"。同他一起志愿加入绝望分队的朋友也受了伤。瓦斯回忆道："我的好朋友塞缪尔·阿诺德伤到了屁股，我们去了阿尔巴尼医院，我很幸运好起来了，可我可怜的朋友却因为生了坏疽死了。"

一位马里兰水兵——彼得·H.特里普利特——也在此战中受了伤。此人一开始是大陆军海军的水兵，在小炮艇自由号上航行，后来退出了海军，加入了马里兰军。在特里普利特"在瓦利福奇捱过 1777 年至 1778 年那个终生难忘的艰苦冬天"之后，他"被调至绝望分队，跟着勇敢且伟岸的韦恩将军参加了席卷斯托尼角的暴风行动，他就是在那里……受的伤"。

绝望分队里还有一个成员——托马斯·克雷格——他还记得德弗勒里非同寻常的英雄事迹。克雷格报告说看到德弗勒里冲进堡垒，夺下了旗帜。瓦斯也看到"德弗勒里上校降下敌军的旗帜，攥在手里"。然而，德弗勒里却坚称他不愿接受第一个夺下旗帜者应得的 500 美元奖金。史料记载，另外几个战士得到了奖金，其中一人是来自弗吉尼亚的贝克中士，他曾四度负伤。

英军被重重包围，仍在拼命顽抗，企图重振旗鼓，击退美军。瓦斯说他听到英军在混战中大喊："别开枪！勇敢的美国人，别开枪！救命！饶命啊！亲爱的美国人！别开枪！"一位年轻军官——效忠派美国人——发现自己依赖于某个军士的作战经验："我太年轻了，没见过这种阵势……我表现得，就像许多老军官曾经也一定经历过的那样，自从——我听从了一位经验丰富的军士的指示，我还开枪打死了距离我不到十码、用燧发枪对准我的敌人，捡回一条命。"

战斗不到33分钟就结束了。双方的死伤人数几乎持平——约为100人。轻步兵团抓捕472名英军和效忠派俘虏。凌晨2点，韦恩写信报告华盛顿："亲爱的将军：敌军的防御工事和堡垒，以及约翰逊上校本人，都被我军控制。我军军官和战士们表现得十分坚定，定将迎来自由。"

由于在斯托尼角行动中的英勇表现，马里兰人杰克·斯图尔德获得了一枚大陆会议银质徽章，这是荣誉勋章的前身——总共只颁发给了11个人。德弗勒里得到的也是银质徽章，韦恩得到的是枚金质徽章。斯托尼角战役在美国独立战争中奖品最为丰富的战役之一。随着战争进程，大陆会议还向另一位马里兰人颁发了这种意义极其重大的奖品，使得已经是精英部队的马里兰军成为在独立战争中受褒奖最多的步兵部队之一。

在最后一支英军部队投降后不久，随突袭队前来的24名美军炮兵把美军攻占的大炮带离红衫军的队伍。英军队伍里还有詹姆斯·韦伯斯特中校和帕特里克·弗格森少校，二人都在次年的战事中起到关键作用。美军便开始炮轰哈得孙河对面的弗普朗克角，大概每小时向英军堡垒不断发射100颗炮弹。

扼守哈得孙河的英军直逼斯托尼角，可以随意派大量军队登陆，堡垒可被轻易端掉。华盛顿没有足够人手固守斯托尼角，所以美军转移了英军的大炮，摧毁了野战工事。他们往船上装载宝贵的军需品和补给品，溯河向西点而去，而吉斯特、斯莫尔伍德和霍华德麾下的马里兰军则在那里帮助他们进行防御。

在离开斯托尼角之前，华盛顿还有最后一件事要解决——那些倒戈为英军卖命的逃兵。7月18日下午5点，审判迅速而公正地展开了。在由韦恩将军主持的军事法庭上，斯托尼角的变节者们"曾经尝试过或已经投靠了敌军，罪名属实，判处（经法庭2/3的人同意）死刑"。弗吉尼亚的大陆军乔治·胡德回忆道："天亮了，囚犯们全都站成几排，我从里面认出几个美军逃兵，他们被挑了出来，韦恩将军很快决定杀一儆百——我们砍下旗杆，插上十字架式的架子，当着英军俘虏的面，把他们绞死了。"那一天，变节的 5 个美国兵——马里兰军人约翰·威廉斯也在其中——全被挂在斯托尼角上临时做成的绞刑架上。行刑完毕后，胡德等人"都忙着摧毁堡垒，掩埋尸体"。

至少有一位士兵逃过此劫。迈克尔·多尔蒂，他曾经隶属于特拉华团，与马里兰军并肩作战，而后倒戈加入了效忠派阵营。当时抓捕多尔蒂的是他的朋友——特拉华团也是斯图尔德先遣部队的一部分——他是如此幸运。多尔蒂说："的确非常令人欣慰，可是……当年一起战斗的特拉华老战友们，个个脸上洋溢着光荣的神色，隐瞒了我的事情，我觉得我真是遇上最亲善的待遇。"多尔蒂当年的一位袍泽兄弟，在突袭的那天夜里用刺刀刺了他，可逮捕多尔蒂的人则小心翼翼地为他包扎伤口，一直照料他直到他恢复健康。"我的伤口一下子就愈合了，洗刷了我的罪过，我的老战友们宽容地接纳了我；指引我同（马里兰和特拉华）军团向前进的心灵之光，注定会收复卡罗来纳地区。"

一个星期后，亨利·克林顿爵士将军重新占领了这座堡垒，重建防线，并用层层环绕的上防线进行了加固。可是，爱国者胜利的影响一直延伸到 1779 年，使曾经一度一蹶不振的美军士气重新点燃。每一场胜利或败仗都会影响士气，以及在美国和在厌战的英国的舆论。

第二十五章

插曲

　　1779 年 8 月 19 日，马里兰军参加了另一场突袭，这次行动又让爱国者们低落的精神燃起火焰。这一次，他们中间又有部分战士组成了绝望分队，前去摧毁鹿砦。

　　此次行动的目标是英军位于新泽西帕里斯胡克的前哨。轻骑兵哈里·李沿用前一次成功突袭斯托尼角时的计谋，带上一队轻步兵，其中就有许多马里兰士兵，给那些驻军来一次出其不意的夜间偷袭，而那些驻军就位于纽约市正对面的一座地势低洼的沙地半岛，也就是今天的泽西市。绝望分队的战士们把斧头举到半空，用力向英军阵地周围的鹿砦劈砍下去，动作整齐划一。很快，战士们便打开了突破口，赶在敌人组织有效防御之前，径直取道来到里面的砖房。

　　包括马里兰军两个连的突袭队如潮水般涌入。短短几分钟，他们就用刺刀杀死了 50 个红衫军，抓获 158 个俘虏。剩下约 50 名德森雇佣兵，躲在其中一幢砖房里拒绝投降，并且还在向美军开枪。黎明渐近，爱国者们留雇佣兵自生自灭，开始押送俘虏回营。其实在纽约市英军有一支实力强大的驻军，而美军没有意识到应该在帕里斯胡克保留防御工事。获胜的李及其部下带着俘虏，向北撤退了。

两军在1779年下半年依然小冲突不断，可是帕里斯胡克突袭则是史实记载的最后一次军事行动，因为华盛顿不愿被亨利·克林顿将军拉入大规模战斗中。正如当时的天气，冬天的冷风刮了起来，战争陷入了僵局。

在跨越1779年和1780年的冬天，马里兰军等部队回到之前在新泽西莫里斯敦的营地。那是战士们最难熬的一个冬天。从北卡罗来纳到加拿大地区，甚至是大小海湾都冻上了，新泽西的效忠派用雪橇——而不是船——载着柴火横渡纽约湾，送到英军占领的曼哈顿。在1月的第一周，一场严重的暴风雪掩埋了当时住在军帐或草棚里的马里兰军，雪有足足5英尺深。由于没有御寒的衣物、鞋子和毯子，战士们冻僵了，许多人失去了四肢，有的甚至失去了生命。

军队再次几乎断粮，无疑是雪上加霜。乔治·华盛顿写道：

军队的补给品储备已经严重告急。连续五六个星期只能供应定量一半的食物，我们现有的面包按1/3定量供应也撑不过三天，我们可及范围内没有任何吃的……我们的粮仓空空如也，而我们的粮秣员又没有一点钱或信用票据采购粮食。开战以来，我们从来没有经历过这样的困境……如果各州政府不立即行动起来，提供补给，不出半个月，军队必将溃散。

到了1月初，食物过于匮乏，士兵们"几乎只能等死"。华盛顿又写了一封信："他们忍受了巨大的痛苦……他们的坚强可谓到达了人类极限；可是，他们最后陷入如此可怕的绝境之中，没有那个军官能有权力或影响力，没有那个战士能有美德或耐心继续强迫自己恪守军令。军队里甚至已经出现多起为了活命而抢劫附近居民的事件了。"

为了缓解事态，华盛顿呼吁新泽西居民给军队捐献一定量的粮食。如果居民不答应，负责征收粮食的军官们就会"优雅地"让人们知道，他们将增加定额。美国为获得硬通货而多次请求，才从法国收到了些贷款，需要几十年才偿付得清。尽管如此，还是能大大缓解眼前的困难，防止事态恶化。

艰苦的条件、通货膨胀、缺钱少食和严寒的冬天，使得几乎整个宾夕法尼亚战线发生兵变。根据马里兰士兵约翰·布迪所写："今年冬天也是非常难熬，而军队的补给和衣物也同样短缺，有些军团为此发生了兵变。"克林顿希望借此时机招安大陆军，便派出使者来到兵变的军队，却遭到了无视。起初，疯子安东尼·韦恩还同兵变者交涉。他清偿了一半大陆军战士的军饷，又给另一半战士提供欠薪的补偿，补发衣物。不过，韦恩从根本上不接受与作乱者交涉的主意。相反，他仿效了几个月前莫迪凯·吉斯特在蒙茅斯县的做法，韦恩呼吁新泽西军队来平息兵变。有了华盛顿的首肯，他召集了几个兵变头目，指派一支由宾夕法尼亚小伙子组成的行刑队，处死与他们情同手足的战友。他想要达到以儆效尤的目的，遂命令行刑队在距离 10 英尺处向兵变者开枪。结果"蒙在几人眼睛上的手帕着火了。围墙上，甚至远处田里的黑麦尖上也覆上一层血和脑浆"。令人感到吃惊的是，有一个人活了下来。韦恩又命行刑队的一名战士用刺刀杀了那个疼得在雪地里打滚的将死之人，行刑队队员拒绝执行命令。疯子安东尼迅速掏出手枪，威胁对方，如果他不遵命就开枪杀了他。那个战士只好遵命，用刺刀穿透了受刑者的身体。韦恩随后又在宾夕法尼亚战线里将受刑者们的尸体游行示众，让大家引以为戒。

出人意料的是，一个来自马里兰的兵变头目躲过了刑罚，他后来还被名誉晋升为将军。"士官绅士"亨利·卡伯里，曾在长岛服役于托马斯上尉的马里兰独立连，当时他和杰克·斯图尔德并肩作战，身体侧面被一颗子弹击中，身负重伤。尽管身上的伤势都很严重，但他惊人地康复了，并于1779年被调至宾夕法尼亚战线。卡伯里从1776年开始就陷入了麻烦，当时他的父亲——效忠派人士——因为他加入斯莫尔伍德营而宣称与他脱离父子关系。据奥索·霍兰·威廉斯说，卡伯里认为"北方的军队即将解散，士兵没钱拿，也没有收获土地"，无家可归，又一贫如洗，"孑然一身离开军队，只有个曾当过兵的好名声罢了"。他加入了其他宾夕法尼亚士兵的队伍，在宾夕法尼亚州兰开斯特的地方议会游行。等韦恩前来镇压兵变时，卡伯里逃走了，也逃过其他兵变头目遭受的命运[1]。

尽管韦恩和华盛顿多方努力，就在宾夕法尼亚发生兵变后不久，还是有200名来自泽西战线的战士也发动了兵变。华盛顿毫不犹豫地抓捕了头目，处决了其中的大部分人。这股歪风邪气才得以遏制。韦恩违心地写道："都是硝石（火药）太多捣的鬼。"1780年，大陆军阵营里再未发生大规模兵变事件，但激发兵变的根本原因还依然存在。

这一次，为数不多但至关重要的一群美国人，宣布独立，脱离英国统治。这场独立战争中，对战双方有许多人都是共济会成员，比如华盛顿、本杰明·富兰克林、约翰·汉考克、伊斯雷尔·帕特南、亨利·李、霍拉肖·盖茨、纳萨尼尔·葛林、亨利·克林顿、约翰·格雷夫斯·西姆科、查尔斯·康沃利斯伯爵，以及马里兰军的吉斯特、威廉斯、斯图尔德和纳撒尼尔·拉姆齐，他们都属于这个起源于中世纪、宣扬共济互助精神的组织——共济会。拉斐德也是共济会成员，而他的信仰就是让他决定投身独立战争的原因之一。共济会的核心主旨是自我提高和循例引导。共济会成员只要一走进会所，就都视为是平等的，他们称之为"在同一水平线上"。有成员这样描

1　战后，士官绅士重新在巴尔的摩现身，希望能获得赦免。议会派出一位特别委员，签发他的逮捕令。他出席了法庭，但州权与地方议会签发之前那道逮捕令的权利相悖。卡伯里毫发无伤，还在马里兰英勇地参加了几次战斗。他还成为第一位少将（指挥民兵，执行其他任务），后来当了华盛顿特区的第六任市长。他去世时"有颗滑膛枪弹仍留在他的体内，一直未被取出"。

述共济会的基本原理："我们为自己做的事会随着我们的死亡而消失；我们为他人及世界做的事却能永恒不朽。"在美国独立战争之前，殖民地当地的共济会会所降级归大不列颠会所管理。然而，随着独立战争逐步发展，美国和英国的兄弟发现，他们需要各走各路。

吉斯特和威廉斯利用战争的季节性休战期，率先成立了独立的总会所，命名为美国第一总会。甚至在战前，吉斯特还曾是殖民地权力最大的共济会成员之一，位及"尊者尊主"之衔。在2月的一次大会上，美国共济会成员召开会议，探讨其从英国总会所独立事宜，成员们一致推选吉斯特为会长，威廉斯为其秘书。吉斯特便写了一封信给殖民地各会所的会长，他在信里写道："很不幸，由于大不列颠和我们组成的这个联邦一直以来利益和政治主张不同，民族问题上争端不断，不仅是因为一直笼罩在这个欢乐乡的平静被那场大灾难打破，还因为一系列特殊做法影响了我们的社会，我们脱离了欧洲总会所，我们相互之间的联系被斩断，北美共济会的进步遭受阻碍，难以达到完满。"

他使用了宗教色彩的语言，请求大家"把我们从即将分立、背教的危险中解救出来"，方法就是"采取最必要的手段成立北美总会所，掌管并治理所有其他会所"。

吉斯特的提议成功了，还促使华盛顿成为第一位北美联邦共济会的总会长。华盛顿谢绝了这一任命，而主持大局的这位总会长可不是随便选出来的。尽管如此，整个独立战争期间，华盛顿依然在该组织里发光发热，他甚至抽空在莫里斯敦同他的共济会兄弟们庆祝了传道者圣约翰节（共济会成员庆祝的节日，在圣诞节后庆祝两天）。战争结束后，吉斯特私下写了一封信给华盛顿："当我们沉思战争的苦痛，那些有意展示的仁爱之例会给人心灵以宽慰；我们一回忆起你在战场上身处困境时，还能联合并保护古老的共济会，就感受到莫大的愉悦。"

战争期间，吉斯特还申请过在马里兰战线的士兵中成立共济会会所，并且获得了批准。他们成立了军区第 27 号会所，由吉斯特担任尊者尊主，威廉斯担任高级督导员。共济会成员相信在马里兰军在南方作战期间，斯莫尔伍德、约翰·伊格·霍华德乃至约翰·德卡尔布都一直和该会所保持密切联系。战后，吉斯特继续在共济会里任职，成为南卡罗来纳古约克石匠的总会长。

　　法国克敌心切，开始输送士兵、钱和补给品来帮助爱国者，并于 1778 年秋天迫使驻守加勒比海地区的英军回撤。英军在西印度群岛组织兵力，将送往殖民地的士兵调回母国。美国独立战争史上还有一大片空白，即英军与法国新盟友西班牙开战了，后者在未获得美国允许的情况下，就对英国宣战了。宣战后，西班牙看到了重夺佛罗里达（当时该地区从墨西哥湾沿岸延伸至密西西比河）、巴哈马和直布罗陀领地的希望。英国也看到了一丝机会，瞄准了西班牙位于中美地区的领地，看上了富饶的洪都拉斯和尼加拉瓜的莫斯基托斯海岸。这条地峡就是连接大西洋和太平洋的咽喉地带——很可能大赚一笔的宝地。交战初期，英军旗开得胜，可后来就没那么好运了，死伤惨重，需要从北美战场派去更多士兵。不仅如此，因为独立战争转变为国际冲突，原本派遣至美国的成千上万名英国皇家士兵，又被调去其他地方。英军的作战计划再次因为人手不足而只好搁置，这对美国独立战争的战局也起到了深远影响。

　　虽然知道自己援兵不多，克林顿将军应伦敦的指示，以自己逐渐减少的军队执行新的战略。他计划把重心放在南方各州，那里有不少人是效忠派人士和奴隶。英军希望通过入侵南方可以逼美军在那里部署兵力，美军此举一来可以防止奴隶暴动，二来可以守住边境线，避免加入英军阵营的印第安人发动袭击。爱国者的兵力一旦分散开来，克林顿相信他可以轻取佐治亚州，再转攻南卡罗来纳。

　　到了 1778 年 11 月，克林顿大胆地执行了计划，他命令当时位于纽约的 3000 名士兵乘船前往佐治亚萨凡纳。1778 年 12 月 29 日，萨凡纳落入英军手中。可是，萨凡纳战役远没有结束。美军展开了围攻，1779 年 9 月，他们迎来了让·巴蒂斯特·德斯坦伯爵率领的法国舰队。这支舰队经历了 1778 年的罗德岛惨败之后，先是航行到波士顿进行整修，后来又顺着佐治亚海岸线航行，前来参加萨凡纳战役。不过，英军顽强死守，经过一番激烈交锋，法国和爱国者们蒙受巨大损失，无奈之下只好撤退。

受到胜利的鼓舞，克林顿从纽约调集更多人马前去南方。12 月，共有 8000 士兵乘船出发，他们在海上遭遇飓风，拖延了行程。最终，于 1780 年 2 月，查尔斯·康沃利斯伯爵随军抵达了距离南卡罗来纳查尔斯顿 30 英里处。本杰明·林肯少将——马萨诸塞人，负责指挥南方的爱国者军队——命令部下隐蔽在查尔斯顿的防御工事后方。

主战场开始南移了。

1780 年

第二十六章

挥师南下

由于担心南方军队是否有能力经受得住英军的突袭，乔治·华盛顿决定派出最好的部队前去查尔斯顿支援本杰明·林肯少将，而大部队则会留守北方，保卫西点以及通往北方各殖民地的通道。华盛顿这一次又召集了他的勇士之师。他们和特拉华团的战士们一起——共2100人——组成了马里兰师。其中又分为两个旅，一支由威廉·斯莫尔伍德带领，另一支则由莫迪凯·吉斯特带领。许多人对活着走出南方战场不抱太大希望，整个师也被冠以"绝望之师"的封号。

1780年4月16日，部队离开莫里斯敦，这一去，在南方作战就待了几年。数以百计的战士没能活着回家。鲍勃·柯克伍德上尉把他们的漫漫征程写进了日记里，每天都会记录这些不朽的勇士们行军多少英里。这支主要由马里兰军和特拉华团战士组成的队伍，从1780年春天直到1782年春天，走过了惊人的4656英里——通常是赤足而行。直到1783年，他们才得到州政府的补偿——只有足够幸运，保住了命，经受住了后勤和审判的考验之人才能拿到钱。大部分战士到 1780 年 8 月就没有军饷了，军官为部分战士预付了军饷，但在战后，战士们必须发誓并向马里兰法官坦承已拿到了欠薪。

最让吉斯特和斯莫尔伍德感到灰心丧气的是，马里兰师的领导权又落到外国人手里。约翰·德卡尔布"男爵"将军，在马里兰师南下的前几个月里一直由他指挥，他就是那个时代的阿诺德·施瓦辛格，据其参谋描述他是"完美的阿里奥维斯图，身高六英尺"。他有着传奇般的忍耐力，通常每天仅凭步行能走上二三十英里，不爱骑马更爱走路。这一点是最为突出的能力，因为在 1780 年 4 月，德卡尔布已经 59 岁了。他训练有素，出了名的"有节制、严肃、慎重"，他一般在天亮之前醒来，然后就立即开始工作。9 点钟准时享用早餐，其实也只是干面包和水而已，水则是他会喝下的唯一饮品。午餐，他会喝点汤，吃一点肉；晚餐又吃面包。一天结束后，他"把自己的行囊整理成一个枕头，在身上裹上宽大的骑手斗篷，躺在火堆前"就睡了。德卡尔布"有耐心，坚韧不拔，体质强壮，抗饿耐渴，对军中一切困境都能逆来顺受"，他还和士兵们打成一片，为大家树立榜样，愿意同军衔最低的二等兵共同分担痛苦，是位优秀的军官。

除了汉尼拔式的领导风范，像冯·施托伊本一样，德卡尔布自封"男爵"，还在姓前面冠以代表贵族的前缀"德（de）"。德卡尔布将军出身于巴伐利亚的一个农民家庭，16 岁那年离开家之后去了法国，在步兵团服役，做过中尉。不知何时，他把名字从汉斯·卡尔布改为约翰·德卡尔布，听起来更有贵气。他得到过数次荣升，军衔升至中将，也被授予男爵的贵族头衔。

1767 年，法国派德卡尔布到美国"调查民意"。他汇报说殖民地的革命思想已经成书，而法国当时无意派遣兵力加入尚未打响的革命战争。德卡尔布迫切希望参加这场战争，他悄悄和拉斐德以及其他几位法国军人一起回到美国，寻找为美军阵营效力的机会。他们于 1777 年 6 月抵达。在那个年代，欧洲人成批来到美国，都希望得到委任状。许多人都没能如愿，不过德卡尔布几次施以重压之后，最终坐上了师长之位。大陆会议原本只想授予德卡尔布中将军衔的，但好胜的德卡尔布坚持不让，甚至威胁要控告大陆会议。最后，他争取到和拉斐德平级的军衔。虽然德卡尔布起初和大陆会议出现了不愉快，但他向法国国王发去几封有利的报告，直接促使法国为战争出资。不难猜测，华盛顿让男爵指挥几支大陆军最优秀的精英队伍，也给法国国王留下了好印象。现在，德卡尔布在马里兰军传奇之旅的第一阶段带领他们疾奔150英里，仅用3个星期就到达了马里兰埃尔克顿。一路上，约翰·伊格·霍华德在巴尔的摩驻脚变卖了部分财产，为接下来的开支筹款。他还留了一些资金"以便自己被俘后可用于不时之需"（落入英军手里的被俘军官希望可以用钱上下打点。）。在埃尔克顿，马里兰军上了船，向弗吉尼亚彼得斯堡航行而去。

马里兰军行军向南，而已经从纽约扬帆启程的亨利·克林顿和查尔斯·康沃利斯伯爵则率队包围了查尔斯顿。林肯虽然在此死守两个月，最终还是向红衫军投降了。1780年5月12日，英国皇家军队俘虏了近6000名美军士兵，南卡罗来纳和北卡罗来纳的大陆军全员，以及大部分弗吉尼亚大陆军都在其中。还有1000名美国水兵和4艘美国军舰落入英军圈套。当时，俘虏一般都要进行假释宣誓，即宣誓不再参战就可得到释放。然而，英军接受林肯投降时并未遵从传统作战礼仪：美军离开时不能携带旗帜以及武器，英军把普通士兵押到监狱船上让其自生自灭，而非予以假释。

在查尔斯顿陷落之际，亚伯拉罕·布福德上校率领的小部弗吉尼亚军正快马加鞭地前去支援。发觉自己无力回天后，布福德的弗吉尼亚军便迅速撤退，英国骑兵则穷追不舍。就在布福德及其部下抵达北卡罗来纳边境时，5月29日，巴纳斯特·塔尔顿率领的轻龙骑兵和普通骑兵在南卡罗来纳的破落村庄沃克斯华追赶上来。美军迎来了悲惨的"浩劫"。布福德准备率队投降，而英军却向布福德及其部队冲去。出于五花八门的理由（塔尔顿的借口是，他摔下了马），英军骑兵没有看到布福德举起白旗。塔尔顿的部队残忍地杀害了 113 名弗吉尼亚军，另有 150 多名美军受伤，史称"沃克斯华屠杀"。塔尔顿也因这场屠杀而得名"血腥阿班"。在接下来的两年里，此次事件对辉格党——或者说亲美派——士气产生巨大影响，而"塔尔顿的慈悲"也成了抓到俘虏后不留活口的代名词。该事件还让当地的辉格党和托利党人之间的冲突上升为血债血偿的报复行为。大屠杀的幸存者——不足 100 人——南方战场上遗留下来的所有人，骑上马飞也似的狂奔北去。

克林顿为自己粉碎了美军的南方作战部队而沾沾自喜，留下康沃利斯守卫佐治亚和南卡罗来纳，自己则回到了纽约。

与此同时，马里兰军也在弗吉尼亚的彼得斯堡登陆，士兵们向南艰难跋涉 140 英里，来到了北卡罗来纳的希尔斯伯勒。此次美军吸取了查尔斯顿失守的教训，德卡尔布及其部队朝南行进，来到了当时在 13 个殖民地里最贫瘠、最荒凉的地方。

卡罗来纳两州道路欠发达，河道密布。此地易守难攻，能为撤逃的军队赢得时间。能驾驭纵横河道的船只，就能夺得战役胜利的关键。整体来说，这里的地理条件和北方的大不相同。临近海岸的低洼地带拥有一大片湿软平原，盛产大米，农场主也家境殷实，蓄有奴隶。远海内陆地区，地势从丘陵地带逐渐抬高，深入阿巴拉契亚山脉。在边远地区，农场主的家庭条件不是那么富裕，人们背着印第安部落，偷偷种些玉米和燕麦。再往西走，则是非法占用南卡罗来纳西部及今日田纳西州的暴民。1763 年公告里不包括这一地区，那份公告只是单纯以阿勒格尼山脉的地形为界，山脉以西地区被划为美国原住民的地界，殖民地居民禁止移居进入。拓荒者们在这片禁地里，不仅要时常与印第安人作斗争，还要与自然条件抗争。

穿过那片陌生地带时，马里兰军又一次面临即将断粮的危险。英美两军把这里一扫而光，辉格党和效忠派的农民通常会提前把家畜赶走，避免被哪一方抢去。更糟糕的是，与国境线无异的这片区域，鲜有村镇供他们购买必需品。当时，查尔斯顿的城镇规模最大，有 1.4 万居民，其中有 5000 人左右都是奴隶。希尔斯伯勒和索尔兹伯里次之，均只有六七十户人家。为了解决长期饥饿的窘况，马里兰军官树立了榜样。奥索·霍兰·威廉斯回忆道："尽管自己的水壶和饭盒也是空空如也，军官们仍然和士兵们共同忍受困苦；他们还以身作则，鼓励士兵们像自己一样坚韧不拔。"待到春去夏至，炙热的骄阳烤得他们萎靡不振。身上还穿着制服的军人们纷纷中暑。数不清的虱子、跳蚤爬到士兵身上，吸他们的血。甚至连忍耐力极强的德卡尔布也发起了牢骚："虱子，一种生命力顽强的黑色跳蚤……钻到人身上，它咬上一口，就能让人疼痛难忍，皮肤红肿……我全身都被他们蜇了。"

卡罗来纳两州的人口也很多元化；有前英国圆头党（曾在 17 世纪中叶的英国内战中支持议会的党派）、法国胡格诺派教徒，以及早些年为躲避迫害，便从家乡逃到卡罗来纳地区来的苏格兰高地人。苏格兰 - 爱尔兰裔人、爱尔兰天主教教徒、荷兰人和瑞士人也星星点点地分布于此。一般来讲，同一民族的移民走得亲近，会按宗教信仰和政治情况形成独立社区。有的会投身爱国者阵营——如长老派的苏格兰 - 爱尔兰裔人——有的则对英国极度忠诚——如苏格兰高地人。这些团体之间经常出现暴力冲突。当地解决世代新仇旧恨的手段，普遍采用原始的枪杀和绞刑。

在补给余量逐渐耗尽的情况下，马里兰师继续向南卡罗来纳进军，一路搜寻粮草。断粮使得"一大批士兵倒戈投敌"。他们找到什么就吃什么，通常是未长成熟的玉米和水果之类。到了 7 月 25 日，饿得半死的士兵们终于到达了威尔科克斯炼铁厂，在那里与霍拉肖·劳埃德·盖茨将军的队伍会合了——盖茨将军替林肯接下了南方战场的指挥棒，也是德卡尔布麾下的马里兰师等其他部队的总指挥。华盛顿原本希望纳萨尼尔·葛林担任此职，但大陆会议没有征询华盛顿总指挥官的意见，便任命了仍沉浸在萨拉托加大捷里的盖茨将军。因为他年事已高，加之他的脾气，一些战士称呼盖茨为"奶奶"。

起初，奶奶的出现带动了军队的士气，原因不是别的，而是因为他承诺给所有战士提供足量的"朗姆酒和口粮"。可是，事实却是，他们依然在到处搜寻粮草。盖茨带领马里兰军等部队组成的"大军"前往南卡罗来纳的卡姆登，即英军天罗地网的中心。托马斯·萨姆特和弗朗西斯·马里昂发来的情报，建议大军可在卡姆登攻击并一举拿下英军驻军。

马里昂，绰号"沼泽狐狸"，是游击战的先锋，领导当地民兵参与了无数次激烈对抗效忠派军队和红衫军的运动战。他不像梅尔·吉布森在电影《爱国者》里演绎的那样神气威武，真实的沼泽狐狸其实很不起眼：身材短小，身体衰弱，50来岁，因膝关节和踝关节变形，走路一瘸一拐的。他在南卡罗来纳料理一个农场，协助管理自己家族的土地，后来在法国 - 印第安人战争时期入伍，参加了几次对抗切罗基印第安人的战役。他原本被分配到位于查尔斯顿的林肯军中，查尔斯顿陷落时，他远在别处——因脚踝意外骨折，他当时已回乡休养去了。林肯投降后，他不顾伤情未愈，组织起一支小分队，开始运用打一枪换个地方的运动战恐吓敌军。马里昂采用从切罗基人那里学到的战术，他命令部下躲避在沼泽里，狠狠地打击目标，威慑这片地区。英军为了抓住狡猾的马里昂，派出最残忍的部队——巴纳斯特·塔尔顿。马里昂的绰号也是塔尔顿起的；在卡罗来纳沼泽上猛追爱国者 26 英里之后，塔尔顿放弃了，惊呼："这只狡猾的老狐狸，就算撒旦亲自来抓也抓不到。"

托马斯·萨姆特也赢得了一个有趣的绰号——"斗鸡"。萨姆特于 1734 年出生在弗吉尼亚的一个威尔士移民家庭里，他后来加入了民兵，经常同印第安人部落开战。1761 年，他参加了廷伯莱克远征，这是一场深入印第安部落、充满冒险的侵略战争，也正是这段经历，让萨姆特和切罗基人有了亲密接触。他和一位名叫奥斯特那科的首领结下了友谊。当奥斯特那科提出想见国王的要求时，是萨姆特陪同前去伦敦的，尽管这次旅程让他破产了，还把他丢入欠债人的监狱。他最终成为一位小有成就的商人，并在南卡罗来纳拥有一座农场。美国独立战争爆发之后，他接到了担任中校的委任状，隶属于南卡罗来纳战线的第2团，但他辞去了职务，在结束两年的征战后，他回了家，希望过和平的日子。那个梦想在1780年被打得粉碎，当时英军袭击了他的家，把他坐在轮椅上的妻子从家里拖到房外的草地上，当着他的面把他家付之一炬。萨姆特一怒之下奋起还击，不断打击英军部队，通常会冒险博命。有位传记作者写道："英勇无畏，残酷无情，就像一只斗鸡，用利爪刺向敌人，在其身上留下累累抓痕，直到杀死对方为止……斗鸡极富想象力，绝对是大军事家，本能地运用人力和地形阻碍敌军的脚步。他是个大胆的战略家，率领生疏的民兵和英国正规军展开肉搏战。"

马里昂和萨姆特对卡罗来纳的情况了若指掌，为盖茨的对敌战略提出建议。由于人手有限，英军要稳固夺去的领地实为不易。英军竭尽所能地最大化利用当地地形，在沿河地带及小镇里设下一串前哨，而大部队则坚守在查尔斯顿及其周边，他们还在乔治敦、博福特、萨凡纳、奥古斯、九十六和卡姆登安排了小支驻军部队驻守。在靠近中央的前哨基地里，卡姆登又是咽喉要塞，它是连接边远地区和低洼地带的要道所在。英军一旦失守卡姆登，就等于失去了南卡罗来纳。

马里昂和萨姆特等勇士率领马背上的游击队在乡间神出鬼没，切断英军前哨基地漫长的补给供应线，对英军来说堪称一场噩梦。大型马拉篷火车运输的补给品够好几处驻军享用的，可就是这样的火车才最容易遭受游击队的突袭。爱国者们从当地人那里获取了优质情报，埋伏在沼泽地和森林里，专门针对运输补给的火车发动突击。他们不仅会攻击补给交通，还有一小支游击队伍堵截英军的大批人马和有如惊弓之鸟的效忠派军队，切断其支援。

　　盖茨率领部下沿着几乎没有粮食，也无敌对的效忠派分子居住在沿线的道路，直奔卡姆登而去。他的计划——没能和副官充分沟通——是在卡姆登附近找到强有力的防御位置，而游击队继续在此期间骚扰英军的补给线。盖茨希望这些攻击要么迫使英军离开此地，要么让英军相信美军即将攻打他们的强点。然而，实际的战况却大大出乎萨拉托加英雄的预料。

第二十七章

"泻药" 和夜间行军

1780 年 8 月 15 日夜晚至 16 日凌晨，天气闷热，空中无月，星光点点，透过松树枝，朦胧地照着泥泞的道路。马里兰师在骑兵的带领下，肩挎着滑膛枪，列队走着。他们身后是长长的北卡罗来纳民兵队，还有近 1 英里长的一辆辎重火车蜿蜒行进。士兵们脚步沉重，踏在沃克斯华路上，前往大马车路，大马车路贯穿南卡罗来纳，沿线经过许多小镇，其中就包括英军的战略重镇卡姆登，道路两旁有成排松树在沙地里站得笔直，仿佛在迎接他们的检阅。

连续数天，马里兰军都在纵贯卡罗来纳两州，已经走了几十英里。肚子饿得不行了，这支大军的大陆军及民兵战士停下了脚步，匆忙吃点东西；每个人有几块面包、牛肉和大约 4 盎司的糖蜜。对于许多人来说，这些是他们人生最后的晚餐。不久之后，甜味剂给他们带来意想不到的影响。特拉华团的准尉副官威廉·西摩进行了说明："我们每个人都得到了 1 吉耳糖蜜代替朗姆酒，可它非但不能振奋精神，还导致大家就像服用了药喇叭（轻泻剂）一样出现了腹泻，一路上我们随时随地有人被迫掉队。"

夜已深，士兵们还在向南行军，对胜利充满自信。相传"萨拉托加英雄"霍拉肖·盖茨豪言道："明天早上，我会和康沃利斯共进早餐。"

这天一大清早，盖茨预计自己的军队有 7000 人。奥索·霍兰·威廉斯——时任盖茨的代理少将——知道有一大批士兵都请假了，便要求各团报告人数。每支分队都如实汇报；人数总共只有 3052 人"可以执勤"。拿到数据之后，威廉斯冷静地把实际人数提交给上级。

盖茨看了威廉斯一眼，点了点头，愉快地让全军解散："阁下，这些人也足以完成任务了。"

盖茨的部队依然在人数上占优，可数量不等于质量。这支新成立的大军里主要由民兵组成，马里兰师和特拉华团作战丰富的老兵加强了其主力的战斗能力。大军的许多战士不久以前还在种地或开商店，现在则要面对康沃利斯麾下训练有素的英国正规军。

威廉·斯莫尔伍德和马里兰师听从盖茨的命令，向卡姆登进军，但斯莫尔伍德不同意作战计划。一位北卡罗来纳民兵"无意间听到盖茨和斯莫尔伍德关于作战计划发生了争论"。威廉斯回想起让他的军官同僚们目瞪口呆的计划时也说："一支军队，2/3 以上的人是民兵，而这些民兵从来没和其他部队一起武装操练过，谁敢指望他们一夜之间可以排好阵列，执行其他战术，更何况是在敌人面前？"

就在马里兰师前方几英里处，康沃利斯将军集结麾下将士，准备夜间行军——结果和美军不期而遇。康沃利斯本想搜索美军位置，但不知道原来他们相隔这么近。军队集合了，康沃利斯向战士们发表讲话："现在，我勇敢的战士们，眼前有一个机会供你们展现你们的勇猛，证实我大英帝国军队的威力。你们都敢于直面敌人，渴望英名远播。敌军十有八九就在前方，让那些胆小鬼退到后面闻火药味去，凡是向前冲的，都是与敌军拼命到底的勇士。"

约翰·罗伯特·肖是康沃利斯旗下第33步兵团的一员，他把伯爵慷慨激昂的讲话记录下来，据说几乎所有战士都冲出去了，"只有少数人留下来保护病员，保卫军事物资"。

红衫军也踏上征程了。

双方的先头部队毫无征兆地展开小规模交火，枪声划破了夏夜的寂静。经过了几小时的行军，双方不知不觉地相遇了。

黑暗之中，查尔斯·阿尔芒·蒂凡上校——人称"阿尔芒上校"，参战之前的经历非常坎坷——带领着美军骑兵。阿尔芒是法国人，他在法国时曾在王宫卫队服役，那是法国国王的精英警卫队伍。可是，他在一次决斗中伤了路易十六国王的表弟，这一事件直接导致他踏上流亡美国之路。经华盛顿允许，他召集了一个骑兵团。午夜时分，阿尔芒的兵团担任起掩护的角色，向康沃利斯军的先锋发起进攻，伤亡较重便又撤退，"整个军队乱作一团；突然撤退，将马里兰第1旅暴露在敌人面前"。马里兰士兵上前迎击，"勇敢地执行军令"。这场突如其来的冲突让对战双方始料未及。"敌军的吃惊程度绝不亚于我军，看上去也默许暂时休战。"威廉斯回忆道。

在抓获几个战俘之后，威廉斯确定英军的指挥官就是康沃利斯。接着，他又对战俘实施逼供。英国佬透露，康沃利斯指挥着约2000兵马，位于前方距离爱国者大约600码之处。威廉斯遂将该情报上报给盖茨，老将军"惊得目瞪口呆"。

威廉斯听从盖茨指示，召集了作战会议。威廉斯匆忙地联系上每个军官，让他们集中在爱国者大军后方的一片空地。首先抵达的是德卡尔布男爵，他指挥的是马里兰师及附属的特拉华团。当威廉斯说出敌军就在前方的情况后，男爵一脸疑虑地说："那盖茨将军有下令让军队撤退吗？"

尽管忧心忡忡，德卡尔布在会议中始终保持沉默。军官们刚一到齐，盖茨就把敌军位置的"坏消息"传达给各位，然后问："诸位，我们现在该如何是好？"

所有与会人员"沉默了一会儿"，整个会议笼罩着令人不安的寂静。英勇却固执的爱德华·史蒂文斯准将——执掌弗吉尼亚民兵——终于开口："各位，此时除了迎战之外，做什么都来不及了吧？"

德卡尔布和其他军官一言不发。由于没有更多建议，军官们又回到各自岗位上去了。

他们只能小憩几小时，迎接清晨的战斗。

第二十八章

卡姆登

当 1780 年 8 月 16 日清晨的第一缕阳光穿过松树林时，美军士兵也排好了战列。

"等看到他们的眼白再开枪！"军官再三叮嘱，而此时军令已经传遍了整个美军阵营。

鲜红色的人墙现身了。"他们来了，战线拉得和我们一样长。"旭日东升，奥索·霍兰·威廉斯留意到自己所想的也是敌军纳闷的地方，就朝霍拉肖·盖茨奔去，而盖茨"似乎在等待时机——没有下任何指示"。

威廉斯深知此时是箭在弦上，便迫切要求盖茨下达攻击指示。

盖茨将军厉声答道："你说的对——进攻吧！"

威廉斯跨上他那匹黑色战马，"赶紧去找爱德华·史蒂文斯将军"。其麾下的弗吉尼亚民兵"立即精神抖擞地紧随他的部队出发了"。威廉斯又召集了四五十名志愿兵来壮大攻势。二等兵团迅速集合完毕，马里兰师挺上前线，他们奉命担任前哨，拖延敌军进攻的步伐。"到树林里去！打完一枪尽量跟上不要停！"

战役拉开序幕，莫迪凯·吉斯特环顾战场，这里是一片沼泽，针叶林星星点点地散布在沃克斯华路两侧，给英军从侧面攻击美军带来了难度。在这样的地形条件下，红衫军只能集中其人数较少的兵力，向爱国者大军发起正面进攻。可是，当盖茨组建大军时，无意间犯下了一个致命错误。美军最弱的部队——北卡罗来纳和弗吉尼亚民兵——正面对抗英军久经沙场的第 23 团和第 33 团正规军部队。英军通常会把战斗力最强的分队置于右翼，发动"右手"进攻。按理说，美军也应该把其精英部队——打先锋的马里兰师和特拉华团——挡在英军兵力最强的部队前面。

美军的精英部队——吉斯特的马里兰第 2 旅，其中包括马里兰军的三个团，以及罗伯特·柯克伍德上尉率领的坚毅的特拉华团——在沃克斯华路右侧沿线排成一排，延绵近 1 英里长。"（我们）排好了战列……天一破晓就架好了我们的兵器。"柯克伍德回忆时说。

红衫军齐声吼道"冲啊！"整排齐齐射击，冲过沙质的战场。

一些民兵忘记了等看到敌人眼白再开枪的命令，他们几乎立即就退缩了。一位北卡罗来纳士兵回忆道："我觉得我的枪是最先开火的，尽管有军令在前，可是，敌人离我们太近了，如入无人之境，我想也没想就开了枪，希望先发制人，避免被对方杀掉。"霎时间，战线上下尽是高声怒号。

刺刀在阳光下熠熠发光，红衫军向弗吉尼亚民兵一拥而上，民兵"几乎瞬时崩溃。他们恐慌地扔掉已经上膛的武器，仓皇逃离"。民兵队伍里只有一个团抑制住逃跑的冲动。很不幸，美军左翼战线已经溃不成军。一位亲历者写下令众人惊慌失措的本能，"像电一样突如其来——凡是所到之处，都会产生无法抗拒的共振作用"。

威廉斯、吉斯特以及吉斯特的朋友约翰·史密斯上尉前去设法稳住溃逃的民兵，可是英军无情地打垮了这些业余战士。相反，美军的右翼坚守住了。

战场上硝烟弥漫，蒙住两军的视线，柯克伍德想起当时"战况危急，持续了一个半小时"。马里兰军稳如磐石，死守阵地。"吉斯特将军让手下部队维持着良好的阵形，用轻型武器和大炮，不断向第33团以及整个左面战场，发起猛烈而精准的打击。"巴纳斯特·塔尔顿如是写道。

由吉斯特指挥的马里兰第2旅，仿若一把尖刀直插向爱尔兰志愿军。这支志愿军队伍由爱尔兰贵族弗朗西斯·罗顿勋爵，塔尔顿的挚友率队。罗顿被誉为英军队伍里"最丑恶的军官"。他首次在邦克山战役中亮相，很快便连升几级，获得了康沃利斯等上级的首肯。1777年秋天，他奉命从13个殖民地募集爱尔兰裔志愿军，而那些志愿军们此时在战场上面对的就是他们的美国同胞。

位于爱尔兰志愿军对面的是约翰·伊格·霍华德，他现在已经是美军阵营中最优秀的军官之一。他骑着战马，高喊："射击！"一听他指挥作战的号令，战士们纷纷冲上前去。一位英军军官回忆道："敌军发射了可怕的葡萄弹……我带了一个连，牺牲了一大半，我旁边那个连则损失了2/3的人。半小时过去了，战局依然不明朗。"

美军二次反击爱尔兰志愿军，罗顿的部队开始有所动摇。马里兰战线那些身经百战的老兵们"锐利的本能已经被严苛的纪律和艰苦的服役生涯磨灭，他们冷冷地看着民兵陷入混乱"。威廉斯写道。

这一次，战场上几乎看不见任何事物。"死一般的寂静，硝烟未尽，整个天也是灰蒙蒙的，很难看清双方的战况如何。"一位目击者回忆道。尽管能见度很低，马里兰军坚守不让，康沃利斯却感受到战局走势正发生转变。伯爵组织迂回战术，却发现他的敌人开始动摇，他便骑马冲进战场的喧嚣，"神情冷峻，闯入猛烈的战火之中"。

康沃利斯用他身先士卒的英勇表现激励着士兵："爱尔兰的志愿军们，你们是最好的战士！向那帮无耻之徒冲啊！拿出气魄来！"

约翰·德卡尔布的勇气和康沃利斯不分上下，他骑着马上下奔走于阵线，鼓励部下坚守阵地。突然，他的马一蹶不起，被英军一颗子弹射中而死。

英军步兵团袭击吉斯特部队的左翼。康沃利斯让塔尔顿的骑兵团加入战斗，给美军以致命一击。

虽然盖茨战线被撕裂了一个大口子，德卡尔布还在继续战斗。这位花甲之年的巴伐利亚人不顾战马已死，依然寸土不让。德卡尔布的副官还记得当时英军紧逼这位马里兰师指挥官面前，"德卡尔布落入敌手，身负八处刺刀的刀伤，还中了三颗滑膛枪弹。当时我站在男爵身边，和他共度生死，我的手和胳膊都受了伤。"

威廉斯从斯莫尔伍德的第 1 旅往回走，来到吉斯特和德卡尔布处，看到他们正与敌军拼个你死我活，便召集了本杰明·福特率领的团，"我召集这个团不是为了撤退，而是要回击敌军。他们已经恪尽本分了。我们人数上不占优势，而且被敌军包围了，只见敌军端着刺刀向我们冲来。"

马里兰师被英军三面包抄。在这一危急时刻，威廉斯和吉斯特寻找斯莫尔伍德，"然而，他却不见了踪影"。

吉斯特继续同其他马里兰士兵协同作战。盖茨的一名副官查尔斯·马吉尔少校写下了马里兰师的战况：

战士们英勇顽抗，为不朽的荣誉而战，可是最后被迫让出阵地，几乎全都牺牲或被俘；吉斯特的部队做出英雄的表率，斯莫尔伍德的部队也是如此。不过，我军左翼没有更多兵力，导致我们没有机会施救……吉斯特的部队也插上刺刀朝敌人冲去，起初也吓退了敌军……然而，要不是那些民兵怯战而逃，我军人数是足以对付敌人的。

塔尔顿和英军步兵团联合起来，向美军阵线发起攻击，引发一场焦灼的混战。"战场上满是溃逃之众和无情的残杀。"美军阵线全线崩溃。

吉斯特试图重新集结自己的部下，有序撤退，这样能间接帮助盖茨大军残部撤离。据塔尔顿回忆："吉斯特准将带着约一百名大陆军的部队逃走了，趟过美军阵地右面的沼泽地，而英军骑兵没能跟过去；这是唯一一支以集体状态撤离战场的队伍。"

德卡尔布还在负伤作战。男爵在倒下之前还用佩剑砍死了一个红衫军。英军士兵开始剥除这位垂死巴伐利亚人身上带有金色绣花的制服。康沃利斯骑马上前，立即制止。他同情地说："对不起，阁下，看到您我很难过，不是因为您被打败了，而是因为看到您伤得这么重。"

德卡尔布当时已经奄奄一息，传闻说他看了康沃利斯一眼，豪迈地回答："谢谢您如此慷慨的同情心，但我是一个为人权献身的战士，死得其所。"

在逃向布鲁克林途中，马里兰师穿越战场旁边的沼泽地，逃出生天。塔尔顿率军紧随其后，用佩剑和手枪拦阻了仓皇而逃的美国大陆军和民兵队伍。

激战正酣之际，一名大陆军战士跑向约翰·伊格·霍华德，通知他有一名马里兰军官受伤。霍华德随即启程，帮战士们从战场上救下这位受伤的军官。一位马里兰军官后来回忆起吉斯特和霍华德以及他的马里兰同僚的英勇事迹："我看到吉斯特将军、霍华德上校还有其他人脸上，都是那样一幅冷静而无畏的表情……我相信我们本来可以攻下那里，我觉得我们可以打败那些英国士兵。"他还说霍华德是最后离开战场的人之一，同行的还有非裔美国人托马斯·卡尼，是卡尼"扶着霍华德离开的"。

与霍华德和吉斯特截然相反，霍拉肖·盖茨将军则给自己脸上蒙羞，他是第一批离开战场的军官。有报告显示战场上没有看到斯莫尔伍德的身影。斯莫尔伍德在写给马里兰政府的信里，粉饰了逃离战场的事实，只拣对自己最有利的部分进行了串联："我和被打散的马里兰师余部一起沿着沃克斯华撤退了，一起走到夏洛特才落脚。"

这些战士为保命逃了 20 多英里，接着又陷入一片混乱。威廉斯回忆起当时的场景："后方传来妇女和伤员的哭喊，逃亡的部队惊魂未定，有些马车夫一惊一乍地解开车队，骑上了马逃离战场。"

就在那一个多小时里，美军遭遇了史上最惨烈的一次败仗。现在联邦的南方殖民地随时都可能遭受英军袭击。

开战之前，盖茨曾命令大军那拥有近 200 辆马车的辎重车撤出战场，但马车夫没有理会将军的命令。结果，由于没有听从军令，跟随大军流动的平民和女眷都完全处于英军控制之下。最令人震惊的是，美军的骑兵——奉命守卫辎重车——此时竟然在趁火打劫。轻龙骑兵开始冲进车厢，把衣服、食物以及马里兰军官的钱币都扯了出来。他们还贪婪地打破了装杜松子酒的箱子，打开酒瓶后递来递去。

康沃利斯的兵站总监视察了战场，也记录下战争留下的伤疤。"延绵几公里的路边躺满了遭受我军追击的死伤者，还有大量的死马，残破的马车以及散乱的行李撒在路面上，呈现出一幅充分诠释其恐惧和混乱程度的景象。我们找到无数兵器、背包和装备，可见美国人当时是多么害怕，多么惊慌。"

马里兰师和民兵来不及细看洗劫的情况，便逃走了。马车夫恨不得马背上长出翅膀来，他们走过哪里，就把马车上的行李丢到路边去，留下了明显的标记。大陆军和民兵涌向北方，一边寻找战友，一边躲避塔尔顿骑兵队的追击。当地的托利党人也同样危险，他们总算找到机会打击不幸且四分五裂的爱国者们。康沃利斯激发了托利党人的自信，他们现在可以公然反对自己的殖民地同胞了。许多美军士兵在逃跑过程中丢弃了自己的武器，让英军的帮凶轻易拿走，"每天都能捡到不少武器，拿走值钱的东西"。

从现代反暴动方面来看，康沃利斯的战略性胜利左右着独立战争真正的重心，即平民。随着战争进程，他们的忠心可以——也的确是——随便在大英帝国和美国联邦之间左右摇摆。有了这场胜利，效忠派美国人腰杆挺得更直了。

平民不是唯一受卡姆登惊天一战影响忠心的人。将近130名大陆军和民兵也倒戈投靠英军，据威廉斯记录，"他们抓来一些俘虏，抢劫他人财物，虐待他们遇到的所有逃亡者"。俘虏面前只有几个选项：要么在监狱船上逐渐消瘦而死，要么加入英军，可能还有一线生机，甚至可以逃走。对许多人来说，一切都是为了活下去；而对有的人来讲，他只是单纯想要站在胜利者一方，因为这样就可能获得胜利带来的财富。

詹姆斯·古丁就是被迫加入英军队伍的马里兰二等兵，他在报告里说："我受了伤，我的肚皮和大腿都被打穿了。我在卡姆登躺了大概三个月。"伤势愈合之后，他就逃离效忠派，重新加入爱国者军队，在霍华德麾下的轻步兵团服役。默默无闻的特拉华大陆军战士迈克尔·多尔蒂也是一个幸运的叛变者。"我们团全军覆没……我很倒霉，受了伤，被抓去当了俘虏。"他回忆道。传言道，这次他又一次因为讨厌坐牢，而"听从劝解，加入了塔尔顿的军队"。他后来悔恨地哀叹："我真是犯下了一个大错！我从来没在如此糟糕的连队里待过。"

面对一旦被捕要么被囚于英军的监狱船，否则就得死的局面，吉斯特、约翰·冈比、霍华德等巴尔的摩独立士官连的元老级成员都为活命而逃。吉斯特和霍华德还集结起部分撤离的马里兰军队。他们一起踏上漫长的征程，朝夏洛特走去。

撤离的战士们"是一大群流离失所的人"。威廉的笔下描绘出这幅"士兵蒙受奇耻大辱的肖像画，整个行军队伍稀稀拉拉……还伴有悲惨、忧愁、焦虑、痛苦、贫穷、骚乱、混乱、羞耻和沮丧"。

吉斯特麾下的军官加萨韦·沃特金斯中尉，"被塔尔顿的骑兵追赶，翻过由11根圆木堆砌而成的栅栏，连续两天两夜没有吃过东西，也没见过其他任何人，躲在树林里睡觉"。

战士们发现夏洛特的粮食也不够。吉斯特则下令继续北上，前往索尔兹伯里。由于基本没有固定路线，导致罗伯特·柯克伍德几乎没有意识到他们这是在逃亡。"直到我们 21 日抵达了索尔兹伯里，我才意识到我们是在撤退。"战士们饿得饥不择食——主要吃的是桃子和西瓜——他们避过当地托利党人的眼线，行军近 200 英里。起初，主管高级军官还是斯莫尔伍德，他自称负责指挥掉队士兵。

他们同盖茨会师了。逃离战场之后，盖茨在马背上度过了三天半，走过的路程甚至比最有经验的骑手还长。

衣衫褴褛的残兵败将进入了希尔斯伯勒，准尉副官威廉·西摩是忠诚的美军老战士，据他回忆："每天都有逃亡士兵从卡姆登过来，可是他们的情况真是糟糕透了，又饿又累，衣不蔽体……这些战士需要重新提供全套制服、军帐和毯子。"

很难统计美军的真实损失；然而，有人预测过，至少 650 名大陆军死亡或被俘。马里兰师在卡姆登战役中死伤过半。不过，这支大军的余部慢慢在希尔斯伯勒会师，战役结束的两三周后才聚集完毕。正如之前屡败屡战时一样，马里兰军又一次重新集结起来，帮助重建整支部队。

弗朗西斯·马里昂解散部分大陆军士兵时，出现了值得一书的亮点。沼泽狐狸是这样描述此次保卫行动的："袭击了皇家卫队第 63 团和威尔士王子军团等托利党人。俘虏了 22 个（英国）正规军和 2 个托利党人，从马里兰战线救回 150 个大陆军。"

在卡姆登取得大捷之后，康沃利斯飞黄腾达了。不论是欧洲，还是在亨利·克林顿位于纽约的指挥部，都认为独立战争战局最后会倒向有利于英国。看到英军接连取胜，荷兰停止向美国供应火药、补给和装备，甚至对巴黎也有了威慑力。自从美法联盟结成后，两年来，除了让-巴蒂斯特·德斯坦搞砸的两次行动之外，盟军几乎没有可观的战果。有人质疑法国还会坚持参战多久，是否要弃美法结盟条约于不顾，私下尝试与英国和解。参战把法国推向财政危机，而取得英国原谅似乎可以给法国抽离战争找个台阶下。法国大有可能调走军队，停止资助美国。几个月后，俄国和奥地利提议召开调停和解会议来结束战争，这也许是对美国独立而言最大的威胁。

对尚处于萌芽阶段的新国家来说，1780 年的形势似乎比 1776 年秋天更为严峻。大陆会议里的"和谈派"开始号召同大不列颠帝国谈判。美军的士气降到最低点，许多人相信战争会以某种和解方式结束，而不是以爱国者如愿以偿地赢取完全独立告终。美军赢下 1781 年的几场关键战役时才抓住一线希望。如果英军可以单纯保持现状，继续巩固其在南卡罗来纳的成果，在没有重大伤亡的前提下扩充效忠派军队，英国似乎就能赢得最终的胜利。

康沃利斯和英军势不可挡。一位军官这样描写康沃利斯："他的军队就是他的家，而他就是一家之长。没有党派分裂，没有明争暗斗。军队的领袖如此受人喜爱，如此忠于他的国家，他的军队又怎能不团结？有了军队带给他的强大自信，他可以打下整个世界。"

第二十九章

"用炮火和刀剑毁灭他们的家园"

美国民兵躺在地上，抓紧右臂。他不幸在一次遭遇战中受伤，正呆滞地看着自己血肉模糊的右臂。

这道致命伤给他带来的折磨才刚刚开始。当时有效的治疗方法与其说是在救人，不如说是在杀人。可是，在卡罗来纳的边远山区，就连这些原始的治疗也做不到。伤者只好在"手术"期间，咬住一条皮带或一根树枝，面目狰狞地强忍剧痛，让战友按住他。

像他这种伤势，由于骨头"裂得粉碎"，大家都知道战士只有截掉手臂，才有存活下来的一线生机。没有医生，就由铁匠"用鞋匠的刀和木匠的锯子"卸下他的右臂，"他用长在栎木上的蘑菇来止血，没有搭起一根血管"。

当效忠派民兵向北推进时，每天都会与沿途的同胞展开遭遇战，上述场景也在反复上演。卡姆登大捷给了托利党人一大刺激，让他们勇敢地起身反抗辉格党的对手。在这段时间里，英军的驻美军队里，效忠派分子的人数剧增。在战争初期，英军认为效忠派不可靠，并未让他们担任战略里的重要角色。独立战争演变成国际战争后，英国皇家军队在北美遭受重创，急切希望填补人员缺口。他们在纽约当地招募了几千名士兵，到了1780年，在英军队伍中服役的托利党人多达9000人。然而，这个政策实施得有点晚了。整个独立战争期间，英军一直苦于找不到足够多人的驻军守卫他们拿下的地区。假如英军在开战伊始就积极吸纳效忠派，他们就有更多人马担任前哨，保卫他们所占领区域的效忠派了。

虽然在卡姆登取得了胜利，康沃利斯向亨利·克林顿将军汇报时仍称北卡罗来纳和南卡罗来纳北部交界处沿线的"整个乡村都被革命党牢牢控制"。游击队不时侵扰英军部队，逐渐演变为一场消耗战，就像1777年新泽西的"小打小闹"。游击队还会恐吓支持英军的人。英军疲于保护查尔斯顿外的效忠派人士。一场邪恶的内战使乡村陷入动荡，双方都野蛮地你争我抢，残忍至极。经过十几场小规模战斗之后，康沃利斯估测，他于1780年2月坐镇查尔斯顿时带来的军队，已损失了近1/10。

康沃利斯坚信，若要平息南卡罗来纳，就必须入侵北卡罗来纳，剿灭跨越州界线前来侵扰的起义者。1780年夏天，康沃利斯制订了攻占北卡罗来纳的计划，开始接触效忠派头目，储备补给。他准备带2200人从卡姆登出发，前往北卡罗来纳的夏洛特。

边远地区的民兵队伍忠于国王，成长得很快，经常抢劫并烧毁曾在弗朗西斯·马里昂和托马斯·萨姆特手下服役的辉格党人的家。他们还滥用私刑，绞死士兵，殴打平民。南方边远地区发动起来的战争和北方的截然不同，不过，在现代战争里，民兵对普通民众有极大影响——或感化，或威胁，甚至提供保护——他们能进入正规军难以渗入的地方。

许多效忠派民兵都围绕帕特里克·弗格森中校聚集起来。马里兰军和弗格森的第一次遭遇战要追溯到1780年4月，当时弗格森的突击队登陆了新泽西蒙茅斯县。9月1日，弗格森在卡姆登加入康沃利斯。"弗格森少校从卡姆登前来与我们会合了，还带来一个坏消息，我们又要离开大部队，和民兵一起到州境打仗去了。"美国效忠派志愿兵安东尼·阿莱尔回忆道。弗格森的任务是担当掩护，保护康沃利斯军左翼不受已聚在阿巴拉契亚山脉以西的革命军之攻击。弗格森的效忠派军队按照康沃利斯的计划，在入侵北卡罗来纳时组成左翼部队。这个计划从一开始就有瑕疵，弗格森的部队没有英军正规军做核心，反而整体依靠民兵。这是康沃利斯难得一犯的战略性错误——事实证明也让英军付出沉重代价。

祸不单行，英国将军亨利·克林顿爵士还发布一道布告，要求宣誓后得以获释的俘虏加入英国民兵队，否则视为叛国。这张布告搅得民众人心惶惶，而辉格党和托利党人之间分歧更大。处于守方的辉格党人发现，他们只能破釜沉舟与英军决一死战，别无他法。这张布告的内容——加之没收反抗国王利益之人的财产，在沃克斯华等地犯下的种种罪行——激化人们对国王的反动情绪，他们不愿加入像弗格森部队那样的效忠派民兵队伍。

弗格森率领近千名托利党民兵，从英军要塞九十六出发向北。九十六是确保南卡罗来纳边远地区的大门，也是该州南部地区一系列前哨基地的重要阵地。弗格森及其部下试图用武力镇压叛乱，他贸然宣布："如果他们继续反对大英军队，我们就会跨越大山，绞死他们的头目，用炮火和刀剑毁灭他们的家园。"

他向北卡罗来纳州的效忠派分子呼吁，命令他们武装自卫，还发表了一番长篇大论：

绅士们：除非你们想被一帮野蛮人吞噬，而这些野蛮人，会在你们年迈的父亲面前杀死你们手无寸铁的儿子，再砍下你们儿子的手臂，他们这种血淋淋的残忍行径和目无法纪的做法，充分证明了他们懦弱、这是在自寻死路。我是说，如果你们希望被人缚住双手，被抢劫，被谋杀，眼看着你们的妻女在四天后被那种人渣侮辱——简而言之就是，如果你们希望，或者说值得活下去，就以人类的名义，立刻拿上你们的武器，参军……要是你们选择被那些杂种侮辱，记住我说的，你们就等着被女人抛弃，让她们去找真正的男子汉来保护她们吧。

弗格森的一番话并没有对募兵起到太大效果，反而惹恼了名为"越山部队"的美国人。这些粗犷而独立的美国人从不把国王放在眼里，无视1763年公告的规定，移居到该公告中划为印第安人领地的地区。他们主要是苏格兰和爱尔兰裔移民（还有少数德国人和威尔士人），被视为非法移民，就定居在今田纳西州的东北角，即田纳西州、北卡罗来纳州和弗吉尼亚州的交界处。因他们反抗国王，弗吉尼亚州长邓莫尔勋爵称其为"危险的典范"。

他们是真正的拓荒者，在边境线上苛刻的条件下生存了许多年，时常与当地的自然条件和印第安人抗争才能赢得生存。艰难的生存条件塑造了他们坚实的身体，而对他们的仇敌来说，他们真是非常有威慑力："他们就像从地狱走出来的一群恶魔，发起冲击时是那样充满威力，拥有排山倒海之势……他们是我所见过最强壮的人；身上没有一点赘肉，身材高大，骨骼粗大，身体结实，一头乱蓬蓬的长发——他们和以前在卡罗来纳地区看到的任何人都不一样。"

正如一位当地居民后来自夸时所说："我们很强大……这世上能和我们打成平手的不多，能胜过我们的更是难找。"

弗格森扬言要绞死叛军头目，摧毁对方家园的大话让越山族下定决心，把这出生于苏格兰的军官杀个片甲不留。为了区分敌友，越山部队用了密码和暗号来进行识别。暗号是"布福德"，意指沃克斯华大屠杀。

弗格森前往田纳西去掩护正向北卡罗来纳前进的康沃利斯军，很快不费一兵一卒就占领了夏洛特。当收到前去迎击越山部队的命令时，他回撤到金斯芒廷，效忠派民兵在那里筑起了防线。英军军官希望得到康沃利斯的支援，而康沃利斯则在大概25英里开外的位置扎营。

1780年10月7日，一场倾盆大雨打向正骑马赶赴金斯芒廷的越山部队。他们的军官提醒众人，注意避免武器被雨淋湿。许多战士脱下上衣包裹在他们的德卡德步枪上。这种步枪由德国移民所造，是独立战争时期最先进的兵器，250码范围内都能精确射击，这是同时期其他武器远达不到的精度。

就在越山部队稍事休息时，艾萨克·谢尔比上校——该部队的实际指挥官——对另一名军官说："我到晚上才会停下脚步。我们跟着弗格森到康沃利斯战线里去。"3名军官各负责一个军团的先锋队，迎着大雨，再次启程了。到了中午大雨才停，冷风拂过行军战士的脸庞。3个军团路过一户托利党人家时，突然有个小女孩冲了出来，问他们："你们有多少人？"

"足够打败弗格森的，只要我们能找到他。"战士们回答。

小女孩指一指几公里外的山脊道："他就在那座山上。"

获得有限的情报后，军官们一致决定实施一套简单的方案：包围那座山，歼灭效忠派。

1780年10月7日下午3时许，军官们下令："全员下马，拴好马匹……扎好大衣、毯子等物，放在马鞍上。"

民兵詹姆斯·科林斯——当时不过十几岁，已经是个可靠的信使了——他回忆起那些战士们骑马作战的场景，他们用当地人打造的武器将自己全副武装起来："我们有剑、屠刀和战靴刺，都是铁匠亲手打造的。"这个少年还记得大战一触即发时的景象："展现在我们面前的是与预期截然不同的景象。天空乌云密布，不时还有薄雾降下。我们的补给尚缺，饥饿的士兵变得易怒。每个人都知道他们现在的处境，箭在弦上，不得不发，一切都押在上面了——自己的生命、财产，乃至妻子、儿女和朋友的命运似乎都在此一举，只有和对方拼个你死我活才是唯一出路。"

战士们集合后，军官们说明即将出发之意。但同时也给战士们施加压力，他们"不能轻易背负'胆小鬼'的骂名"。所有人都听从将军命令："擦亮自己的枪，每个人都坚定地迈向战场，决定战斗到生命的最后一刻。"

战士们悄无声息地走向弗格森的效忠派部队扎营的大山。根据弗格森的晨报显示，效忠派部队有 1125 人，只有帕特里克·弗格森一人是英军皇家部队出身的。900 名越山部队将效忠派部队包围。

就在队伍最后一排到达指定位置的 10 分钟前，越山部队就发起攻击了。"命令说，当我们发出第一声枪响时，所有人都要高声呐喊，向前冲，尽量杀出一条血路。"科林斯描述了战士们发出惊天动地的呐喊声，与敌人激烈搏斗时的场景。"我们很快都行动起来，每个战士都往嘴里放了四五发子弹，避免太干。"——这也可以理解为随时准备"快速装填子弹"。越山部队在树林和石子路上穿梭着，很快便冲到了金斯芒廷。

弗格森太大意了，当时还未在山顶修筑壕沟，却先组织起了战线。同为美国人的效忠派士兵向越山部队开火，他们连排齐射，但大部分子弹都飞过进击爱国者的头顶。科林斯回忆道："他们居高临下，但反倒是自取灭亡。他们的子弹几乎射不到我们，只有骑在马背上的有人中弹了，反观我军，每一把枪似乎都百发百中。"

然而，效忠派部队却两次击退科林斯及其所属的部队。一位爱国者战士回忆说："战斗好像愈演愈烈了。我看见率领他们的长官弗格森，身已中弹，还在激励部下。"科林斯和他的战友们发起第 3 次攻击。效忠派的队形开始涣散。军官们感觉胜利就在前方，怒号道："冲啊，勇敢的伙计们！前进！"

见山顶的战线崩溃，效忠派士兵慌不择路，纷纷逃窜。战役在最后 20 至 40 分钟里有了定局。弗格森在他的白色战马上，用靴刺刺向逃兵，手里挥舞着闪着寒光的佩剑，在战线上骑马飞奔，他的这番努力还是无法重新集结军队，最后亮出了白旗。

越山部队的战士没有选择接受敌军的投降。许多革命者大喊："让他们尝尝布福德的滋味！"越山部队不顾效忠派部队举起的白旗，展开了屠杀。一位革命军士兵后来回忆道："当时杀得眼红，我们没有意识到发生了什么，还在继续战斗。有人听说过布福德惨败后的遭遇，当时英军没有对俘虏留情……他们不仁，我们也不义。"几名军官试图阻止，对空鸣枪，大喊："别开枪！他们已经举白旗了，现在再杀他们等于谋杀！"

"停火！看在上帝的份上，停止射击！"

科林斯回忆起那次大屠杀时说："可怜的托利党人，下场真的非常可怜；到处堆满了他们的尸体，四面传来伤兵的呻吟声。"

弗格森的命运和士兵一样，随他征战的一位情妇弗吉尼娅·萨尔也死在了那里。萨尔被一颗子弹射中头部，美丽的红发一片血污[1]。确认战地时，科林斯找到了弗格森满身枪眼的尸体，记录道："看上去几乎有五十把步枪同时向他开了枪似的；有 7 颗子弹从他身体穿过；他的双臂都已碎裂，他的军帽和军服碎成几片。"

战报显示 157 名托利党人被杀，163 人受重伤。越山部队共俘虏了 698 人。

那天，战役结束之后，效忠派美国人的家人久久凝望着战场的恐怖景象。"第二天早上，星期天，那场面实为痛苦。可怜的托利党人的妻子和孩子来到这里，她们有许多人，看到她们的丈夫、父亲或兄弟成堆地躺在地上，再看其他人要么负伤，要么命垂一线。"科林斯回忆道。来访者很快掩埋了尸体。他们用老树干、树皮和石头盖住死者，如此一来，尸体很容易被森林里的野兽吃掉。科林斯评述说："附近的野猪成群结队地来到这里吃死者的肉……据说村里有一半的狗都疯了，被人杀死。"数星期后，科林斯回到战场看到弗格森的民兵队伍，这一幕令他久久难忘。"人体的各个部位散落得到处都是。"

越山部队残忍地刺死或殴打他们俘虏来的众多托利党人，再带他们走上去往监狱的漫长征途。安东尼·阿莱尔在日记里写："一些民兵虚脱了，掉了队，就被砍死或虐待致死，抛弃到泥潭里。"阿莱尔是幸运的，他和

1　弗格森有两个情妇，也就是弗吉尼娅·萨尔和弗吉尼娅·保罗。保罗在战役中幸存下来，但被越山部队抓为俘虏。有关这两个女人的文档资料描述互相矛盾，根据探地雷达显示，保罗和弗格森的尸体合葬在金斯芒廷。

几名被俘民兵逃脱了，经过 200 英里跋涉，躲过沿途革命党人的巡查，抵达了英军建于九十六的要塞。

1780 年 10 月 7 日，弗格森及其整支效忠派部队不是死亡就是被俘。越山部队取得了胜利，是南方战局的转折点。美国人现在看到"战无不胜的"英军铩羽而归。可是，胜利也付出了代价。"州议会，尤其是北卡罗来纳州议会倾向于只有民兵才能赢得战争的观点，则不必再成立联邦的大陆军团。"

哪怕是在马里兰，保留民兵还是保留大陆军的问题也非常棘手，因为民兵的服役期限太短。士兵们训练好了，和他们的战友们建立起团队精神，结果又回归到普通老百姓的生活。"这些战士刚学会履行军人应尽的责任，他们的服役时间就届满了。"吉斯特写道，"可恶的是，他们回到以前普通市民的状态，这样一来，军队的战斗力就弱了，我们的军官个个心中都一股无名火起，下达军令的时候也会感觉力不从心，失去了军人必需的好胜心。这导致了军纪涣散，接着一定会在实际战斗中遭遇不幸，蒙羞。"

吉斯特提出了警告，因为不论是什么战争，政治决策都是主导军队胜败的关键因素，他呼吁州议会以大局为重。他写道："联邦的独立已经明朗化了。然而，如果不用尊严支持它，不向国家荣誉的目标迈进，如果我们不再为公众利益牺牲个人私利，这项恩典即将毁于吾辈手里，就好像一个深情款款的爱人，在受尽侮辱之后也会变成一个面目可憎的怪物。"

弗格森惨败的大部分责任归咎于康沃利斯，因为他拆分了军队，让其中一翼遭受毁灭。康沃利斯得了一场重病，在马车上躺了几十天。他坚信敌军部队有超过 3000 人马，便从夏洛特撤到南卡罗来纳的温斯伯勒，结束了他对北卡罗来纳的第一次入侵。

整整 4 个月，康沃利斯没有回到殖民地。亨利·克林顿爵士很好地总结了此次美方获胜的重要意义："此前我军接连获胜，很不幸，金斯芒廷遭遇恶魔让我军节节败退，进而输掉整个美国的第一次败仗。"

第三十章

华盛顿最优秀的将军

虽然在卡姆登遭受挫败，托马斯·萨姆特和弗朗西斯·马里昂率领的美国游击队还在继续侵扰康沃利斯的军队，攻打他的前哨基地，伏击他的补给线。南方陆军的核心力量——马里兰大陆军——还在继续重建，将担当增援部队涌入南方。最为重要的是，他们作为一支经验丰富的精英队伍，加入了新成立的南方陆军。

大陆会议终于从卡姆登的惨败中吸取教训，允许华盛顿为南方陆军重新任命指挥官，替代霍拉肖·盖茨。竞争这一职位的人选有几个，例如威廉·斯莫尔伍德，他自私地反对指挥系统，直接找到大陆会议提出抗议。根据纳萨尼尔·葛林说，斯莫尔伍德也"透露出他面临的巨大困难，以及他当时为了拯救盖茨将军那支大军的余部付出了多大努力"。

就在幕后政治围绕新的南方陆军指挥官人选展开时，斯莫尔伍德和莫迪凯·吉斯特重新召集马里兰大陆军的余部，开始重建军队。他们把马里兰第 1 旅和第 2 旅汇编成一个团的两个营，原马里兰第 1 团、第 3 团、第 5 团[1]的几支小分队以及第 7 团成为第 1 营，原马里兰第 2 团、第 4 团和第 6 团以及特拉华团成为第 2 营。在他们的部队里，重要军官和应征兵组成的核心部队参加过布鲁克林会战之后的所有战役，并且幸存下来。

奥索·霍兰·威廉斯上校和约翰·伊格·霍华德少校奉命联合指挥该军团。吉斯特和斯莫尔伍德并未加入新成立的马里兰战线，而是回到巴尔的摩，为重建南方陆军招募新兵去了。

新马里兰团刚组建完毕，盖茨就颇有远见地将其一部分重新定位成轻步兵，并授予该分队"飞行军"的称号。这支部队包含两支百人规模的马里兰连和一支特拉华连。除了步兵之外，还包括威廉·华盛顿中尉的大陆军轻龙骑兵。威廉·华盛顿是乔治·华盛顿的远房亲戚，时年 28 岁，据说"身高 6 英尺，身材魁梧健硕"。与他同级的轻骑兵哈里·李如此描写威廉·华盛顿："军功彰显了他在军中的地位和身份。他勇敢、镇定、百折不回，比起军营的单调生活，备战时的处处警觉……他更享受实战的激烈对抗。"或许丹尼尔·摩根概括得最好："战争对他来说就是一场游戏，而他很擅长。"威廉·华盛顿在布鲁克林会战中身负重伤，参加了大多数独立战争中最重要的战役，并在南方主动迎击他的死敌巴纳斯特·塔尔顿。

乔治·华盛顿明智地选择他最能干的将军——纳萨尼尔·葛林——指挥南方陆军。在华盛顿堡和李堡遭遇毁灭性打击之后，葛林已经重新树立起威望。在瓦利福奇度过的整个漫长冬日，军队急需补给品和食物。为了卸下这个沉重的担子，华盛顿曾命令葛林担任兵站总监。武将出身的人一般都轻视文官，来自罗德岛的葛林也不例外，接受这个任务时有些不情不愿。可在当上兵站总监之后，他的经商及组织头脑崭露头角，盘活了时常缺钱少粮的岌岌可危的美军补给链。华盛顿对葛林的努力大加赞赏，写道：

---

1 原第 5 团拥有近百人和 2 门加农炮，大都参加过之前的卡姆登战役，同萨姆特对战，几乎全员被俘或牺牲。

"1778年3月，我军陷入一片混乱的无序状态，正是您进行了如此非凡的调动，才让军队在最需要它的时刻顺利出征，又在离开费城时快速追击敌军。从当时到现在，您的所作所为堪称壮举，对我而言则是体制的结果，是精心计算如何才能提升咱们国家利益和荣誉的结果。"

不仅如此，这位前贵格会教徒还饱览各类兵法著作，使他多次向华盛顿提出绝佳的建议。

葛林将军很快就评估起南方的局势。他当上指挥官后所作的第一个决定，就是分散美军队伍，引发了众人争论。葛林解释道："我非常满意军队的机动性，因为它已经达到我所期望的全部要求。分散后可以充分发挥每支部队的威力，迫使我的敌人也分散兵力，并让他在指挥作战时举棋不定。"后勤决定两军的命运。一如拿破仑后来发表的战争铁律："部队靠胃行军。"此时的葛林面临着补给缺乏的挑战，如果全军集中于一处，提供补给将会非常困难。兵力分散后，他就可以输送粮食给战士们。不仅如此，他此举的主要目的是为了让英军分散作战，而英军集体作战的战斗力是最强劲的。马里兰和特拉华的军队听从葛林的命令开始南下，于1780年10月7日朝北卡罗来纳的夏洛特进军。

1781 年

第三十一章

乌合之众

被判刑的罪犯慢慢地走在南方爱国者部队的前方，爱国者士兵按阅兵方阵的队形排列好，前去法场观看行刑过程。逃兵被押送到树下，行刑者往他的颈部套上一根粗麻绳。根据纳萨尼尔·葛林的命令，此人要在自己的袍泽兄弟面前，被处以绞刑。马里兰团的战士们沉默地看着生命最后一丝痕迹从受刑者身体离开，尸体则在卡罗来纳的冷风中来回摆动。

葛林接手的南方陆军装备落后，战士们脚步蹒跚，不论是士气，还是军纪都差强人意。逃兵猖獗。葛林写道："军官们惯于疏忽大意，战士们思想懈怠，不守纪律，几乎不可能把军事任务交由他们执行。"发现逃兵，立即处以死刑，这对严整军纪起到杀一儆百的作用；一位二等兵总结军营里的氛围时说："新君立新法。"

为巩固自己的威望，葛林上任后立刻解决了几大难题。他派波兰志愿兵兼技师撒迪厄斯·科斯丘斯科为陆军找到并修筑了合适的营地，称为"憩息营地"，可供战士们休养生息。科斯丘斯科于 1746 年出生于波兰 – 立陶宛的英联邦家庭，毕业于军事学院，而后到法国游学，学习素描、油画和建筑学。1776 年，他乘船抵达美国，帮助爱国者阵营，大陆会议很快便用上了他的土木工程技能。

到了 1780 年 12 月底，科斯丘斯科在南卡罗来纳东北角的皮迪河岸选择了一个地点，靠近奇罗镇。军队可以在此重新集合，保养武器，进行训练。葛林下一步计划出征，就派兵站总监——爱德华·卡林顿中校——侦察北卡罗来纳境内，从亚德金河到卡托巴河的重要河流，并绘出地图。他还命令卡林顿开始打造或收集平底船，可在今后挑战英军指挥官查尔斯·康沃利斯伯爵时，用于运送军队横渡各种水道。

经历卡姆登的惨败之后，军队开始从几个州筛选补充兵员，其中有数百人都选自马里兰团。简陋的美军队伍现只有 1500 左右的民兵，以及大约 950 人的大陆军——全来自马里兰。部队人数随着民兵的来去而增减。没有军饷的民兵时常需要处理家务，比如打理农场，处理生意，提防不怀好意的托利党邻居或英军。美军的数千人大部队仍驻扎在西点及其附近，牵制英军驻扎在纽约的驻军。在北方，战略僵局自 1779 年延续至今。双方都没有足够兵力打败另一方，战火蔓延到了南方。

1780 年 12 月 3 日，在独立战争的战场上表现最突出的领袖之一——丹尼尔·摩根准将——骑马来到憩息营地。摩根出生于 1736 年 7 月 6 日，是位边疆居民。他是个最典型的美国人，少年时期便出门闯荡，最后在弗吉尼亚的荒野里扎了根；他粗犷的个性决定了他的命运。摩根极具指挥天赋，智慧超群，他从农场劳工成长为工头，在法国 – 印第安人战争中为英军运营一支独立的马车队；后来，这段工作经历让他拥有老马车夫的绰号。他还因顶撞一位英军军官，被罚挨了几百鞭，从此便对英军充满深深的强烈的恨意，便加入了战争。美国独立战争初期，摩根就从弗吉尼亚农村组织了一支民兵。他们先在波士顿打仗，而后又转战加拿大，参加了魁北克鏖战。魁北克战役中，美军指挥官贝内迪克特·阿诺尔德腿部中弹，摩根挺身而出，接下指挥棒，率领军队直至战役结束。在萨拉托加战役中，摩根也担任了核心角色，带领弗吉尼亚步兵团组织反击，切断英军撤离战场的后路。可是，1779 年 6 月至 1780 年 6 月期间，他因身体欠佳，不得已离开了战场。而他的病痛则是由于萨拉托加战役中受伤所致，整个独立战争期间他都未能摆脱病痛。尽管摩根伤势还未痊愈，大陆会议还是召他回到军队，授予准将军衔。葛林英明地任他为飞行军指挥官。

葛林还委派约翰·伊格·霍华德中校到飞行军时（奥索·霍兰·威廉斯和葛林及大部队留守），为摩根安排了一位强壮的同仁。二人联手可谓是战无不胜。霍华德营里包含 3 个 60 人规模的马里兰连，这些连队都是由参与过卡姆登战役的马里兰军团战士余部组成，营里还包括特拉华蓝军和弗吉尼亚军的两个连。理查德·安德森上尉带领马里兰第 1 连，其中包括原马里兰第 1、7 团的一个排；亨利·多布森上尉指挥马里兰第 2 连，该连是由原马里兰第 2、4、6 团混编而成；詹姆斯·尤因上尉——自马里兰军成立伊始便一直在列——协助多布森管理该连事务；第 3 连同样是 60 人规模，由尼古拉斯·曼格斯中尉和加萨韦·沃特金斯中尉率队，该连是由原马里兰第 3、5 团混编而成。沃特金斯也是自斯莫尔伍德营成立初期便加入的成员，他是 1776 年 1 月 14 日应征入伍的。他曾参与过长岛战役、怀特普莱恩斯战役、日耳曼敦战役和蒙茅斯战役，并且还是为数不多的在卡姆登战役中从巴纳斯特·塔尔顿的骑兵铁蹄下幸存下来之人。

勇敢的鲍勃·柯克伍德上尉率领特拉华蓝军，其中有 51 名二等兵、3 名中士、3 名下士、1 名掌旗官、1 名中尉和 1 名上尉——共 60 名大陆军。

整整两个弗吉尼亚连组成了步兵团，其中有许多大陆军战士都是沃克斯华大屠杀的幸存者。

此外还有近 100 名轻龙骑兵在威廉·华盛顿中校的率领下随军骑行。

12 月 16 日，飞行军留葛林在夏洛特坐镇指挥，向西南方向进军了。马里兰军和联军的其他部队则朝九十六推进，与威廉·李·戴维森将军率领的北卡罗来纳民兵会师。葛林放手让摩根自主制订行动方案："你可运用你的稳健和判断力制订进攻方案或防御方案——务必小心行事，不要一惊一乍。"

此时，马里兰连许多战士隶属的葛林军大部队正在南卡罗来纳州奇罗附近的皮迪河处停留。康沃利斯从间谍和侦察兵处获得情报，得知葛林已将部队分散，便立即意识到摩根的飞行军只是装腔作势。葛林的策略迫使伯爵改变战略，正中美军下怀。康沃利斯将自己的军队分为三路。康沃利斯派亚历山大·莱斯利少将守卫卡姆登，命令塔尔顿保卫九十六并消灭摩根部队。康沃利斯的主力军由于辎重和加农炮过重，缓缓地从南卡罗来纳温斯伯勒朝西北方向行进，进入北卡罗来纳，企图摧毁摩根部队的势力。康沃利斯希望英军双路夹击，一举歼灭飞行军。

塔尔顿可以派一支总人数约 1100 人的特种部队对摩根首先发动攻击。他的骑兵还有两支百人规模的部队——第 7 步兵团和英国燧发枪团——提供支援。1775 年，这两支部队被派去加拿大执行任务，结果遭遇惨败，但他们又重建起来，并在后来的几年时间里参加了多次战役。弗雷泽的高地军第 71 步兵团也贡献出一个营壮大规模，他们还有两门三磅重火炮，名为"蚱蜢炮"。不仅如此，轻龙骑兵第 17 团也有 50 人加入其中。马里兰连曾和轻龙骑兵第 17 团在卡姆登交过手，还和高地军第 71 步兵团在斯托尼角对战过。

康沃利斯下达给塔尔顿的命令很明了："亲爱的塔尔顿，如果摩根仍在威廉斯或你们任何一处射程内，我希望你们能施以最大程度的打击……时不待人。"

塔尔顿回信中写道："勋爵阁下……在我横渡布罗德河、向金斯芒廷出发之后，才能考虑摧毁摩根的部队或逼近他们的问题。"康沃利斯对该计划予以肯定，回复道："亲爱的塔尔顿……你已经完全理解我的用意。"

在察觉到摩根不会对九十六发起进攻后，塔尔顿雷厉风行，立即打垮了对手的有生力量。由于缺乏足够兵力对抗庞大且兵力强劲的敌军，无法攻击九十六，摩根向葛林请求前往佐治亚，攻击英军的前哨基地。"我们在此只有死路一条，因此，我们唯一的选择就是，要么撤退要么转移到佐治亚去。"他还大胆设想了撤退的后果："刚开始在人民之间扩散、号召他们奔赴战场的精神将要毁于一旦。已经参军的民兵将离我们而去，他们为了保命，也不排除会投靠敌军的可能。"摩根深知，民众和民兵的归属将确定整个战争的胜利属于哪一方。

　　葛林得知塔尔顿和康沃利斯分别从南面和东面威胁老马车夫后，命令摩根北上，前往南卡罗来纳的萨卢达和布罗德河附近——靠近今南卡罗来纳州哥伦比亚——待命。摩根预备指挥突袭队攻击为整个南卡罗来纳的英军前哨网提供补给的补给线，"一旦敌军伺机而动，就骚扰敌军后方"。

　　摩根尝试在帕科利特修筑防御工事，但塔尔顿军具有明显的人数优势，与他相距 6 英里。塔尔顿那千余名强兵，以雷霆万钧的速度，静悄悄地逼近摩根。塔尔顿采取的战术和当年乔治·华盛顿在长岛和特伦顿中采取的战术如出一辙，军队趁夜出动，但营地篝火不灭，以此迷惑敌人。塔尔顿现在只需一天就可追上摩根。

　　1 月 13 日，葛林写信给摩根，回复他进入佐治亚的申请，询问摩根的具体行动计划，并提供一些情报："据说塔尔顿上校正朝你们赶来……我怀疑他此次造访不怀好意，你不好打发啊。"

　　英军距离美军越来越近了。摩根需要做一个艰难的抉择：要么跨越布罗德河，要么阻击敌人。

第三十二章

奋起还击

乌云黑压压的，丹尼尔·摩根将军昂首挺胸，意志坚定地在熊熊燃烧的的篝火边踱步。他久经沙场，身长 6 英尺，勇敢无畏。他穿着朴素，不像一般 18 世纪军官那样装扮花哨，身上只有一把佩剑。如此一来，士兵们都感觉摩根很亲切：他也是一个战士。

飞行军里的所有士兵，马里兰连也不例外，都直直地盯着他们的将军。摩根全身都留有征战多年的痕迹。他的左脸有一道骇人的伤疤，一颗子弹打中他的颈部，穿过他的嘴，打烂他的好几颗磨牙，最后从他的上唇穿出。据传问道，1780 年 1 月 16 日夜里，摩根的一名副官掀起他的上衣，露出他背上的道道伤疤。摩根告诉大陆军战士，在他参加法国–印第安人战争期间，有一次，他被一名英军军官用剑柄突袭，他便将其打倒在地。结果，摩根的上级罚了他 400 鞭，"我自己数过，抽了我 399 鞭，"老马车夫边笑着边说，"我很肯定我没有数错，不，我保证一定是鼓手搞错了……所以，他们还欠我一鞭哩。"

这一幕令摩根终身难忘，也是他坚定不移支持独立的原因。后来的战役检验了他的决心，而他毫不退缩。战术上看，飞行军背后就是河流。在英军蓄势发起猛攻之际，摩根若是尝试渡河，反而容易遭受攻击，除了迎战，他别无选择。将军孤注一掷地告诉副官们："我摩根不在此归西，就在此取胜。"

摩根接着通知士兵们，翌日，他们就将在扎营的考彭斯战场上杀敌了。

这天一大早，摩根视察阵地，位于今斯帕坦堡附近。考彭斯是一片长约500码的草原，由于每年春天都有成千上万的牛在这里吃草，然后被人们赶往100英里外的卡姆登和海岸附近，草原上只有几棵孤木零星可见。几棵橡木、山核桃、栗树和枫树围在田野周围，附近的泉水和小溪为此地提供了充沛的水源。尽管这片土地大部分比较平坦，地势仍有些许起伏。其中一座小山后来得名摩根山，其实就是平地上的一块隆起。边远地区的居民和民兵都对这里非常熟悉，这片宽阔的草原不仅养活了成群的牲口，还是当地人的聚集点。在金斯芒廷战役之前，此处也是越山部队的集结待命区。

格林河路横贯考彭斯，大致朝西北方向延伸。一道峡谷阻拦了它向西伸展的道路，而众多小溪里的一条则沿着它向东流去。这样的地形条件对摩根十分有利，因为这意味着英军不可能从侧面攻击他的军队。然而，该地形也为美军撤离带来难度，摩根希望以此激励士兵们破釜沉舟，拼死顽抗到底。摩根后来写道："至于撤退，我真是希望断了所有撤退的念想。或许最好的方法是把我的亲信安排在后方，凡是逃兵，一律就地正法。当士兵不得不战的时候，就能豁出去了。"

在考彭斯驻脚后，马里兰连负责值夜，他们点亮篝火，吃了点熏肉和玉米片当作晚餐。短暂的安静让疲惫不堪的美军士兵得以稍事休息，准备作战。反观巴纳斯特·塔尔顿的军队，由于凌晨3点就出发了，抵达战场时饥肠辘辘，疲困交加。

那天晚上，摩根走访了各个军帐，美军营地气焰高涨。马里兰连的约翰·伊格·霍华德写道："民兵几乎整晚都在，请求摩根提供弹药，询问最新进展。他们全都精神抖擞，讲述着塔尔顿的残忍行径，迫切想知道敌军的进展。"

许多士兵心里都想着复仇。马里兰连以及柯克伍德麾下的特拉华连都曾在卡姆登遭遇惨败。二等兵亨利·韦尔斯回忆道："我的两个堂兄弟都在卡姆登落入敌手，其中一个被他们折磨至死——另一个活了下来，到交换俘虏时回来了，浑身是伤。"

摩根仍在斟酌抉择。傍晚时分，他迎来了其他几支民兵队伍，将军决定战斗。摩根首先召集各位军官紧急召开军事会议。他抛出一张粗糙的地图，阐述他那简单却巧妙的作战计划。计划的前提是充分了解自己的对手——经典且实效的兵法要诀。"我了解我的对手，"摩根说，"并且非常肯定，我只能拼死一搏。"

将军不但了解他的敌人，还了解当地的地形。最为重要的是，他了解他的战士，懂得如何调遣他们，尤其是立场动摇的民兵。摩根虽然是个凡人，但他拥有一种非凡的能力，可以洞悉复杂的问题，谋划出巧妙的策略。他提出了纵深防御的概念，在当时，这个概念很新颖。他要设法在敌军发动进攻时拖住进攻者的脚步，为自己的队伍退守后做好迎击准备赢取时间。这会给进击的英军造成更多伤亡，让他们付出惨痛代价。该战术特别适合于对付在战场上会将兵力集中于一处的对手。该计划极其简洁，显然，摩根是已知在独立战争期间部署纵深防御的第一人。

摩根的第一排阵列由散兵组成，他们都是精挑细选的神枪手。他们位于民兵队伍前大约150码处。摩根告诉神枪手们，当英军逐步进发时，要瞄准英军的军官，以削弱他们的战斗力。第二排阵列由民兵组成，摩根知道他们能胜任的战斗十分有限。他要求民兵发射3枪后就从大陆军阵线的空隙撤退，然后重新集结，准备反击。

第三排阵列由马里兰、特拉华和弗吉尼亚的大陆军连队组成。他们先隐蔽在一座小山背后，直到迎击英军的时机到来。那时，民兵和威廉·华盛顿中校率领的骑兵都会发动反击，包围英军。

威廉·华盛顿在会上听完这个计划后，坚定地总结道：这场战役将"没有内讧，没有逃兵；只有面对敌人，和他们战斗，为保护自己的身家性命和国家利益而奉献"。

军事会议过后，摩根奔走于各个军帐，告诉战士们在他的作战计划中分别担当什么角色。南卡罗来纳的轻龙骑兵志愿兵托马斯·扬——参加过金斯芒廷战役的老兵——就是其中一位。他当时才十几岁，迫切希望为哥哥报仇，而他的哥哥就是被托利党人杀死的。"我永远不会忘记别人通知我哥哥死讯时候的感受，"扬在回忆录中写道，"在那一天之前，我本不相信自己会入伍参军，可我痛彻心扉，我发誓不为哥哥的死报仇就死不瞑目。后来，有100个托利党人领教了我的厉害。"关于摩根那晚探访其军帐的场景，扬是这样写的：

这时，我毫无保留地相信，摩根将军绝对比我之前看到的任何人都更有资格指挥民兵。他走到志愿兵中，帮助士兵们系紧佩剑，笑称他们作"甜心"，告诉他们一定要精神抖擞，我军会赢得胜利。在我躺下之后很久，他还在鼓励士兵，告诉他们，到了早上，只要本那家伙还有一口气在，老马车夫一定会挥起鞭子抽他。

那天深夜，摩根勉励民兵时说："抬起头来，孩子们，记住打三枪……你们就自由了，等你们回到家后，你们的老朋友会对你们的英勇表现啧啧称赞，年轻女孩都会为你们无畏之举亲吻你们。"

大战在即，许多士兵"一夜没有合眼"。尽管如此，摩根还是命令民兵加紧巡逻，确认塔尔顿军是否逼近部队前方。距离破晓大约还有两小时，一名侦察兵飞驰而来，向摩根报告塔尔顿军正在约5英里开外之处，快速冲向飞行军。在安德鲁·皮肯斯的陪同下，摩根骑马从队伍中走过，士兵们则裹着毯子，抵御轻轻覆盖在南卡罗来纳乡村地带的霜。

摩根洪亮的声音划破凌晨的宁静：

"孩子们，快起床，本尼来了！"

第三十三章

考彭斯战役

1781 年 1 月 17 日，当清晨的第一缕阳光透过晨雾，"敌军已全部进入视线范围。场面……还挺壮观的。他们稍作了停留。我们对视了许久。"一位亲历者回忆时说。

此时气温是零下 6 度，地面结了一层薄霜，爱国者拍拍手掌来取暖，准备迎接英军的攻击。

红衫军距离美军仅 300 码后，开始卸下多余的装备，组成战线，准备作战。为了估算面前的兵力有多少，巴纳斯特·塔尔顿命令麾下的轻龙骑兵攻击美军步兵。爱国者军官则命令士兵，一定等到敌军来到 50 码以内之后再开枪。

"以肩章来瞄准敌人。"那些军官下令道。

当英军距离战场不到 1 小时路程时，劳伦斯·埃弗哈特军士——前马里兰团步兵，在华盛顿堡一战中逃过一劫，现在是一名骑兵，隶属于威廉·华盛顿中校的轻龙骑兵——他们一队 12 人沿着格林河路一路飞奔，闯入黎明前的黑暗，要前往距离美军前哨基地 3 英里远之处执行特别侦察任务。他们要确定塔尔顿军的精确位置。1 英里多的路程里，骑兵们穿过不毛之地上依稀可见的结霜孤木，突然迎头撞上塔尔顿的步兵军团，兵力有 1000 余人之多。见敌军就要发动袭击，马里兰军士和其他骑兵惊慌之余，立即调转马头，在塔尔顿军先锋部队的强大火力下，往反方向飞驰。英国骑兵骑着"他们在英国精选的速度最快的赛马，得以抓住埃弗哈特军士及其队伍中的一员"。其他美军骑兵拼死逃脱血腥阿班旗下先遣部队的魔爪，匆匆回营，向丹尼尔·摩根将军汇报"敌军近前的消息"。

在射杀埃弗哈特胯下的战马后，与埃弗哈特相识的一名效忠派军需官俘房了他，把他带到一位英军军官面前。军官问："你希望华盛顿先生和摩根先生今天迎战吗？"

"希望，他们只要团结 200 人就足够了。"埃弗哈特回答道。

"那么，他们又会领略一次盖茨吃的败仗了。"埃弗哈特面前的军官断言道，此时他还不知道这军官的名字。

"我向上帝起誓，今天吃败仗的一定是塔尔顿。"埃弗哈特说。

军官怒目圆瞪："阁下，我就是塔尔顿上校。"

塔尔顿命士兵发起攻击。一排排英军战士，走过冰冻的土地，向美军组成第一道战线的散兵冲去，怒号着："冲啊！冲啊！冲啊！"

"嘣！砰！"

两门三磅蚱蜢炮朝美军开炮了。横笛手吹奏起激昂的《苏格兰和英格兰的责任》，鼓声隆隆，和战场上的炮火声此起彼伏。英军步兵在 3 分钟时间里，冲过长约两个橄榄球场的路程。

在战场的另一端，摩根心想："他们就像要把我们全部吃掉一样冲过来。"摩根将军飞跃上马，沿着战线上下奔走，鼓励战士们："英国佬把我们当猎物呐！孩子们，我们也让他们领教领教，印第安式打猎的厉害，苍天在上！"

久经沙场的民兵托马斯·扬回忆道："摩根在战场上骑马飞奔，鼓励战士们，告诉我们一定要等看到敌军的眼白再开枪。"这位民兵"坚定不移地"恪守他的命令。

英军插上刺刀，猛冲向前。"英军战线的士兵快速向前推进……这是我所见过排列最整齐的战列了。"扬说。

一位民兵也记得当时的场景："当他们近前来时，我才看清他们的脸，我们赶快召集我军同僚，向他们射击。"

另一位民兵回忆起当时他们有个战士，目光一直聚焦在一位英军军官身上。"他久久地盯着一位英军军官；他走出了阵营，举起枪，看到那位军官倒下。"

"啪！乓！乓！"

英军穿过散兵战线，接下来要面对的是第二道战线的民兵，他们早已瞄准敌人，给敌人制造了一场弹雨。由于英军已经进入美军的火力范围，或差不多50码的距离，"火枪威力非常强劲，一时间敌人像被打缩回去了。"

民兵的射击为英军敲响了丧钟。罗德里克·麦肯齐中尉——高地军轻步兵的军官——报告称："英军轻步兵有2/3的军官阵亡，二等兵牺牲人数与之几乎持平。"

英军虽然自凌晨3点就开始连夜行军，疲惫不堪，并且前一天饿了一整天，英军仍在发起进攻。美军战线的攻击这时出现了停滞。根据计划，民兵已经开了三枪，需要撤离；而在英军看来，更像是民兵溃逃了。

红衫军"怒喊几声，划破长空，加快了进攻的脚步"。

塔尔顿原本紧密的战线开始分离，有几支小分队猛冲在众人前头，直入马里兰和特拉华大陆军战线。"英军冲进大陆军战线里，死伤人数激增。

双方火力都很充足，造成了更大的伤亡。"

待民兵从大陆军战线中撤离，由英军轻龙骑兵第 17 团组成的轻龙骑兵来到葛林军左翼后方。战况惨烈，英军挥舞着马刀和佩剑朝美军劈砍而去。一位民兵"头上挨了 7 刀，肩膀上还中了 2 刀……头盖骨都被劈开了，露出了脑髓。"

不知不觉间，英军踏入摩根精心设置的圈套。

疲倦的英军终于来到一座小山的山顶。出乎他们意料的是，约翰·伊格·霍华德指挥的大陆军早已在那里恭候多时了。

由于此前被美军的散兵和民兵大挫，英军步兵军团目瞪口呆地看着面前身着蓝色制服的大陆军们无畏地上好刺刀。英军此时已经是精疲力竭，战列也七零八落，却还是立即组成一队，向前冲击。燧发枪弹在空中呼啸而过，有的打中了敌军的骨头和身体。硝烟味随风飘荡。马里兰连的军官们——伊诺克·安德森、亨利·多布森和加萨韦·沃特金斯——以及特拉华连的罗伯特·柯克伍德高喊号令，指挥着训练有素的战士们。

"预备——装子弹！"

"肩枪！"

"准备射击！"

"瞄准！"

"射击！"

大陆军开枪时，"就好像一排从右向左点燃的火花"。

柯克伍德的特拉华蓝军连和马里兰连一起，迎击了英军的进攻主力部队，25% 人伤亡。柯克伍德上尉手下有 1/3 的士兵在与英军展开肉搏战中死在英军的刺刀下。

双方将士坚守阵地，"非常勇敢，两军交战激烈，英军表现非常顽强，毫不留情。"

霍华德和摩根来回奔走于战线上下，鼓励士兵。马里兰二等兵安德鲁·罗克回忆道："在考彭斯战役中，我时常看到摩根的身影。"

两军鏖战，双方纷纷齐排射击，塔尔顿放下了手中的扑克牌，命令骑兵立即战斗。这位无畏的领袖回忆道，他"觉得让第71步兵团冲入战线，骑兵再从对侧威胁敌军的右翼，应当可以取得此战的胜利。我没有更多时间思考，必须立即实施该战略"。

威廉·华盛顿的骑兵在危急关头，粉碎了查尔顿的骑兵阵。尽管如此，美军的战线仍然处于被包围的危险边缘。霍华德评论道："我只有大概350个人，英军战线却有近800人，大大超过我军，尤其是我的右侧，他们还在不断增强侧翼力量，向前紧逼。"

危险接踵而至。霍华德命令弗吉尼亚连的安德鲁·华莱士上尉向右侧转移，但是，华莱士误解了霍华德的命令。他们反而背对英军，开始朝后方行进。这个行动让摩根始料未及，他立即骑马朝霍华德飞奔而去。霍华德提高了嗓门指着自己的部下："通过观察战场的情况，了解到他们的士兵未被袭击，撤回了刚才的军令，立即打消了（摩根的）疑虑。"

此次亡羊补牢的举动，大大改变了历史的轨迹。看到大陆军背对自己，英军迅速出动，准备施加致命一击。特拉华连中尉安德森回忆道："英军觉得我们被打败了，就高呼起来，上好刺刀向我们冲过来，但是他们阵列很凌乱。"

大陆军的前方是一座小山，史称"摩根山"。战士们抵达之后，霍华德下令："全体都有！立正！向后——转！"

队伍一排排地向后转，霍华德形容他们"队列整齐划一"。每个连队、每个排接下来都大展雄风。据霍华德回忆："敌军毫无章法地蜂拥而来，希望决一死战。此时他们距离我们只有30码……我的士兵以不寻常的冷静，给敌人施加出其不意的致命打击。"

华盛顿上校派信使将发动总攻的军令传达给霍华德，信上写："敌军来袭就像一群暴民。请向敌军开火，我将组织出击。"

就在这时，摩根飞奔而来，手里挥舞着佩剑，朝士兵们大喊："列队，列队！我勇敢的伙计们！再向他们发动一次攻击，今天我们就胜利了。老摩根势不可挡。"特拉华连的二等兵亨利·韦尔斯对那一幕还记忆犹新："我们的指挥官声如洪钟，赶走了每人心中的恐惧，又给大家注入了新的勇气。"

在摩根的激励之下，"我们迅速展开攻势，一举歼灭右翼"。詹姆斯·科林斯——17岁参加金斯芒廷之战的老兵——如是回忆道。美军连排齐发，火力强劲。由于面临"近距离且威力巨大的"攻击，近半数红衫军倒下了。一些英军步兵惊慌失措，"撂下武器，摔了个狗吃屎"。

霍华德命大陆军的鼓手敲起全军熟悉的节奏，接下来进入刺刀战。"士兵们动作非常敏捷，都在根据命令挺起刺刀。"特拉华中尉伊诺克·安德森回忆时说。大陆军随即向红衫军发起冲击，红衫军"中间也有挺着刺刀的，他们在交战中处于下风，最后端起刺刀就跑；但我们追上了他们，杀死了一帮红衫军，后来把他们整个步兵团收作俘虏，他们直到这时才终于站好队了"。

准尉副官威廉斯·西摩当时就在安德森身边，也写到这个场景："军官和战士们展现出非凡且无畏的勇敢，但值得一提的是勇敢的柯克伍德中尉和他的连，他们那天的表现令人叹为观止，冲锋杀敌的时候没有一丝顾虑或恐惧。"

胜负已分。马里兰连的约翰·班特姆"被刺刀戳中身体右侧，留下了3处重伤"。同属马里兰连的卡迪贝斯·斯通"被燧发枪打穿了大腿"。

由于四面受敌，苏格兰高地军第71步兵团溃败。华盛顿的骑兵从山上俯冲而来，袭击了他们的左翼和后方。参与包围敌军的还有美国民兵。他们赶到摩根山，参与了战斗，"见证了历史轨迹的变迁"。他们神出鬼没地开枪，苏格兰军"仓皇"撤退，继而"彻底迎来溃败"。

大陆军山呼海啸，朝英军的炮兵攻去。3磅蚱蜢炮此时唯有自我防卫。

约翰·伊格·霍华德命马里兰中尉纳撒尼尔·尤因前去拿下。马里兰的安德森上尉也听到了霍华德的这道命令。敌军的大炮就在几码开外，正瞄准他们，安德森看到英军正"准备点燃引线。说时迟那时快，安德森跑步上去，借助戟纵身一跃，正好扑到大炮上"。在更具传奇色彩、更夸张的独立战争英雄事迹中，据说安德森是以撑杆跳的方式跳到大炮上的。紧接着，安德森用戟杀死了正划动火柴的英军炮兵。

几码之外，英军炮兵还在不依不挠地用另一门加农炮进行防御，直至战死。霍华德个人也出面干涉过。"我看到我的几个士兵准备用刺刀攻击持有火柴的英军炮兵……他不肯就范交出火柴，并以此为荣。我的士兵被这炮兵激怒，正要用刺刀捅死炮兵，我第一次出面干涉，要求我的士兵看那炮兵如此勇敢，就饶他一命。炮兵后来就上交了他的火柴。"英军这支部队"一直战斗到所有人非死即伤"的最后一刻。

为了力挽败局，夺回大炮，塔尔顿先是聚集了轻龙骑兵余部，然后亲自率队冲锋。可是马里兰连阻拦了他们的去路。在马刀和枪弹的疾风骤雨里，马里兰二等兵安德鲁·罗克"被英军骑兵的砍刀砍中左臂，受了重伤"。

二等兵亨利·韦尔斯则被塔尔顿的一名士兵"用佩剑大力刺穿了肩膀，我的衣领、背心和衬衣全被扎透，我的皮肤和肌肉上留下了轻微的擦伤和创口，不过，在我肩上还是留下一个明显的瘤或者说条痕"。

夺下大炮之后，霍华德和他的战士们包围了英军剩余的小部分有生力量。他们向第 71 步兵团冲去，大部队遭受冲击，形成多个小集团。士兵们纷纷要求施以"塔尔顿的慈悲"。然而，霍华德的仁义慈悲再一次阻止战况发展成一场屠杀。

霍华德喊道："投降吧！放下武器！"

几个军官交出了他们的佩剑。第 71 步兵团的掷弹兵军官——邓肯森上尉——把马刀递给霍华德。"我刚跨上马，就发现他一直拉着我的马鞍，几乎要让我摔下马来了。"霍华德看出英军军官眼中的恐惧，便"问他怎么了"。

这个英国人结结巴巴地告诉霍华德他们得到命令不能对敌人心慈手软，也没想过自己会得到宽待；当（霍华德的）士兵冲上来时，他怕极了，担心会把他折磨死[1]。

英军余部"投降的投降，能逃跑的也逃了"，队列不复存在。托马斯·扬回忆道："他们大败，扔下枪和子弹就往马路上逃，那种逃法看得太畅快了。"

塔尔顿这才意识到大势已去，设法集结仅剩的约 200 名轻龙骑兵，向霍华德的军队发动自杀式攻击。由于塔尔顿的士兵决定"放弃他们的指挥官，逃离战场"，此举无疾而终。

威廉·华盛顿的轻龙骑兵在马背上疾速飞奔，高喊暗指沃克斯华大屠杀的暗号"布福德"，追击塔尔顿的逃兵。他们的马刀朝正在战场上抱头鼠窜的英军步兵劈砍过去。

塔尔顿不顾一切地想要拦住拥出考彭斯的士兵，他和副官跑到人潮奔涌的尽头。"几个军官追到那么远，杀死几个逃兵，以儆效尤。"

精疲力竭之际，塔尔顿召集了一队骑兵冲入混乱的人群中。"其中有 14 名军官和 40 名骑兵，然而他们都不顾自己的名声，也不考虑他们的指挥官所处的状况。华盛顿上校的骑兵迎来敌军的冲击，被迫撤退到由几个勇敢的大陆军步兵组成的战线里。"

华盛顿向来喜欢率队亲征，他此时冲在队伍最前方，领先他的部下"大概 30 码"。这个弗吉尼亚人在塔尔顿和马里兰连之间飞驰。几个英军军官——包括塔尔顿自己——在几份报告中写道："看到美军指挥官挥鞭而来，朝他发起冲击。"

两军指挥官拿出兵刃，在马背上较量了起来。"塔尔顿刺向对方，但被躲开。"不过，由于塔尔顿发力很猛，华盛顿的佩剑折成两截。

1　据霍华德讲述，他"于多年后收到了他（邓肯森）的来信，信中感谢自己当年的救命之恩"。

塔尔顿的一位军官趁此机会试图袭击华盛顿，但华盛顿手下的非裔美国人救下了他。"左侧的军官……准备向他发动袭击，此时有个小子——是他的侍者，力气太小，挥不动他的剑，就举起手枪，射伤了那个军官。"

这时又出现一位袭击华盛顿的军官。红衫军撤退了 10 步到 12 步，然后转过身，用手枪开了一枪。他的目标是要华盛顿的命，但他射偏了，只打伤中校的马。葛林的传记作者后来写道："驮着华盛顿那匹马真是匹好马，在自己的主人被敌人瞄准的时候为主人挡下了子弹。"

见数次尝试杀死华盛顿的行动均未果，血腥阿班和他的轻龙骑兵也逃了。就在他们逃离战场的时候，塔尔顿的士兵企图杀死几个俘虏。他们对准劳伦斯·埃弗哈特的头开了一枪，埃弗哈特的一只眼睛立即开了一个大洞。惊人的是，他遭受如此惨重的外伤居然活了下来，并且神志清醒，可以和华盛顿讲话。过了一会儿，华盛顿问埃弗哈特是谁要处死他。"埃弗哈特指认了开枪者，正好要找那人报仇，我一声令下，立即将其射死。我记得我把那人的马送给埃弗哈特了，还安排后方赶快送他去医生处。"华盛顿回忆道。

华盛顿很快又跨上一匹马，令人追击塔尔顿。

就在英军四处逃窜之时，爱国者——包含特拉华和马里兰的大陆军——开始抓捕俘虏。英军的轻龙骑兵部队里有一个人试图逃跑，他就是迈克尔·多尔蒂，曾经是特拉华大陆军，后来二度倒戈，此次也是二度被战友抓回。他后来报告说："他本来可以安全逃脱，都在本上写好我不幸身亡了，结果华盛顿的一个轻龙骑兵在那段记录上划了一两道杠。"尽管他打伤了许多爱国者士兵，柯克伍德却出乎意料地施以宽大处理："我对家乡的热爱让我有勇气为它而战……我爱我的战友，他们爱多尔蒂。"

塔尔顿视为宝物的辎重车也被美军缴获。辎重车在疾驰，身后远远跟着马里兰连、南卡罗来纳轻龙骑兵和参加金斯芒廷一战的老兵托马斯·扬，他们都想尽其所能偷得一些物资。"我跟着追了好远才捞到一些东西。我们大概冲了 12 英里，俘虏了两个英国士兵、两个黑奴，还缴获了两匹驮着旅行箱的马。其中一个箱子是英军军需官的，里面有金子。"

正当扬卸下行李箱时，几个塔尔顿的轻龙骑兵突然拦住了他。

我用战靴刺抵着马，沿着马路扬长而去……三四个骑兵从树林里冲出来，拦住了我……我的手枪里没有子弹，所以我就拔出佩剑，和他们拼了。我这辈子都没那么费劲过……不到几分钟，我左手的手指就开裂了；后来我的右臂在躲闪的时候中了一刀，动弹不得。紧接着，我的额头就被马刀划了一道……我眼睛下面的皮都肿了，血流挡住我的视线，什么也看不见。接着他们又朝我的右肩胛骨猛刺，然后是左肩，最后是我的后脑勺，都挨了一刀——我就从我的马脖子上摔了下去。

扬的伤势非常严重，随时都有生命危险，所幸塔尔顿的士兵把他抓回去当了俘虏，没有杀他。那些轻龙骑兵后来继续向南逃窜，和华盛顿中校派来追击的骑兵以及柯克伍德麾下的步兵发生激战。尽管死伤众多，美军步兵还是立即出发，此后几个月里他们多次作出如此壮举。虽然鏖战之后行军数十英里着实疲惫，柯克伍德的士兵们依然坚持抓捕英军俘虏。据准尉副官威廉·西摩讲述："我们帮忙抓获了一大批战俘……胜利的感觉真好。"

战场上，稳操胜券的约翰·伊格·霍华德握着英军军官上缴的一共七柄佩剑。摩根将军过来一瞧，祝贺他说："你做得很好，因为今天赢了；你要是输了，我就崩了你。"

霍华德立即反驳："要是我输了，就不必劳烦您开枪杀我了。"

在他们四周，大陆军和民兵正忙着洗劫俘虏的背包和个人财物。战利品是最受欢迎的。一位亲历者记录下飞行军的惨淡："我可怜的伙伴，他们之前几乎衣不蔽体，现在有几套换洗衣服了。"爱国者部队的制服一下子都变色了，许多人都穿着英军那绿色搭配猩红色的制服。

战场上，伤员发出痛苦的呻吟，还有的奄奄一息，冲淡了胜利的喜悦。美军的损失相对来说较轻，可能是 10 死 55 伤；英军则难以统计确切伤亡人数，不过也有接近 100 死 200 伤；塔尔顿军共有 700 人被俘。伤员使大陆军本就有限的医药资源更加紧张。马里兰外科医生理查德·平德尔不屈不挠，依然坚守岗位，救人于水火。战地医院只靠他一人忙里忙外，从包扎伤口，到截肢，都是他一人完成。平德尔形容自己人手不足的条件时说："我奉命留在营地里照顾伤员，没有助手，除了汉森中尉之外，连个警卫也没有……此外还有两个侍者。"最终，平德尔在伤员的呻吟声中，缝好了马里兰军士劳伦斯·埃弗哈特头部的重伤。尽管血腥阿班以残忍著称，他把自己的医务官派去协助平德尔，照料两军的伤员。

摩根不等柯克伍德的步兵团和华盛顿的骑兵团回来，就命弗吉尼亚连和他们抓获的俘虏向北行进。飞行军另择他路，往西北方走，最终和葛林军的余部——马里兰团大部队也在其中——会师。美军军官听闻相距不足50 英里的康沃利斯有意为塔尔顿的惨败复仇，并试图营救英军俘虏的消息。

第三十四章

"追击葛林军到世界尽头"

驻扎在卡罗来纳的乡村地区后，查尔斯·康沃利斯伯爵将他的佩刀插到地里，手紧紧攥住刀柄。他专心致志地听巴纳斯特·塔尔顿为他详细讲述在考彭斯的遭遇。伯爵竭力克制怒火，可他向前探身时使劲一压，就把佩刀折为两段。

伯爵大声发誓，他将不惜一切代价，剿灭丹尼尔·摩根，夺回塔尔顿的部下。

康沃利斯只想剿灭南方的军队，原因很简单：如果他能摧毁纳萨尼尔·葛林和摩根将军的军队，南方的主要威胁就自动解除，他也可以切断革命军从弗吉尼亚至卡罗来纳两州的补给线。控制南方将大大有利于英军。

乔治·华盛顿和美军大部队——近6000名衣不蔽体、食不果腹的战士——仍然在纽约城北部西点及其周边地区扎营。华盛顿执意要拿下纽约，不过，即便法国援军占领了这座铜墙铁壁的城市，他认为美军还是不能赢得这场战争。两军仍在僵持，因为双方都没有充足的兵力发动袭击来打破僵局。可是，美军的一个叛徒却差点就做到了这一点，此人就是贝内迪克特·阿诺尔德少将，萨拉托加大捷的真英雄。

阿诺尔德将军矮小，身体结实，有的人形容他是"鬼才"。他走路有些跛——本来在萨拉托加战役中，他的腿需要截肢的，但他拒绝接受手术，其余生都是在痛苦跛行中度过的。在萨拉托加，霍拉肖·盖茨将军一开始解除了他的指挥权，可他不仅没有下台，反而在狂饮朗姆酒之后，像疯子一样骑着马冲锋陷阵，在关键时刻几度扭转乾坤。英军指挥官约翰·伯戈因宣称自己输给了阿诺尔德，可是盖茨却独享赞誉。后来，阿诺尔德请求军事法庭撤销对他滥用参与多项商业规划职权从战中牟利的指控。当阿诺尔德的两项轻微指控全被宣布无罪后，华盛顿安排他在纽约西点指挥美军的重点防御力量。阿诺尔德满腹牢骚，便接触了英军，几个月之后，又把美军的位置和防御情报提供给塞缪尔·史密斯的旧友约翰·安德烈中校——当时他和约翰·伊格·霍华德一样，都在追求美丽的佩吉·丘——阴谋败露后，安德烈在美军战线被捕，以间谍之名被处以绞刑。1780 年 9 月，阿诺尔德得知事情败露，便乘坐英军泊于斯托尼角附近海面的秃鹰号小炮艇远走高飞了。

华盛顿了解到阿诺尔德叛变之后，调集更多军队进入该地区，增强防御能力，有效解除了威胁。不过，美国支付给阿诺尔德的英镑、津贴数目可观，还授予他准将军衔，对于美国来说，他仍是一颗毒瘤。亨利·克林顿将军在弗吉尼亚放了阿诺尔德，还给了他 1600 人的军队。如果阿诺尔德能与康沃利斯会师，克林顿希望这支联军能够攻下里士满以及弗吉尼亚州的重镇。

在考彭斯铩羽而归，塔尔顿羞愧难当，递上辞呈，直到军事法庭举行了一场聆讯，才解决此事。但是，康沃利斯可不愿失去塔尔顿这个将才，便宽慰他，让他重新振作。康沃利斯说："即使你在 17 日取得了令人悲痛的战果，但你依然是我敬重的军官。"

塔尔顿虽然在考彭斯折损了轻步兵团，但塞翁失马焉知非福，这一天他也迎来了由亚历山大·莱斯利中将指挥的援军。援军队伍里包括英军警卫旅，率队的是独立战争期间的风云人物——盎格鲁–爱尔兰人查尔斯·奥哈拉准将。奥哈拉在塞内加尔服役多年，时任非洲军团司令官，军衔是中校。非洲军团全由军中囚犯组成，他们大部分是因多次做逃兵被判刑，后来得到国王特赦，改为在非洲终身服役的军人。因阳光暴晒，奥哈拉脸色泛红，皮肤黝黑，对比之下"牙齿格外白"。他的外形和他的领导风格十分匹配，他的赞赏者总结他是"旧时代最完美的战士和臣子"。

尽管外表出众，奥哈拉却有着一波三折的过去。他好赌，曾经是个有钱的职业军人，后来债台高筑。

同康沃利斯一样，奥哈拉在战场上表现得英勇无比，深受部下爱戴。部下也愿意跟随他上刀山下火海。

美军轻装简从，行军速度比英军快。为了追上敌人，康沃利斯大胆地赌了一把：将整支军队都打造为轻军队。这个战略存在极大的风险，也是参加美国独立战争的英军指挥官中前无古人后无来者的战略。

康沃利斯将军命令点燃一个大火堆。他首当其冲，率先把自己的换洗衣物扔了进去，接着是马车、军帐、瓷器、床，甚至是朗姆酒。凡是会拖慢军队步伐的东西，全都被扔到火堆里烧了。

奥哈拉讲述了这破釜沉舟的场景："康沃利斯伯爵为我们树立了榜样，先是把所有马车烧了，接着是大部分行李。我军的每个军官都跟着照做，没有半句怨言。"康沃利斯展现了与战士同甘共苦的魄力，也激励了他的士兵。

英军前方面临着难以想象的困境。葛林曾想引诱康沃利斯远离位于南卡罗来纳查尔斯顿的补给站。康沃利斯正把军队推向极限。奥哈拉说这支队伍"没有行李，没有日用品，也没有任何装备，不论军官或战士都是如此，我们走在北美最贫瘠、最荒凉的不毛之地，只能用恒心和刺刀来对抗最野蛮、向来奸诈的残忍的敌人，像要追击葛林军到世界尽头。"

康沃利斯花了一天多的时间来整装待发，要求每个战士"多备一双鞋"，然后就朝着目标——摩根和被俘英军——出发了。他的 2500 人大军在贫瘠的北卡罗来纳乡间迈着沉重的步伐前进，在抛掉行李后，朝摩根冲去。老马车夫聪明地事先安排战俘同弗吉尼亚民兵沿另一条路线走，避免他们重返康沃利斯手上，而他则按原计划，率队向东北方向进发，以求最终与葛林会师。

考彭斯战役让当地居民心灰意冷，对托利党人造成了威胁。摩根军队大胜的消息传出，英军的支持者个个人心惶惶。美军队伍里的游击队，在诸如托马斯·萨姆特和弗朗西斯·马里昂等人的带领下，潜行于乡间。康沃利斯军行军沿途也散布着许多支持爱国者的人家，他们纷纷前去阻止英军。托利党和爱国者的逃兵也使当地人口减少，粮食短缺。剩下的，都被女眷洗劫一空。"最不体面的洗劫"是由康沃利斯军的随军女眷犯下的。

葛林希望削减康沃利斯的力量，或许能从中找到最佳时机来发动攻击。但当时，他的军队没法和康沃利斯打持久战。尽管葛林是北方人，他比许多南方下属对此处的地形都熟悉，更重要的是，他比敌人熟悉地形。葛林饱览群书，学习很快，全面掌握了兵站总监——爱德华·卡林顿中校——为他绘制的各类地图。掌握地形之后，他就可以用北卡罗来纳的大小河流来阻挡对手。康沃利斯急于追击，葛林也从中看到了战机。"我不是没有摧毁康沃利斯的希望，只要他坚持执行他疯狂的方案，穿过州境线。"葛林说道。

康沃利斯步步逼近摩根。1781 年 1 月 24 日，英军将军率兵走完了 30 英里。4 天后，他和敌人只相距不到 10 英里了。摩根写信报告葛林："康沃利斯即将追来。"此时，两军之间只隔着一条卡托巴河。摩根"命所有二等兵趟过河，带好……所有可想到的障碍物"。卡托巴河上有几处可以涉水而过。不幸的是，摩根没有足够人手把守所有渡河点。但是，命运和天时偏袒于他。乌云密布，暴雨如注，把卡托巴河变成一个大漩涡，连续数日，康沃利斯军都无法渡河。

120 英里外，葛林军和马里兰大部队在南卡罗来纳的奇罗扎营，忍受风吹雨打。马里兰中尉威廉·贝蒂回忆道，"一场大雨袭来，皮迪河还有几条小河的水位暴涨，战士们只好掰玉米填肚子。"尽管条件艰苦，处境艰难，军官们还是严守纪律，"有个战士想逃，被射杀了"。

当年，信息传递缓慢，摩根和约翰·伊格·霍华德在考彭斯告捷的消息传了近一个星期才到葛林耳朵里。葛林下令设宴庆祝。战士们喝了许多朗姆起泡酒，这种樱桃色的液体很快就让大家酩酊大醉。庆功宴上，奥索·霍兰·威廉斯、贝蒂以及众多马里兰军的将士喝得最多。威廉斯在写给摩根的一封信上生动地描写了诸位的醉酒时刻："我们醉醺醺地祝您身体健康，发誓说您是世界上最好的人，我们爱您，如果可以，永远不变。"当晚，他们点燃了大篝火，让庆祝气焰达到顶点。

葛林是个实干家，大胆地决定亲自确认摩根的状态；他骑行 100 多英里，随行的只有几个骑兵和一个向导，穿过托利党人时常出没的乡村，设法躲过英军的巡逻。葛林那一天走的确切路线至今仍是一个谜。1781 年 1 月 30 日，葛林一行风尘仆仆、身心俱疲地抵达了摩根的军营。

谁都知道葛林很少咨询下属的意见，这一天他却破天荒地召开了一次军事会议。

第三十五章

"看他们在呼救，呛水，最后溺死"

坐在卡托巴河旁的一棵圆木上，纳萨尼尔·葛林将军同战友探讨起局势来。参加会议的人员有：威廉·华盛顿、丹尼尔·摩根、约翰·伊格·霍华德，以及带领北卡罗来纳民兵的威廉·李·戴维森将军。其中一位指挥官没能活过第 2 天。

针对怎样才是拖延康沃利斯的最佳方案，他们思考了大约 20 分钟。他们知道现在横在双方中间的河水不会一直保持如此高的水位。葛林指出"敌军一定会渡河"。为了赢取时间，他们决定派戴维森的民兵把守主要渡河点。葛林对当地地形的熟悉是部署这项计划的关键，其他与会者听罢，都大为震惊，"因为葛林将军从未见过卡托巴河，此时却表现得比土生土长之人更加熟悉"。

指挥官们坐下后不久，敌军的先遣部队突然现身，他们大约有 500 人，正在河对岸的一座小山顶上。康沃利斯和他的属下站在前方来回走动，用小望远镜查看美军将领的行动。葛林和康沃利斯隔着湍急的河水久久对望，这条河是保护爱国者的唯一屏障。

葛林命令霍华德带领大部分特拉华和马里兰大陆军北上前去索尔兹伯里。几名马里兰战士同民兵留守，提供支援。

在大雨期间，葛林和摩根动用少量兵力守住了渡河点。美军兵力不足以对所有可能渡河的位置一一提供有力防护，他们只能猜康沃利斯可能会在哪里渡河，再把本就稀少的兵力安置在那里。250名北卡罗来纳民兵扼守着考恩堡，那是一处重要的渡河点。

守卫者里有一位15岁的少年，名叫罗伯特·亨利，他曾在金斯芒廷战役中被刺刀刺伤，没有危及性命。"我们沿河来到约翰·奈滕家，他待我们很热情，给我们土豆烤来吃，又给我们威士忌喝。我们喝完酒后，嗓门又大，还惹出了麻烦，奈滕说我们不能再喝酒了。"少年回忆道。1781年1月31日晚上，在酒精作用下，亨利和他的战友们睡着了。

亨利和民兵战友直到第2天（即2月1日）仍在沉睡，这时英军开始渡河了。然而，马匹入水的声音还是惊醒了其中一个民兵，他立即将呼呼大睡的哨兵踹下河，大喊："英军来了！英军来了！"

伯爵是第一批渡河的人员之一。"康沃利斯伯爵一如往日，率先冲进河里，他骑着一匹精力充沛的马，警卫旅的战士紧随其后，接着是两门三磅炮，英国韦尔奇燧发枪团跟在他们后面。"罗杰·兰布军士回忆道。

卡托巴河迅猛的河水将许多红衫军卷入水底。民兵的滑膛枪和步枪也随即展开射击。一个军官大喊："孩子们，继续射击！援军随后就到！"

罗伯特·亨利后来讲述道："我开枪了，直到我看到有人骑马经过我在河里隐蔽的石头。我看到我一瘸一拐的教官正在给枪上膛。我觉得我会比他坚持得久，也开始上膛。教官开枪了，接着我也开了枪，英军的头和肩正好倒在岸边。敌人再也没有回击。"

高涨的河水在民兵射程之外替他们杀敌。子弹与河水差点联手夺去英军高级指挥官的生命。亚历山大·莱斯利中将的马把他甩到河里，查尔斯·奥哈拉准将的马则"和他一起落水，顺水漂了近40码"。

许多民兵都勇敢地站在水滨射击。"他们弹药不多，但竟然会自杀性地朝自己人扔炮塞！过了一会儿，我看到他们（英军）在呼救，呛水，最后溺死……而他的上司则抵达了对岸。"

康沃利斯的马被击中了许多次，但这匹勇敢的公马将这位英军指挥官顺利驮到对岸后才倒下。

伯爵大声发令，命士兵们前进，爱国者的防线也开始土崩瓦解。罗伯特·亨利听到教官催他：

"现在该逃命了，鲍勃！"

混战之中，戴维斯将军试图重新集结军队。

由于胸口中弹，这位民兵领袖在考恩堡的水边指挥行动时，壮烈牺牲。

这场小规模战斗让英军损失惨重，亨利汇报了英军伤亡的概数，"不少于100人"。亨利还报告称"河水散发出尸体的腐臭味"，因为许多尸体都堆积在下游的渔网里，"不少尸体看不到伤口，但的确是溺水身亡。我们把他们推到水里，都浮在水面上，全都回老家了。"

加萨韦·沃特金斯上尉是同民兵并肩作战的马里兰战士之一。他经历了史诗般的严峻考验，才逃出生天：

2月，就在戴维森将军牺牲的那天，我奉葛林将军之命离开营地，同撤离的民兵一起，距离战场两英里。那天夜里12点，我在路边一座房子里歇脚，身上还是湿的，又冷又饿，但没有一点吃的。那间房里至少有100人。村里的一个老人认出了我的衣服（制服），他要求和我单独谈谈。他告诉我说，房里既有我的敌人，也有我的战友，还说可以送我一程。几分钟后，我告诉他我想要得到他的帮助。他很靠得住。我们骑马走了一晚上，到达堡垒。大概在第2天上午10点，大树倒了，一直到亚德金河畔，大树成排地倒下。老人说他过不去。看到没有阻截敌军的障碍，我的将军也顺利把部队带到下一个作战位置，我心满意足了。于是我立即脱下外套和靴子，塞进军帽，系在头上，与我的朋友作别，他热泪盈眶地祝我一路平安，艰难地渡了河。我的向导和好友见到我欣喜若狂，把帽子都扔掉了，我对此表达了谢意。大约7点，我抵达了指挥部，得到葛林将军和摩根将军的接待。

大多民兵和马里兰军战士都成功与英军展开战斗，从堡垒退守，继续踏上漫长而艰辛的征程，朝索尔兹伯里前进。"我们冒着大雨和泥泞，彻夜行军，这是最累的行军了。我们抵达……距离索尔兹伯里不到4英里处，在2号的日出时分，我们稍作停留，晾干湿透的衣物，还能等等那些因太累而掉队的战友赶上来。"特拉华准尉副官威廉·西摩写道。

军队情况很糟，西摩提到："我们极其迫切地需要衣物，尤其是鞋，由于被迫行军，我们的战士大多数还打着赤脚。"他们走过的地方，都留下一串鲜红的脚印。

冰冷的雨下个不停，马路也变成粪肥和污秽堆积而成的沼泽地。由于冰冷沁骨，士兵们每走一步都觉得非常痛苦。特拉华中尉托马斯·安德森此时和马里兰军一块，他回忆道"每一步，泥水都及膝盖深……我们行军一路上，雨都下个不停"。

在这艰苦的条件下，美军边侦察边行军，每天在雨夹雪的恶劣环境下走19个小时。葛林评述这次死亡之旅："有一多半的士兵几乎没有衣服穿，但可以让他们执行最少量的任务。其实，许多战士全身上下只有腰间系着的一块（印第安式）毯子，没有像样的衣服。"

恶劣的天气状况和长途行军让摩根生不如死，他患上了严重的坐骨神经痛。随军医生看到他躺在叶子铺成的床上，盖着一张毯子，"从头到脚都患了风湿痛"。摩根不但有高热等小病痛，他还"深受痔疮之扰"。摩根基本不能骑马，但他还是领导战士确认地形，指挥他们前进。

葛林和摩根很快就从索尔兹伯里启程，继续北上，抵达另一条可以提供庇护的河流——亚德金河。在每天睡眠不足 6 小时情况下，马里兰士兵每天要前进 30 英里，才能避免被穷追不舍的康沃利斯军追上。

葛林根据自己曾经指挥后勤的经验，明智地命令船只——所有材质和大小的船舶——在亚德金河集合待命，做好接应美军渡河的准备。马里兰士兵此时仍有大部分人光着脚板，艰难地穿过泥泞、污浊的地区，终于来到亚德金河，由于连降大雨，河水水位猛涨。

葛林和康沃利斯都寄希望于河流。对于英军将军来说，那像是牵制并消灭美军部队的最佳机会；但在爱国者指挥官看来，亚德金河湍急的河水可以救命。加之此次在葛林的兵站总监——爱德华·卡林顿中校——的调配下，当飞行军抵达河边时，所有船只已奇迹般地在河边等候多时。

事不宜迟，葛林、摩根和霍华德立即指挥士兵登上这支临时组建的小型舰队。大多数船只都能及时出发；当康沃利斯军的先锋赶到，袭击飞行军后卫部队时，只有位于部队最后的少部分人还正在上船。

飞行军又一次逃脱康沃利斯军的魔爪。由于事先早已从亚德金河上下几英里处备好船只，葛林和马里兰军安全渡河之时，康沃利斯还远在 100 英里开外。葛林、摩根和霍华德沾沾自喜地在河边扎营，康沃利斯愕然地发现，他和敌人只相隔区区几十码。葛林把河岸附近一座小木屋用作指挥部。因为这座小木屋是屈指可数的明显的打击目标，英军炮兵便瞄准它发射炮弹，几枚炮弹落在小木屋附近。相传有几枚炮弹铲掉了屋顶上的几块木板。葛林不慌不忙地，丝毫不为英军的炮火所动，继续工作。一位亲历者写道："他不停地写，有人来访时，他停下了……待他冷静而严谨地回答完来访者，他又立即开始写了起来。"

伯爵搜集到必要情报之后，命令军队往上游寻找渡河点。葛林洞察了英军部队的动向，精明地写道："鉴于康沃利斯的急性子，以及对我军不屑一顾的态度，我们要让他尝尝惨败的痛苦。"

第三十六章

丹河追逐赛

　　跨过亚德金河之后，马里兰军冒着雨夹雪，在泥泞中艰难前行了47英里。飞行军最终到达了吉尔福德县政府，与威廉·贝蒂、杰克·斯图尔德、奥索·霍兰·威廉斯以及其他同属纳萨尼尔·葛林大部队的弟兄们会师。1781年2月7日，大风见证了南方军队两翼自圣诞节以来的首次重逢。

　　在吉尔福德，葛林又召开了一次军事会议。他画了一幅令人毛骨悚然的图，指出当时的形势：赶到的民兵援军寥寥无几。就在葛林率军渡河的5天之后，河水退去，康沃利斯军才渡河而来，以他们的追击速度，现在已经离得不远了。葛林总结道："如果我们现在贸然进攻，我们有1/10的几率会被打败，而一旦我们失利，整个南方各州都会陷落。"他强制要求摩根、霍华德、威廉斯、斯图尔德和其他高级军官为军队的下一步行动发表自己的意见。他们一致认为："不论如何，都不能发起总攻。"

　　此时不是和康沃利斯对战的好时机；只因为美军人数不够。他们疯狂地写信给弗吉尼亚州长托马斯·杰斐逊，要求增派援军："真想问问伟大的上帝，我们为什么没有更多人手？"

葛林的下属也都同意他们必须赶到丹河的意见，他们在那里可以同杰斐逊调集的援军以及由弗里德里希·冯·施托伊本男爵率领的大陆军会师。一如横渡亚德金河时一样，葛林现在丹河备好船只待命。他可以选择的渡河点有丹河上游的几座堡垒和两处下游的渡河点，其中一个位于迪克斯渡口，另一个位于向南6英里的欧文渡口。他选择下游的堡垒，命令兵站总监爱德华·卡林顿中校集合任何能在河上漂浮载人的工具。

葛林临走之前，还研究了几小时吉尔福德周边的地形。

为准备向北前往丹河的行军，葛林又一次将军队分为几个部分。由于兵力不足，军需品短缺，他们不能硬拼，只能智取。700名轻步兵和马里兰军以及威廉·华盛顿和亨利·李的骑兵担任主力部队，掩护大部队，或者说做诱饵，引诱康沃利斯军远离葛林计划让军队其他成员渡河的地点。不幸的是，轻步兵没有丹尼尔·摩根坐镇，长途跋涉已经让他精力耗尽。由于病痛和高热的折磨，摩根回到弗吉尼亚温切斯特的家中休养。葛林痛惜地说："伟大的将才凤毛麟角，再也找不到第二个摩根了。"

轻步兵的指挥部交到葛林的老战友——马里兰的奥索·霍兰·威廉斯少校手上。如果一切都能如期进行，威廉斯要把康沃利斯军引到上游，这样美军其他人就可以在下游安全渡河了。接着，威廉斯则有望折返回来，在大部队之后渡河。不过，这是一步险棋，康沃利斯兵马众多，极有可能把威廉斯的军队困在丹河前面，将其一举歼灭。

经过考彭斯一战和连日的艰难跋涉，轻步兵抵达吉尔福德时早已精疲力竭，这支部队主要由约翰·伊格·霍华德指挥的马里兰军和特拉华军组成，亟待援军补充。威廉斯命令马里兰第1营和第2营分别选出25人和30人，同其他连队士兵重组为60人的连队，填补柯克伍德的特拉华团此前蒙受的重大伤亡缺口。

接下诱敌任务的轻步兵又要踏上一次艰苦跋涉之旅。自12月从大本营出发以来，许多轻步兵成员都走过了相当于从华盛顿特区到纽约市的距离，他们冒着雨夹雪、大雪、大雨、冰霜的恶劣天气，睡觉也完全暴露在野外。马里兰和特拉华的大陆军们想方设法地活了下来，在两年时间里，他们惊人地跋涉了近5000英里。准尉副官西摩在日记上写到旅途中一段困苦经历：

9日那天我们开始行军……一路朝丹河赶去，于14日抵达，从我们离开位于帕科利特河的营地时起，走了250英里。这一次，恐怕整支军队，尤其是轻步兵都累坏了，我们日夜兼程，几乎不停在赶路，大家都又累又困，英军又跟在我们后面，步步逼近，我们根本来不及做饭吃，我们所有的注意力全集中在我们的轻步兵身上。

威廉斯的部队总是在转移——通常伴随着被剿灭的危险。轻步兵几乎每天都要摧毁桥梁，与敌人展开遭遇战，威廉斯便派轻骑兵哈里·李和威廉·华盛顿骚扰并拖延康沃利斯先锋部队的脚步。轻步兵继续前进，康沃利斯紧追不舍，彻底上当了。威廉斯于2月14日报告葛林："收到线报，敌军距离我分队不足6到8英里。我已派李上校率领轻龙骑兵，带领其他轻步兵战士在霍河跨桥渡河。"

李在巴纳斯特·塔尔顿部队前方设下埋伏，发动伏击。"敌军真是不堪一击，我们首次冲击就让大部分敌军死亡或无力还击；剩下的，则和他们的长官设法逃跑。"李此次伏击战是出于个人恩怨；塔尔顿的部队早先曾冷血地杀害李麾下手无寸铁的少年号兵。

听从执行"塔尔顿的慈悲"之命，李的士兵将塔尔顿上尉及其几名轻龙骑兵俘获。他们用马刀在塔尔顿脸上、脖颈上和肩膀上留下几道刀伤之后，美军将这名英军骑兵上尉俘虏了。李见部下没有当场杀死这个俘虏，勃然大怒，便准备将残害美军号兵的军官绞死。英国佬请求饶命说，当时他的部下喝醉了，没有听从他的命令。

李火冒三丈，扔了一支笔和几页纸给塔尔顿，让他在行刑前"把任何希望告诉他朋友们的事情，写在纸上"。

私刑最后还是取消了。塔尔顿的士兵陆续赶来，李和部下只好逃走。

塔尔顿和康沃利斯依旧紧咬不放。这次行军真是令战士们精疲力尽，受尽折磨，葛林坦言，4 天以来他"睡的时间不足 4 个小时"。但是，威廉斯的诱敌行动奏效了。

然而，横渡霍河的行动确实喜忧参半。葛林报告称："北卡罗来纳民兵只剩 80 人，其余全逃走了，逃兵里不乏少校和上尉等军官。"他告诫威廉斯，"你队伍里都是军队的精英，不要让他们体力透支，否则我们的情况会愈加不利。"

葛林带着大部队来到丹河上的堡垒附近时，威廉斯发来噩耗，英军即将追上大部队，但他愿意牺牲自己，以保大部队顺利渡河。"我敬爱的将军，在日落时分，敌军距您只有 22 英里了，现在可能还在行军，将在凌晨 3 点追上。"威廉斯写道，"他们的消息很灵通。他们巧妙地把我们引出有利位置……然后迅速转移……我肯定他们还在附近，您必须决定是让轻步兵冒险，还是继续消耗我们的体力。您的选择如何？"

华盛顿和李写到后卫部队的绝境。"不止一次，塔尔顿的军团和奥哈拉的货车进入到滑膛枪射程之内，"他们一直保持很近的距离，"李完全能看见英军，在敌人紧追猛赶的情况下，他们的先锋部队进入了通往欧文渡口的主干道。"

跑进"纵深、破烂"且结霜的马路后，"轻步兵的步履又快了起来"。塔尔顿和英军第 33 步兵团不屈不挠地追赶着美军轻步兵和威廉斯的马里兰军，缩短双方之间的距离。两军先后冲过最后通往欧文渡口的 40 英里路程，时间差仅几分钟。英军见胜利在望，又加快了步伐，赶上威廉斯的军队，希望把他们逼到丹河边，一举歼灭。

2月14日下午2点，葛林发出的快报传到威廉斯处，告诉他振奋人心的消息："我军骑兵大部以及所有步兵都已渡河。一切顺利。"经过一系列高超的部署，葛林已经把疲累的大部队转移到河对岸。威廉斯立即把这消息传达给麾下的士兵，大家欢呼雀跃，"重新焕发了活力，健步如飞；心理作用对身体的影响力原来是这么大。"接着，战士们又拖着疲惫的身躯，在20个小时里一口气走了40英里。

威廉斯的轻步兵于2月14日抵达欧文渡口，点着火把准备渡河。船舶载着马里兰军等士兵渡河，马匹则慢慢游过河去。

几小时后，英军才赶到渡口，这场追逐赛落下了帷幕。塔尔顿难得地发表了赞赏："从卡托巴到弗吉尼亚，美国人的每一个计划都制定得精妙，执行得积极。"在与时间和死亡赛跑的追逐赛中幸存下来，马里兰的威廉·贝蒂总结了此次行军："尽管敌军兵力更强劲，对我们穷追不舍，我们的撤离指挥得当，除了少部分领土之外，我们毫无损失。"

安全抵达丹河之后，葛林利用多由民兵组成的援军着手开始重建军队。他预备再渡丹河，在北卡罗来纳一座枢纽小镇，也是他数星期前调查过的地方同康沃利斯一决雌雄。

第三十七章

吉尔福德县府——"充满恐怖和痛苦的人间炼狱"

1781 年 3 月 15 日，轻骑兵哈里·李奔赴爱国者战线的最前沿，北卡罗来纳吉尔福德县附近，今格林斯博罗。李"斗志昂扬"地挥舞着佩剑，还在因早先与巴纳斯特·塔尔顿军交锋而热血沸腾。这位年仅 25 岁的骑兵少校指挥冲锋的呐喊响彻美军战线："我勇敢的战士们，你们的土地，你们的生命和你们的国家都仰仗于你们今日的表现——今天早上我已经让塔尔顿吃了一记败仗，入夜之前，我们再打败他一次。"

很快，横笛声和苏格兰风笛声和着微风为李的发言伴奏。罗伯特·柯克伍德麾下近千人的特拉华蓝军、民兵和骑兵排好战列，在瓢泼大雨之中，盯着整齐站在前方 400 码外、新犁麦田对面的康沃利斯军那"猩红色的制服，铮亮的盔甲，随风飘扬的旗帜"。1781 年 3 月 15 日湿冷的清晨，美军小心翼翼地摆好防御姿势，严阵以待，后来这一战也是独立战争史上最具决定性的战役之一。

大陆军的炮兵开始向英军开炮。红衫军立即予以回应，很快便架好几门6磅炮，推向英军战线前列。士兵们听见加农炮的隆隆巨响，感受到它的威力。李大喊："你们听到的喧闹声都是树林发出来的，反正他们的火力也压不过我们。"他叮嘱手下："如果他们坚持下来，要开第二炮，那情况就很严重了。"

李话音刚落，他又骑马奔向南面侧翼。他身后还有两条防线，由优秀的马里兰第1团做后盾，这是效仿摩根在考彭斯战役中发明的纵深防御战术，又得名"伸缩盒防守"，在向两边推进时挤压进攻队伍。

纳萨尼尔·葛林在丹河北面只待了一个星期。兵力补充好之后，他又率领约4440人马重新渡河——美军的核心力量，马里兰和特拉华大陆军的精英部队也在其中。他想和康沃利斯决一死战。"我们昨天出发了，去找康沃利斯……现在我们人手足够了。"

这个罗德岛人面临的挑战和8个月前盖茨面临的困境相似。军队里将近半数以上士兵都是不可靠的民兵。丹尼尔·摩根曾在一封信上直言不讳地为葛林总结道："如果民兵参战，您会战胜康沃利斯；可如果不参战，您就会输，您的正规军可能会被打得落花流水，这样，我们的希望也就荡然无存了。"他进一步提议，"在侧翼安插步兵，并安排了解这类战役的得力军官指挥，把民兵置于中路，再辅以几支精英队伍做后卫部队，命令后卫射杀第一个逃跑的士兵。"

葛林熟悉这片战场。几周以前，他曾在吉尔福德县府的阵地走过几小时，当地地形非常理想。康沃利斯无法穿越空地从西面发动袭击。由于侧翼攻击难度大，英军必须把集中兵力攻击主干道，这条主干道贯穿整个战场，长约1英里。主干道旁有一道沟渠，还有橡树和针叶林丛生的茂盛树林分立左右。英军若向西北转移，则必须穿过一道开阔的山谷。县府坐落在一座陡坡顶端的空地上——绝佳的防御位置。

葛林基于摩根的建议，结合地形部署了纵深防御。他将最没经验的部队——北卡罗来纳民兵——置于战场中路的前沿，他们前方隔着一道围栏就是空地。罗伯特·柯克伍德麾下久经沙场的 110 名特拉华大陆军，以及威廉·华盛顿麾下的 86 名轻龙骑兵位于其右翼；轻骑兵哈里·李率领的骑兵和 200 位经历过金斯芒廷一战的弗吉尼亚步兵则位于左翼。将军命令北卡罗来纳民兵开两枪就撤到第二道防线——弗吉尼亚民兵后面。英军突破第一道防线后，必须穿过 300 码长的密林和山谷，才能抵达美军第二道防线。第二道防线后 500 多码处的山谷东面，有马里兰军和特拉华团、弗吉尼亚大陆军组成第三道防线。红衫军从树林里开道，必须跨越山谷，向大陆军发起冲击，而大陆军的位置正处于县政府附近的一座斜坡上。

经历了连续几周追击葛林部队直至丹河的艰辛和徒劳，康沃利斯军稀稀拉拉，腹中空空如也，补给品也快要见底。在康沃利斯卸下大部分补给与装备，把全军打造为轻步兵兵团后，他们的粮食来源全依靠掠夺卡罗来纳农村获得。可是，北卡罗来纳已被两军搜刮干净了。英军此时粮食短缺，草料不够（对现代军队来说如同汽油一样重要），弹药库存也告急了。只有拿下一场决定性的胜利，才会体现此前不可思议的牺牲是有价值的。葛林已经在吉尔福德排兵布阵，两军只相距 12 英里。如果康沃利斯经受不住葛林的挑战，那他就不得不撤回威尔明顿重新补给。

3 月 15 日晌午时分，双方的炮兵展开对决。轰炸持续 20 分钟，伤亡很轻，不过，加农炮的实心弹还是具有毁灭性的打击力。一名北卡罗来纳民兵写道，他们分队的一个战士"被加农炮弹打死，据推测，应该是英军炮兵的 6 磅炮射出来的……这颗炮弹在他跪下平复状态的时候打中了他的头，他的姿势和炮弹的抛物线轨道重叠，炮弹打穿了他全身的脊柱。"

炮声刚平息，康沃利斯就命令军队出击。英军组成延绵近 1 英里长的红线，向美军前进。穿过灌木丛和树林过后，红衫军又进入到一片泥地，迎面遇上北卡罗来纳的步兵在栅栏后面发起的攻击。英军上好刺刀，快速向美军冲去。罗杰·兰布军——英军第23步兵团的战士——回忆道："我们整齐地快速跑去……待我们抵达敌军阵前40码的距离时，我们发现他们整条战线早已在一道栅栏后面架好武器……他们正瞄准我们。"

英军的骑兵分队在战场上全速飞奔。他们的"盔甲熠熠发光，反射给美军战马，他们所到之处，无不让敌军闻风丧胆，乱作一团"。英军近前后，美军开火了。齐排发射"威力巨大，让半数高地军当场落马"。

一位北卡罗来纳民兵形容此次大屠杀说："他们每一枪都发射得非常慎重，开枪之后，被他们瞄准的英军战线就像丰收时节麦田里的麦子，等着农民用镰刀收割似的。"

美军的枪法让纪律严明的英军正规军大为震惊。"在这个可怕的时刻……枪声突然消失；双方都极其焦灼地观察对方。"

英军的詹姆斯·韦伯斯特中校展现了自己的英勇，率先呐喊，打破寂静："冲啊，勇敢的战士们！"

在韦伯斯特的鼓舞之下，英国韦尔奇燧发枪团的战士猛冲向前。来到栅栏前几码之遥后，该轮到刺刀上阵了，美军民兵不愿与敌人拼刺刀。一些民兵提前打完两枪，有的只开了一枪——甚至一枪未发——就匆忙向后方的弗吉尼亚军逃去，武器和水壶都不要了。他们仓皇地涌向第二道防线，一如考彭斯战役的时候，美军防线上有个开口，容许惊慌失措的民兵撤退到战场后方。一位军官记录下民兵的溃逃："士兵们一枪未发就忙着撤退，就像被狗惊到的羊群一样四散奔逃。"

另一位亲历者的记录则与之相反，他写下部分战士的英勇事迹："有人忙着撤退，被人指责是不够勇敢，再看他们临近的人，表现得堪称英雄壮举。"

英军突破第一道防线时，美军侧翼部队仍在坚守阵地。步兵对英军发动纵向射击，延缓他们的进攻节奏。为了尽量拖延，柯克伍德等部队展开了数次致命的整排齐射，才有序撤退。位于侧翼的柯克伍德、华盛顿和李的部队在树林里穿梭，朝第三道防线退去，马里兰军在那里待命。这一段延缓英军进攻的退守射击，夺去了许多英军和黑森雇佣兵的生命。特拉华大陆军威廉·西摩回忆道："步兵和滑膛枪手十分勇敢，导致许多敌军战士死伤。"

忍着饥饿浴血奋战的英德联军，迈着沉重的步子穿过茂密的树林。康沃利斯军在两个农场之间植被繁茂丛生的林间推进，与美军侧翼部队作战，他们走过了300多码。他们在那里袭击了弗吉尼亚军组成的美军第二道防线。战斗逐渐转变为以班或以排为单位的小型战斗。在树林里、峡谷间，还有战场上崎岖不平的地面，小规模战斗进行得如火如荼。一位弗吉尼亚兵讲述，他的战友"每人开了15枪或18枪，还有开了20枪。"奥索·霍兰·威廉斯上校——现在是两个马里兰军团的总指挥官——回忆起弗吉尼亚军的奋战英姿："他们毫不动摇地向敌人出击……周围充斥着枪声，似乎永远不会停，震耳欲聋。"

英军的军官里也有人中弹。查尔斯·奥哈拉准将的大腿就被一颗滑膛枪弹打中，然而，他依然在指挥部下前进。环顾一周，看看稀稀拉拉的战列，塔尔顿称："所有军官都负了伤。"

弗吉尼亚军强力坚守防线，英军的进攻陷入停滞。康沃利斯的坐骑二度被打死，随后，他便亲自申请调停，勇敢地来到战线最前沿。英军中士罗杰·兰布记录下当时的场景：

我看见康沃利斯伯爵骑马穿过战场。爵爷胯下是某轻龙骑兵的马（他自己的马已被敌军射死），鞍囊在马的肚子下面，前进得很慢，因为遍地都是茂密的灌木丛；爵爷将危险抛之度外。我立即抓住这匹马的笼头，调转马头。我提醒爵爷，如果再向前走，不到几分钟就会被敌军包围，也许还会被大卸八块或被俘。我一直跟着马小跑随行，手抓紧笼头不放，直到第 23 团赶到，在树林边整队待命。

战役打响后近一个半小时，英军终于抵达美军的第三道防线——马里兰军。约翰·伊格·霍华德——马里兰第 1 团的副指挥官——看到英军从树丛里现身，打探大陆军所处位置："冈比率领的马里兰第一团在树林里的一个山洞里列队，在县府附近空地的右面（西侧），于热将军率领的弗吉尼亚旅位于我们右侧。马里兰第二团距离我们有一段距离，位于空地的左边，其左翼排列的阵线几乎与第 1 团成一个直角。"

当英军从树林里现身，进入第三道防线前方的峡谷后，葛林对自己的预期非常乐观。包括马里兰军在内，他手下最好的军队正在那里待命。他"以为胜券在握，正自鸣得意，在战线上激励战士们给敌人亮出绝招"。

这是个风力强劲的三月天，阳光透过云层射下，照得刺刀熠熠发光。康沃利斯军里约 600 名铁骨铮铮的战士重振旗鼓，面对马里兰军。美军的大炮星星点点地排布着，英军以全速冲过战场，直奔身穿绿色制服的马里兰第 2 团。本杰明·福特中校——斯莫尔伍德营的元老级人物——直接领导主要由新兵和少量经验丰富的军官组成的第 2 团。

福特命令这些毫无经验的士兵准备迎敌的时候，士兵们一片困惑，敌军是由身体负伤的查尔斯·奥哈拉准将和詹姆斯·斯图尔特上校率队。一位美军军官记录下马里兰第 2 团指挥官是如何努力指挥的："福特在前进一段距离后命令出击。"

可是，并非所有人都遵照指令行动。奥索·霍兰·威廉斯——福特的直属副官，负责马里兰旅——解释道："第二团仅有 6 个连，有 8 名军官，还有众多民兵。我不清楚为什么士兵在听到军令后还不出击。"第 2 团的基层缺少军官。这支部队是从马里兰州四处强制征兵来的，没能与其他部队或经验丰富的马里兰第 1 团加强合作。威廉斯看到士兵一脸困惑之后，撤回了福特的出击指令，重新命令战线迎接英军的猛攻。

停止出击的军令并未很好地安抚未经战事的士兵们的神经。红衫军攻到阵前，便展开致命性的整排射击，马里兰第2团的副指挥官阿奇博尔德·安德森少校当场牺牲，另有几名马里兰士兵受伤。副指挥官的死让初登战场的士兵阵脚大乱。马里兰第2团就此溃败，士兵四散奔逃。警卫军俘虏了安东尼·辛格尔顿麾下的两名美军炮兵。

马里兰士兵的溃败差点导致葛林被俘。看到第2团士兵逃跑后，美军指挥官试图集结残部。英军战士前进了近30码，直奔葛林而去，所幸"莫里斯上校提醒我注意，我才得以全身而退"，这位南方军将领才得救了。

尽管"战场地面崎岖"，有树，硝烟弥漫，模糊了马里兰第1团的视线，敌军突破的消息传到霍华德耳朵里。"吉布森上尉，时任副官长骑马前来通知我，有一队敌军正冲过战场，深入向我军后方，如果我们迎面出击，就可将其拿下。"

霍华德上马扬鞭，找到马里兰第1团的指挥官约翰·冈比上校，上校发令"向后转"。

久经沙场的加萨韦·沃特金斯和威廉·贝蒂冲锋在前，第1团调转方向，开火，在向警卫军侧翼发起冲击的时候为滑膛枪装填子弹。霍华德回忆道："我们立即同警卫军展开战斗。我军精准地打出几枪，接着又向前进，继续向敌军射击。"

当双方的精英队伍相距不足几码时，马里兰战线发出整排齐射的巨响。"他们同时开枪，距离太近了，就连枪上的刺刀也能看清。"一位亲历者回忆称。马里兰军的射击立竿见影，对警卫军造成致命打击，"被强大火力打蒙了"。

混战之中，有人打中冈比胯下的战马，来自马里兰东岸的军官发现自己被压在马身下。霍华德立即接过指挥部，号令士兵前进，向警卫军左翼发动攻击。霍华德的挚友加萨韦·沃特金斯上尉、杰克·斯图尔德等马里兰 400 战士的元老级人员就在马里兰第 1 团队伍里，让士兵们团结奋战。

军号嘹亮，穿透战场的喧嚣。其中一个场景令人回想起考彭斯战役，威廉·华盛顿的骑兵扑向警卫军，用他们的马刀劈砍。"骑兵的刀剑压制了敌人，他们前一刻还清醒自己即将取胜，生命安全，"一位大陆军记录道，"后一秒钟还没来得及怀疑有危险，就有许多人送命了。"

激战正酣时，身高 6.6 英尺，体重 260 磅的彼得·弗朗西斯科用他的六尺腰刀，砍倒了许多英军战士。他后来证实："我的大腿被刺刀刺中，从膝盖到盆骨，还有许多地方都受了伤，我还杀死了两个人，不仅如此，我还让许多人身负重伤。"

红衫军为华盛顿的骑兵一震，有些退缩。一如考彭斯战役中那样，霍华德看到战机，命战士和敌人拼刺刀。马里兰军的二等兵托马斯·卡尼和战友们高声呐喊，猛冲向前。这名非裔美国大陆军"战功显赫……马里兰战士展开冲锋时，他一个人就用刺刀杀死了 7 个敌人。"

马里兰第 1 团撕裂了同样是精英部队的警卫第 2 营。马里兰军以来自马里兰社会各界的卓越战士群体为核心，与出自名门的英国军官展开生死搏斗。双方都是胜利之师，参加过长岛战役以来的诸多重要会战。

在美军的猛烈攻击下，警卫军逐渐处于劣势。混战转变为激烈的肉搏战。威廉斯后来写到这场激战："他们端起刺刀，杀死了数不清的英国警卫军"。拳头、佩剑和刺刀撕裂士兵的身体和骨头。横笛手詹姆斯·诺埃尔"在（新泽西伊丽莎白镇）营地时，一条腿被刺刀意外刺伤"，伤痊愈了，厄运仍在继续。他此次又处于两军交战的漩涡之中，腿负伤了。

两军激战之中，有两个军官也在英勇决斗。警卫军的作战指挥官詹姆斯·斯图尔特中校和马里兰第 1 团的约翰·史密斯进行殊死较量。据说，史密斯和斯图尔特在战前就曾决斗过。约翰·史密斯的密友记下了这次混战。

史密斯及其麾下士兵挤作一团，像复仇一般杀死警卫军和敌方的掷弹兵。斯图尔特上校看到史密斯，穿过人群、灰尘和硝烟，用佩剑向史密斯用力一刺。起初史密斯只看到佩剑如闪电一般往他胸口袭来，便稍稍向右一躲，抬起左臂，锃亮的佩剑从他左臂下方刺来，剑尖直指史密斯的胸膛。殊不知上校慌乱之中，脚正好踩在刚才被史密斯砍倒之人的手臂上，他一个踉跄，剑刺偏了，出剑的力道使他单膝跪在死人身上，警卫军来势汹汹，史密斯别无选择，只好向右闪躲，对斯图尔德反手回击，要么就是在斯图尔德倒下之时击中了他的头部；斯图尔德麾下的军士长朝史密斯袭来，但被史密斯的中士杀死；二级军士长也前来袭击史密斯，被砍倒；三级军士长随后扔下一个弹药筒，打中史密斯的后脑部，他此时倒在死尸身上，但立即被战士救起，抬出战场，经检查，只有一枚铅弹打中头盖骨，把他打晕了而已。

史密斯的一名战士——詹姆斯·古丁——在他身边作战，他在卡姆登被打中肠子，而后被俘，再后来"从英军队伍逃跑"。这位大陆军二等兵的手"在运输加农炮过程中被压伤。因位于两座加农炮中间，他的听力从此严重受损"。[1]

霍华德的部下再一次缴获辛格尔顿的加农炮，此举为决定性的一步。塔尔顿对这个关键时刻是这样描写的："马里兰旅在前，华盛顿的骑兵随之而动，在没有援军的情况下迎击我军，重新夺走加农炮，残忍地击垮了警卫军。"霍华德也对此进行了详细描述："我看到华盛顿的马，因为他们行进速度比我们快，他们率队冲锋，击杀敌军。我们的战士紧跟其后，和他们一起逼近警卫军。"

---

1 独立战争期间，古丁断言史密斯拿了他的军饷和赐地。在申请抚恤金时，古丁宣誓称："他从没有收到过任何土地，当年委托约翰·史密斯上尉替他领用薪水，但上尉退伍后带着那笔钱去了南卡罗来纳，从未付给他分文。"

警卫军暴露行踪后，此时遭遇马里兰第 1 团的夹击，几乎溃不成军，导致康沃利斯战线中央出现一个大缺口。霍华德心想："一切尽在掌握之中。"塔尔顿后来回忆道："此时，战场局势依然不明朗，双方皆有可能赢得胜利。"

就在这千钧一发之际，康沃利斯走出树林，看到眼前的惨况，下令孤注一掷。他命令约翰·麦克劳德中尉把拖到 1 英里外的两门三磅蚱蜢炮瞄准马里兰军和华盛顿的骑兵，不管是否有可能伤及英国警卫军，立即发射葡萄弹。铁弹打中大陆军和红衫军的身体，这种严酷的手段让胜利逐渐倾向于英军一方。

葡萄弹对马里兰军造成了毁灭性的打击。当华盛顿的骑兵转向后方时，霍华德的部队发现他们处于极其危险的位置，完全暴露在敌军面前。"敌军从四面八方袭来。华盛顿的骑兵已经撤退，我也觉得有必要撤退，但我撤得很慢。结果许多一直倒在地上，我们以为已经身负重伤的警卫军这时站了起来，在我们撤退时向我们开火。"

马里兰军冒着枪林弹雨撤离。看到大陆军撤退，第 23 步兵团和第 71 步兵团以及英军骑兵队集结起来，"以最快速度"发起冲击。

也许是还在为自己差点被俘而心有余悸，也许是因为马里兰第 2 团的崩溃，葛林不愿拿整支军队冒险。于是，他下令全面撤退。

战略策划人葛林事先规划了一条朝东北方向撤退的路线。他选择从里迪福克路撤退到位于斯皮德威尔炼铁厂的新营地，威廉斯组织全军撤退："炮兵的战马被射杀，我们不得不把四门 6 磅炮留在战场上，这是我们不容忽视的损失。战士们有序而整齐地执行了将军发出的全军撤退的命令。"

筑好坚固的步兵战线之后，康沃利斯命令所有分队向前冲，追击正在撤退的美军，而美军的后卫部队仍在不屈不挠地顽抗。詹姆斯·韦伯斯特中校正率领麾下部队前进，结果被一个弗吉尼亚士兵一枪打掉髌骨和股骨。士兵们奔波劳顿，损失人数超过 1/4，康沃利斯只好打消追击葛林军的念头。

亨利·李的骑兵是最后一批离开战场的美军队伍之一。就在他们扬尘而去之时,李麾下的一名骑兵——彼得·赖夫——遇见了两名爱尔兰籍士兵,此次见闻表明了人性与战争的荒诞:

有两个爱尔兰人,一个为英军打仗,另一个在美军队伍里。当然,赖夫先生不知道他们姓甚名谁。在这里为了便于大家称呼,我们就把英军阵营里那个称为"奥布赖恩",另一个就叫"吉米森"吧。奥布赖恩伤势很重,由于伤痛,他没有思考也没在意自己正朝县政府走去,越往前走,离他所属的部队越远,后来走到美军撤退的马路旁边。没走几步,便看到吉米森,以为他是个农民。奥布赖恩叫住吉米森,请他大发慈悲给自己点水喝。奥布赖恩手上握着一样长长的圆棒,好像是掌旗官扛的旗帜,顶端还有一截锐利的铁器,就像我们常见的旗帜顶端的那种东西(戟)。吉米森的水壶里恰巧还有些水,便热情地走上前去分给了奥布赖恩。待吉米森转身离开,还没走远,奥布赖恩因为疼痛和口渴——赖夫心想——突然发狂,不知所谓地扔掉自己的行囊,当着恩人的面,用那截铁器刺自己,可却只留下一个小伤口。吉米森这又走回来,用刺刀插入奥布赖恩的心脏,了结了他的生命,结束了他的痛苦。吉米森接着又朝马丁斯维尔走去,在同僚进村时赶上了队伍。

英军追击马里兰军和葛林军其他队伍的行动只持续了几英里。葛林军向远在 13 英里外的新营地斯皮德威尔炼铁厂走去,葛林命士兵们在炼铁厂修筑野战工事。康沃利斯率 1924 人参战。其中 93 人战死,413 人受伤,26 人失踪。由于队伍中有 1/4 以上的人非死即伤,康沃利斯进退两难,只好在那地狱般鲜血淋漓的吉尔福德县政府战场度过难熬的一晚。

乌云密布,"一场连绵不断的大雨"连续"40 个小时"将该地区笼罩在一片黑暗之中,雨水浸透了战场,无情地打在受伤的美军及英军战士身上。

查尔斯·奥哈拉——警卫军的杰出领袖——胸部和大腿中枪，他描述当时的遭遇时说："我从来没有像当时那样渴望再也不要经历第二个这样的日夜，战役刚刚结束，我们还在那片战场上，四周都是死者、奄奄一息的重伤员和数以百计的普通伤兵，其中有革命军，也有我军的人……面对这么多的伤员和倾盆大雨，让我们几乎无法转移他们，或者施以一丝安慰。"塔尔顿就是接受治疗的军官之一，当时的场面可怖至极，外科医生为了治疗他在战斗中受的伤，截掉了他的几根手指。后来，塔尔顿经常对部下挥舞截后的指骨，告诉大家，他已把失去的手指献给了国王和国家。

康沃利斯的兵站总监查尔斯·斯特德曼清晰地记得："那天晚上大雨如注，漆黑无比。据说大约有 50 名伤员，因伤情加重，没能活过第二天早上。伤病员们整晚待在白天作战的战场上，叫苦声、呻吟声不绝于耳，那场面简直不能用语言描述。我真心希望，出于人道主义，这样的恐怖和痛苦，哪怕是在军旅生涯里，少出现一些。"

不论是英军还是美军，都没能意识到，这一次，吉尔福德县政府战役扭转了战争的走向。双方的战略都有所改变。爱国者没能对纽约发起决战，英军占领卡罗来纳两州的脚步也因此停驻，还为英军在约克敦遭遇惨败埋下伏笔。

1781 年春天，乔治·华盛顿依然对打败驻守纽约的亨利·克林顿一事耿耿于怀，他还和法国伙伴罗尚博伯爵就是否要继续将纽约列入打击目标一事进行过争吵。

在查尔斯顿和卡姆登大败之前，法国曾决定让战争连升几级。1780 年夏天，法国派罗尚博率 5000 多名士兵前往罗德岛的纽波特。罗尚博伯爵出生于 1725 年，在其兄长去世后，加入了法国骑兵队，在法国 - 印第安人战争中连升几级，成为准将。在获得此次任命之前，罗尚博还奉命于 1779 年率队入侵英国，但计划流产。原定入侵英国的那些士兵被转移到北美战场。

这一年，罗尚博37岁，身经百战，头发花白，眼角有一道伤疤，性情反复无常。据他的副官描述，罗尚博生性多疑，就连自己的手下也不信任，他认为属下都是"酒囊饭袋"。然而，华盛顿的性格却让罗尚博敞开心扉。

华盛顿想派罗尚博前往纽约同英军决一死战，他认为这场战役将摧毁英军在北美的主要力量，最终结束独立战争，具有史诗级的意义。罗尚博对此嗤之以鼻，他认为等待美法联军的是一场几乎会葬送他们的灾难。5年来，克林顿准备好曼哈顿的防御工事，铆足了劲正等着美军向他们进攻。对英军来说，这正是他们翘首以待的机会，可以把机动的美法联军拖入阵地战，从而将其一举歼灭的好机会。正如萨凡纳战役中那样，英军的防御工事会非常牢固。这样做表面上看英军是耗时伤财，但是克林顿宁愿让华盛顿主动攻击，也不愿自己冒险。美法联军的时间，以及提供给革命军的资金即将耗尽。

1780年春，罗尚博没有攻打纽约，他看准一个战机，这次的对手不是康沃利斯，而是威廉·菲利普斯将军率领，后来换帅由贝内迪克特·阿诺尔德领导的3500人的军队，这支军队曾经突袭过弗吉尼亚。罗尚博凭借着自己的老练机智和领袖魅力，撒下联军南方战略的种子。他悄悄联系弗朗索瓦－约瑟夫－保罗·德格拉斯上将从加勒比海航行到切萨皮克湾，设下圈套对付菲利普和阿诺尔德的军队。英军大体上分为两支队伍，一支在查尔斯顿，一支在纽约，存在被消灭的可能。

康沃利斯军虽然取得吉尔福德县府一战的胜利，但被马里兰军的猛烈反击打得元气大伤，康沃利斯无奈只好违抗克林顿让他坚守南卡罗来纳的命令，带着意志消沉的军队前往北卡罗来纳的威尔明顿。

最后，康沃利斯决定北上，入侵弗吉尼亚，将自己的军队——以及独立战争的成果——置于岌岌可危的境地。与此同时，葛林和马里兰军又行军回到南卡罗来纳。

第三十八章

霍布柯克山

1781 年 4 月 22 日,夜晚漆黑一片,暑热笼罩着南卡罗来纳,马里兰军拖着一节节笨重的树干向目的地出发,其间尽量不发出任何声响。就在几码之外,红衫军正在沃森堡熟睡,位于今南卡罗来纳州的萨默顿附近,他们还不知道美军此时正在搭建工事。美军慢慢地用青翠的树干造出一个庞然大物。近几日,马里兰军、亨利·李的骑兵以及弗朗西斯·马里昂的民兵都在费力砍树、劈树干再把这些树干组合称一座高 40 英尺的塔。

在一个多星期前,纳萨尼尔·葛林决定展开行动。吉尔福德县政府战役刚刚尘埃落定,康沃利斯伯爵的疲惫之师到北卡罗来纳威尔明顿重振雄风。葛林知道,此战过后康沃利斯会离开些日子,但他不知道康沃利斯命令军队向北转移去弗吉尼亚还是向南转移去卡罗来纳两州。为掌握主动权,也是遵循华盛顿的名言"别被人牵着走",葛林回到南卡罗来纳,英军在该州设下许多前哨,从九十六到奥古斯塔再到沃森堡、乔治敦和卡姆登,都有英军的前哨零星散布。葛林指挥军队快速转移，希望可以迅速逐个击破，一旦咽喉要道被切断，他就能让其他站点也断了补给。

葛林把兵力分为两队。他用李的骑兵团和马里兰大陆军的一个连组成一支规模较小的特遣部队，率队的是自马里兰连成立伊始便隶属其列的爱德华·奥尔德姆上尉，他还曾经入选过飞行营，担任中尉。他的军衔此后升至上尉。奥尔德姆从其他军官同僚处收到了很高的赞誉。李写道："对于奥尔德姆上尉，溢美之辞真是太多了。他几乎参加了所有南方战场的每一次行动，具有豪侠的气质，品行端正，一直都很卓越。如果不是特拉华的罗伯特·柯克伍德反对……他可能在葛林军中获得最高军衔——他十分优秀，如果要列个光荣榜，他一定是名列前茅。"

葛林命奥尔德姆和李向威尔明顿出发瞒骗英军，掩盖他们真正的行军路线。计谋一旦得逞，马里兰军和骑兵就要突然转向，调头向南与"沼泽狐狸"弗朗西斯·马里昂的队伍会合。两军联手攻击沃森堡，该堡垒位于卡姆登以南大约55英里处，是扼守连接查尔斯顿到卡姆登之补给链的要塞。葛林和大部队此时再向卡姆登进发，直逼英军防御网的枢纽。

沃森堡由80名英军正规军和40名效忠派士兵驻守，坐落在一座30英尺高的小山丘上，四周围了三重危险的鹿砦。1781年4月15日，马里兰军等部队包围了堡垒，开始考虑如何才能冲进去逼英军驻军就范。他们举着白旗佯装无条件投降，接近了驻军——结果受阻。接着，奥尔德姆和李切断了堡垒唯一的水源，可是驻军却在沃森堡坚实的墙体内挖了一口40英尺深的井，予以反击。双方僵持不下。英军根本不把美军看在眼里，因为他们知道美军缺少挖掘工具，没有重型火炮，更没有时间展开长期围攻。后来，美军集中了非凡的智慧，赫齐卡亚·马哈姆上校想到一条绝顶妙计，便是爱国者利用附近的树木搭建高塔。只要爬上这座塔，美军士兵就可以居高临下地向敌军的防御工事射击，而厚实的木材可以保护美军不受敌军反击火力的伤害。

4月22日夜里，美军把用于搭建高塔的树干运送到步枪可射中堡垒的射程范围内，搭建起了马哈姆塔，后来被世人所知。奥尔德姆在塔上安排几名步兵，高塔赫然耸立在堡垒的墙体之上，天刚破晓，步兵就开始向堡垒里的驻军发动袭击。几乎在同时，两支绝望分队——其中一支由马里兰军组成，另一支由马里昂的民兵组成——袭击了鹿砦。

来自高塔的强大火力打得英军驻军无法爬上堡垒的墙。有了塔上的高位袭击，加之绝望分队的地面攻击，英军驻军很快便停止抵抗，投降了。

沃森堡虽然小，一旦失守则会严重影响南方战局，弗朗西斯·罗顿勋爵——英军军官，此时指挥着卡姆登卫军，以及驻守在南卡罗来纳和佐治亚州乡村的8000名皇家驻军——都意识到这个事实。沃森堡失守意味着罗顿的补给线被切断，而英军位于卡姆登的重要前哨也因此被置于危险之中。

4月19日下午，就在部分大陆军和民兵正在沃森堡修建马哈姆塔时，葛林和许多其他马里兰士兵抵达卡姆登的英军前哨。葛林发现，此处敌军戒备森严，强攻难度太大。里面有几座敦实的内堡，围在小镇周边，与连锁的防御工事相连，中央还有一道栅栏从三面保护驻军。葛林此时离敌人不足2英里远，他久久凝视着这座重重警戒的小镇。他没有足够人手发动围攻；反过来，他在等待英军对他发起进攻。

葛林希望引诱罗顿走出防御地带，到有利的战场挑战人数上占优势的美军部队。为此，葛林部署了一系列刺探行动来激怒罗顿。4月20日晚，在夜色的掩护下，鲍勃·柯克伍德上尉及其麾下精锐的轻步兵攻打了洛格敦，位于卡姆登郊区的破旧小村落。柯克伍德的士兵很快便占领小村的大部分地区，但"整晚都能听到零星的枪声"。黎明时分，双方展开了激烈交火。"我们和敌军展开激烈的小规模战斗，大概两小时后，我们清楚地看到军队（卡姆登驻军）朝我们冲来，正合我意。"

第二天,特拉华蓝军和威廉·华盛顿的骑兵对卡姆登西面发起突袭,"烧掉敌军其中一座内堡里的一幢房子"。这次突袭赢得了许多牛马。对于英军来说,美军的突袭如同针扎一般,不足为惧——直到后来,沃森堡陷落。

4月24日,双方进入僵持阶段。史称"英军队伍里最丑恶的军官"罗顿专心致志地听一个马里兰小鼓手透露的无价情报,改变了这次行动的走向。这个少年在几小时之前还在美军队伍里,和自己的兄弟们并肩作战,结果他决定倒戈,向时年26岁的罗顿透露了葛林的作战命令,还将葛林很快就有托马斯·萨姆特和弗朗西斯·马里昂前来支援的重要情报和盘托出。

沃森堡陷落的消息最近又传到罗顿耳朵里,真是雪上加霜。罗顿已失去前哨,加之沼泽狐狸正在郊区伺机而动,伏击他的补给车,切断卡姆登与查尔斯顿的联系。罗顿必须在粮食耗尽之前,立即行动。卡姆登一旦落入美军手里,相连的前哨基地要么会因缺乏补给而渐渐损耗殆尽,要么会在葛林集中兵力发动袭击时面临崩溃。

英军在卡姆登只有约1个星期的补给储备。独立战争史上最大胆的一次进攻中,罗顿决定放手一搏,进攻葛林。美军人数比英军驻军人数多1/3,罗顿动用强硬手段增强兵力,在卡姆登抓起了壮丁。

1781年4月25日,清晨春寒料峭,到了10点,罗顿从卡姆登出发,展开攻势。"我们的乐队和鼓手也都全副武装,简而言之就是人人皆兵,我征集了九百多人,其中60个做轻龙骑兵。整支部队加上两门6磅炮,我们于昨天上午10点开始行军,内堡里只留了民兵和一些伤病员在那里休养。"

罗顿的军队就在几英里之外,葛林还在慢慢饮茶,他手下的1500人大军还在悠闲地洗衣服,清理武器。葛林的军队在霍布柯克山的沙质山脊上设防,位于卡姆登城外1.5英里处。小山树木茂盛,葱翠的灌木丛覆盖了大半个山头,大马车路位于中央,将堤坝平分为两半。与吉尔福德县政府战役时的布阵相反,葛林安排马里兰军上前,守住大马车路东面,弗吉尼亚大陆军则守在大马车路西面。民兵和华盛顿的骑兵留在山顶待命。葛林军静候罗顿伯爵的下一步动向，全然不知下一步来得是那么快。

罗顿率军向南疾行，骗过美军，"来到沼泽附近"，接着立即调头向东进入林区，掩盖行踪。罗顿的队伍里包括步兵、骑兵、两门大炮，甚至还有 50 名"尚处于康复期"的伤兵。他们沿着蜿蜒曲折的小河走向美军战线的左翼，此处正是马里兰军和柯克伍德的连队驻守之处。由于美军情报极其滞后，直到英军来到马里兰军前方 300 码处袭击前哨时，哨兵才发现英军所在。

爱尔兰志愿军——在卡姆登一战中与马里兰军展开过混战——向马里兰军和弗吉尼亚大陆军扼守的前哨区发动强攻。柯克伍德的蓝军在前哨后方备战，见状也立即上前，加入大陆军的防御战中。美军钻进树林，志愿者被安排在一处山坳，其长度足以容纳主力部队在其后方排好战列。

听闻前方传来激烈的枪响，威廉·贝蒂上尉等军官纷纷从营地召集士兵集合，命令他们马上奔赴前线。许多士兵"这时还在洗他们的衣服，没参加集合"，让霍华德惋惜不已。

马里兰军猝不及防，赶紧列好队伍勇敢地迎击英军。英军攻击马里兰军时来到了山坳口，由于罗顿的部队排成长队，正向西移动，爱尔兰志愿军只能以小角度展开冲击。美军见英军展开攻势，便对红衫军发射"雨点般的葡萄弹"。炮弹的效果立竿见影，阻挡了英军进击的脚步。西摩回忆起当时的场景："葡萄弹让敌军陷入巨大的混乱之中，造成多人死亡和重伤。"

硝烟和浓密的植被遮挡了双方的视线，他们后来差点挤在一起。一个大陆军把此战的场景记录了下来，说："一个小时里，我军整条战线从左到右都传出了枪响，每个军官都在竭力鼓励士兵们要勇敢，要振作。"

美军的枪炮抵挡住了英军的进击。"敌军大多犹豫不前，还有的干脆逃走了"。葛林是个卓越的军事家，此时他摇身一变，成了战略家——这个角色，他做得总不尽如人意。葛林见自己占了上风，便下令出击。他改变了等待罗顿出击，给予回击的战略，他赌博似的命令士兵们"端起刺刀，不装子弹"全面出击。威廉·华盛顿则在一旁待命，围在周围，袭击罗顿军的后方。

就在美军胜利在望之际，胜果却从这时开始崩溃。

无畏的贝蒂——自 1776 年参军加入马里兰军，后来军衔升至上尉——率领马里兰第 1 团的先锋队出击。除了贝蒂之外，托马斯·卡尼、加萨韦·沃特金斯也英勇地冲锋向前，一颗滑膛枪弹击中贝蒂的头部，使他当场死亡。葛林后来称赞这位年轻的军官是"他军旅生涯中的华章"，并惋叹"这位有前途的年轻军官已经和一位可爱的女子订婚了"，却再也不能相见。这位优秀且受战士爱戴的上尉，就像是防弹玻璃一样，他一倒下，"战线一片混乱，战士们纷纷逃离战场"。贝蒂周围又有更多战士倒下，混乱随即蔓延开来。此时，约翰·冈比上校下令全军后退，重新集结。这个决定性的命令引发了惨烈的连锁反应。士兵们撤退之后，美军阵线上立即出现一个大缺口，无力反击。

正在这时，马里兰第 2 团冲上前去了，但很快就遭到罗顿军的纵向打击。一颗子弹几乎以每秒 700 英尺的速度击穿第 2 团指挥官——本杰明·福特中校——的手肘。第 2 团瞬时瓦解。福特的手下把他抬下了战场。

尽管出击失利，约翰·伊格·霍华德和杰克·斯图尔德依然勇往直前，直到后来霍华德接到冈比宣布撤退的命令，他才遵命后退。很快，霍华德"尽全力"重新召集部队，简单集合后便开始撤离，途中不时对敌人打上几枪，成功保住性命，上了山。罗顿军继续朝视野范围内的美军战士冲去。在军中迎来第 5 个年头的军医理查德·平德尔，骑上他在考彭斯一战中所获劳伦斯·埃弗哈特的马，一如当日在布兰迪万战役中第一次尝试的那样，又一次把军队重新召集起来。"我不断帮助军官们把匆忙撤退的诸多士兵们集结在一起，让他们维持秩序。"平德尔回忆道，"军官们精疲力竭之后，有些力不从心，就由我亲自召集战士们。"

约翰·史密斯上尉及其由45名爱尔兰马里兰士兵组成的连队挺身而出，阻拦英军进击的去路。冲锋时，葛林策马飞奔找到史密斯，"命他退守后方，保住加农炮"。

在吉尔福德战役中，拜詹姆斯·斯图尔特中校所赐，史密斯头部受了伤，此次伤情初愈，他立即加入了战斗。炮手和副炮手本来使劲拽着运送大炮的粗绳，见到成群的红衫军蜂拥而来，也放弃岗位，逃走了。史密斯的士兵们一手抓住拉大炮的粗绳，一手托着自己的滑膛枪，慢慢将大炮拖下霍布柯克山。突然，英军的轻龙骑兵全速向史密斯的部队发起冲击。史密斯等人放下绳索，组队，瞄准进击的骑兵，开枪射击——许多骑兵顺势落马，被迫撤退。罗顿的步兵也来势汹汹地向前冲来，史密斯的队伍挺身迎击，"像斗牛犬一样勇猛"，"几个回合过后，把敌军赶到两三英里之外"。

威廉·华盛顿的骑兵最后终于登场了。他们没有照葛林的吩咐，攻击罗顿的后卫部队，而是不可理喻地沿着洛格敦后方的一条迂回路线前进，攻打红衫军。此举让200名英军士兵被俘或在宣誓后得以释放。谁也没有无故杀死放下武器的俘虏，华盛顿因此耽误了些时间。不过，他还是在协助保护大炮的关键时刻及时赶到。就连葛林也帮了把手，有人看到他下马来和战士们齐心协力拉拽绳子。大炮是保住了，可史密斯和他的队伍却不然。史密斯的队伍遭受重创后，他投降了，被人除去"挂在脖子上垂及胸口"的衣服和委任状。

确保大炮安全后，葛林继续按原计划组织撤退，行军几英里来到之前的卡姆登战场。在去年夏天死于那场战役之人的尸骨残骸中间，葛林做起迎击罗顿的准备；而罗顿的军队早已疲惫难当，只追了美军几英里就无力继续了。

葛林很快又派柯克伍德和华盛顿返回霍布柯克山解救伤员，接应掉队者。华盛顿和特拉华蓝军想施计虚张声势，设法把英军的轻龙骑兵骗到山下的灌木丛里，但这条策略没能奏效，英国佬一识破他们的计策，他们就撤退了。柯克伍德和华盛顿带美军伤员回到昔日的卡姆登战场，平德尔医生又回到医生的岗位，照料伤者，此外还有许多战士躺在地上，奄奄一息。罗顿此战总共有 38 人死亡，177 人受伤，43 人失踪。面对数量比自己多 1/3 兵力的敌人，这一次他漂亮地取得了战略性胜利。然而，他在获胜后撤离该城，放弃了英军位于南卡罗来纳的关键前哨基地，此举对独立战争余下战斗的影响存在重大意义。

除贝蒂牺牲之外，威廉斯对此战中美军的伤亡情况记录如下：18 名应征士兵牺牲，108 人受伤，136 人失踪。不过，许多失踪者后来又回到美军战线，还有的自愿加入英军队伍。罗顿冷冰冰地写道："有几个人……发现他们没了退路，走进卡姆登，索要针对逃兵的保护待遇。"

巴尔的摩独立军元老级成员本杰明·福特在战场上受伤后，又与伤痛做了近 2 个月的斗争，最后因伤去世。平德尔医生一如往日，照顾着在战场上身负重伤的战士，他的挚友福特也是其中之一。"孤注一掷了。"平德尔写道，"我们昨天沉痛地为一位我们最亲爱的朋友截肢，自从来到这里，他一直处于伤痛之中……骨头暴露在外，手臂肿了起来。"

一连折损两名核心军官，威廉斯写道："福特几天前因为在卡姆登战役前受的伤去世。我们没有足够多的军官指挥老兵所剩无几的残阵。"

人手短缺让美军尝试剑走偏锋，比如从南方招募非裔美国人。首先提出这一设想的就是约翰·劳伦斯中校——南卡罗来纳人，非常优秀，父亲是驻法大使。他向乔治·华盛顿陈情，其中还提及，当这些非裔美国人为美军服役完毕后解放其奴隶身份。马里兰军也为这个招募计划出了一份力，杰克·斯图尔德请求马里兰政府允许他招募非裔美国人组成一个团，并由他率队指挥。不仅如此，奥索·霍兰·威廉斯也同他身在巴尔的摩的好友塞缪尔·史密斯讨论过这个想法："威廉斯在信上问史密斯上校，如果白人招不到，为什么不能让黑奴应征？有人提出招募这样一个军团，杰克·斯图尔德还想去坐镇指挥。不知道斯图尔德能否骗取州议会的同意。"华盛顿个人赞成这个提议，但在当时美国南方的奴隶制还是一个敏感问题，因此，他只好否决了这个点子。

被罗顿判处死刑之后，约翰·史密斯上尉凝视着卡姆登监狱的几面阴湿的墙壁。几名英军目击者证实"史密斯上尉在开战两小时之前，残忍地杀害了跪地求饶的皇家警卫军的斯图尔特上校"。一次偶然的机会，一个英军逃兵把史密斯的境况通知了葛林，当着其军官的面，怒气冲天地向罗顿发出一封书信。在白旗的掩护下，一名信使递上书信，信上写道："战场上冲锋杀敌是军人的天职。毫无疑问，史密斯上尉只是在行动中执行军令，贵方居然判定为有罪，鄙人此前从未听说在军队里还有此等影射之事。"

读过葛林的信后，罗顿撤销了史密斯的死刑，待史密斯宣誓后予以释放。战役结束的 10 天后，罗顿屡次尝试攻击葛林均以失败告终——因为每次葛林都会撤退，占据极佳的防守位置——便决定放弃。沃森堡陷落之后，罗顿的补给逐渐耗尽，他最后把卡姆登一把火烧成灰烬，撤离该城，带着"最可憎的效忠派人"离开了。几十个美军伤员被留在卡姆登，约翰·史密斯照料着他们，这是史密斯宣誓得到释放后，罗顿交予的任务，"全权负责此地，照料伤病员"。

吉尔福德·达德利，一位北卡罗来纳民兵军官，在卡姆登勉强幸存下来，战役结束的几天之后，和葛林一起吃早餐。他记得那天葛林听到最新消息后，脸上挂着"满意的微笑"。葛林自己则简明扼要地如是总结那段经历："我们战斗，战败，重新站起来再战。"

达成战略性目标之后，马里兰军离开了卡姆登的硝烟，进一步往南卡罗来纳深入，逐个击破罗顿的前哨基地。下一个目标就是位于佐治亚州境的重要前哨九十六。史密斯由于已宣誓不再参战，此次他没能随马里兰军一起行动，只身踏上回查尔斯顿的旅程。他出发时写信给威廉斯说，他在那里栖身于英军阵地，但是害怕"遭受英军虐待"。独立战争里剩下的日子，他一直是在英军的监护下度过的。他从未遭受英军的虐待，可讽刺的是，他却感受到了美国同伴的怒火。在前往查尔斯顿途中，这位斯莫尔伍德营的元老级人物被自称是辉格党人士的暴徒折磨、毒打，那些人"剥去他的衣服，捆住他，在他赤裸的背上施加野蛮的刑罚"。

第三十九章

九十六

1781 年 6 月初，工兵用铁镐、铁铲掘进南卡罗来纳坚硬的土地，打出一条即将通往斯塔堡的地道。在忽亮忽暗的昏暗烛光下，爱国者的工兵们挥汗如雨，又把自美军战线延伸出来的地道多打出几码。波兰籍总技师撒迪厄斯·科斯丘斯科近日从兵工厂包围战引申提出的战术，可用这条地道来突破英军重兵把守的堡垒城墙，拿下南卡罗来纳的九十六。这座堡垒之所以战略意义如此重大，是因为它既为效忠派人士的一座重要棱堡提供保护，又对英军位于佐治亚奥古斯塔的堡垒提供支持。康沃利斯认为："定要不择手段保卫九十六，我认为——除了佐治亚全面负担的费用之外——应当不惜一切代价。"

九十六镇因它距离基奥维的印第安人部落有 96 公里而得名，是一个重要的贸易城市，还是约翰·哈里斯·克鲁格上校率领的 550 名效忠派驻军的大本营。克鲁格出生于纽约的一个富裕家庭，麾下士兵来自纽约和新泽西。

他参加萨凡纳围攻战，后来搬到南卡罗来纳，结果在庆祝国王生日的晚宴上被效忠派党羽抓去。幸运的是，他在交换战俘时得以释放，与其他同伴一起被送往九十六，加强英军防御。他们在原有的木栅墙外，又增加了一道围有一圈鹿砦的壕沟，又在小镇两头增建了防御工事。他们在西面修建防御措施保护九十六的水源供应——九十六镇里缺少水源，这是它的阿喀琉斯之踵。小镇东面就是斯塔堡，设计了具有威慑力的尖角，能将防御战线的火力极度增强，把进击的敌军挡在堡垒墙外。他们还有三门3磅炮。

在霍布柯克山一战之后，纳萨尼尔·葛林将兵力分散，开始扫清卡罗来纳两州的敌军势力。军队分别由弗朗西斯·马里昂、托马斯·萨姆特和哈里·李指挥——通常还会和一小支马里兰大陆军分队同行——沿着英军的前哨基地分布路线，从莫特堡、格兰比、沃森一路推进到奥兰治堡。撤离卡姆登之后，英军只剩位于南卡罗来纳州九十六镇外和佐治亚州奥古斯塔外的前哨基地仍在，虽然查尔斯顿和亚特兰大依然处于英军控制范畴。1781年，葛林还没在南方打过大胜仗，实则不然，美军逼得英军放弃前哨基地，对相应地区以及当地效忠派人士——一直以来都在维护、支持皇家军队——逐渐失去影响力和控制力，算是取得了战略性胜利。英军不得不撤退，缩衣节食地向他们位于查尔斯顿的大本营行进。

如今，葛林和他的大部队出发前去拿下九十六。为达成目标，葛林带了850名马里兰和特拉华大陆军，此外还有将近200位民兵。爱国者军队人数几乎是效忠派军队人数的两倍，但是九十六的防御强度太大，葛林认为他的军队不能强攻，于是另辟蹊径，命全军进驻小镇展开包围。帮助葛林制订计划的是约瑟夫·麦克琼金少校，他是爱国者军官，有伤在身，曾被英军俘虏，"被带到九十六，而后被关在战俘监狱里"。就在葛林抵达的几天前，九十六的效忠派分子让麦克琼金宣誓，将其释放。据麦克琼金回忆，"我在九十六附近遇见葛林，他非常迫切希望能够拿下此地"。

由于此前从未展开过围攻，葛林先是命令科斯丘斯科以斯塔堡为起点，修建 70 码长的堑壕。效忠派军队很快就部署一门 3 磅炮就位，向美军进行猛烈炮轰。有了大炮的掩护，来自纽约的效忠派军队从斯塔堡出发，气势汹汹地猛扑向正在修筑堑壕的爱国者军队，亮出刺刀。非裔美国人奴隶随后从堡垒出现，拿走美军的铁镐、铁铲。

出师不利，葛林又派工兵转移到斯塔堡后方大约 1200 码处，修建几道平行的堑壕，以靠近英军堡垒的外墙。工兵足足挖了 10 天，才和最初开挖的地点合拢。驻军奋力反击，工兵的挖掘工作经常受到英军要塞的火力阻拦。尽管效忠派驻军似乎在不停开火，可是爱国者也毫不退让，而且他们的隧道离堡垒越来越近。葛林军又向堡垒外墙挖了 30 码，在那里建起马哈姆塔。通常，葛林军里的步兵可以利用这座塔从上往堡垒里面射击，可克鲁格的效忠派部队在其已有的防御工事上严严实实地堆了许多沙袋，只留了几个供他们伸出枪管回击爱国者的缝隙，化解了美军的火力威胁。英军还试过发射火热的加农炮弹点燃马哈姆塔，可是因为塔身是由新伐木材搭建而成，这一招没有收到任何成效。作为回应，爱国者军往小镇射箭，箭上有火，克鲁格逼不得已，只有命令工兵队伍拆除镇里所有房子的屋顶。6 月将至，英军被围攻的情况似乎更加危急。如今，效忠派军队接连被葛林军骚扰，只能在夜里发动反击。

6 月 8 日，李和安德鲁·皮肯斯顺利攻下奥古斯塔后，抵达了九十六，还带来了许多效忠派战俘，爱国者军让这些战俘在堡垒前列队示众。堡垒里的效忠派军人非但没有灰心，看到伙伴沦为战俘之后，反而涌现出更大的决心坚决反抗。他们比以往更加坚定，直到最后一刻也要守住九十六，决不投降。

葛林希望利用卡罗来纳夏日的高温来对付效忠派驻军，他派李的部队攻击包围小镇唯一的水源——一条小溪——的守卫军。美军的工兵立即在小镇西面挖起堑壕。效忠派军队在夜晚加大了反击力度。尽管效忠派军队努力反抗，取水很快变得困难起来。他们派奴隶借夜色掩护前往小溪，可他们能够带回的水量难以满足全镇的需求。效忠派军队这时仍在坚持不懈。

6月11日，信使向葛林传达2000名英军援军抵达查尔斯顿并正向九十六赶来的消息，这支援军由朗西斯·罗顿勋爵中校率队。葛林命令托马斯·萨姆特和弗朗西斯·马里昂拖延红衫军，但这两位军官误判了罗顿选择的路线。结果，红衫军绕过阻截的美军部队，一路畅通无阻地来到九十六。

城堡里的守卫军很快得知自己的困境即将解除，尽管爱国者军给他们施加了极大的压力，他们的决心却大大加强。6月17日，一个效忠派信使若无其事地骑马前往九十六。他假扮成当地的热心居民，和葛林军的战士谈笑风生，装作对双方的僵持局面感到好奇。就这样，信使逐步接近前线，而后猛地用靴刺一扎胯下的马就直接对准城堡大门飞奔而去，同时还大喊着把信件高举在头顶，不断挥舞。这位信使想方设法躲过美军的子弹，安全进入城堡里面。几乎就在同时，效忠派军队高声庆祝起来，城堡里还传来燃放礼炮的声音，清楚地告诉爱国者军队，红衫军就要来了。

时间紧迫，葛林也束手无策。起初，他试过火攻，但被效忠派识破，此计告终；接着，他试图炸开对方的防御工事，结果再一次被效忠派击退；屡次尝试过后，葛林又开始制定两面夹击的进攻计划。为了进攻城堡东面，他派出2支队伍进击。第1支是绝望分队，将砍开鹿砦，用一捆捆树枝填平环绕小镇的壕沟；第2支队伍会从鹿砦上的开口冲击敌军，背着尖端带钩的长棍攀爬城墙，而后用这些长棍拆除城墙顶部的沙袋，让斯塔堡暴露在马哈姆塔的进攻范围里。在队友的掩护下，第1支分队即将爬上防御工事，与里面的驻军展开攻击。城堡西面的进攻计划则简单得多，美军将单纯地一起对栅栏发起进攻，依靠其人多势众，逼近小镇。葛林希望这2支队伍能够困住敌军。

6月18日，天刚破晓，美军就按计划实施作战了。到了中午，他们发射了信号弹。马哈姆塔上以及进攻堑壕里的士兵立即向斯塔堡开火，马里兰军组成的绝望分队冲过空地。在爱德华·杜瓦尔中尉的带领下，马里兰军士兵——佩里·本森上尉、乔治·阿姆斯特朗上尉、托马斯·卡尼等众多老面孔均在其列——"冒着炮火，穿过硝烟"直取城堡。他们跳进敌军防御工事周围的壕沟，抢起斧头在鹿砦里砍出一条出路。"敌军的子弹从各个枪眼及裂缝射出，非常密集，绝望分队的士兵们正处在两军战线之间，子弹飞来飞去，此外，墙上还有成排士兵用长矛和刺刀迎击。在绝望分队的努力下，鹿砦逐渐被砍开，每走一步都被暴露得更多。四面八方都有军官和战士倒下。"

马里兰第 1 团的阿姆斯特朗上尉牺牲了；杜瓦尔中尉受伤了；本森上尉被托马斯·卡尼"扶着肩膀来到（平德尔）救医处"，本森永远忘不了卡尼的救命之恩，两人也结下了终生的友谊。[1]

战士们在壕沟里战斗了 45 分钟，待先遣队清除了斯塔堡墙上的沙袋和枪眼后，终于突破了鹿砦。负责指挥绝望分队中弗吉尼亚战士的塞缪尔·塞尔登中尉也在"努力清除敌军置于胸墙上的沙袋时"受了伤，绝望分队伤亡惨重。由于死伤人数过多，葛林最后叫停了进攻计划。虽然效忠派驻军火力威力不减，仍有许多伤员被送往美军战线的安全地带。塞尔登就是这些伤员中的一位，他伤到的是手臂，"一颗枪弹打中他的手腕，几乎整只手臂的骨头全都出现了骨折"。通常像这种情况，当时公认的治疗方案是，由外科医生安排助手按住病人，医生做截肢手术。可是，塞尔登拒绝别人压制，只是自己撑住手臂。"到最后，塞尔登也不肯屈服。他将要失去的是右臂。手术中，他一直用左臂压住右臂，眼睛一动不动地盯着，其间没有说过一个字。只在锯子就要锯到骨髓的时候，他的语调和神情都无比镇定地说了一句：'医生，麻烦你快点。'"

---

1 独立战争结束后，两人若是相距不远就会互相拜访。本森在 1812 年的第二次独立战争中率领东岸民兵，军衔升至将军。英军当年试图登陆后夺取马里兰州圣迈克尔斯，就是本森率军抵挡的。在 1824 年拉斐德荣归美国时，本森还是东马里兰官方代表之一，负责接见。接待拉斐德时，很可能托马斯·卡尼也在场。

绝望分队里的另一位伤员是约翰·班特姆，他也是斯莫尔伍德营最初的成员之一。这次其实是他执行的第二次绝望分队任务，第一次是在斯托尼角。他此次在九十六"头盖骨破了"。400名不朽战士中另有一位成员——布赖恩特·门罗，于1776年应征入伍——身受重伤，他"回家休养去了，直到伤势完全康复"。加萨韦·沃特金斯此次率领贝蒂上尉的旧部，也参加了此次攻击。对于这些1776年应征入伍的老兵而言，过去的5年真是此生最艰难的日子：行军上万英里，挨饿受冻，同天花等许多疾病作斗争，还要领教英军的子弹。但是，这些来自马里兰军的铁骨铮铮的汉子，以及他们的兄弟团特拉华蓝军为全军作出了表率，让整支军队团结一心。即使在战场上被打败了，他们也在慢慢扫清南卡罗来纳的英军。

李和鲍勃·柯克伍德率领的连队按计划攻击斯塔堡对面的栅栏并如愿攻下。形势看似一片大好，可后来效忠派军队派遣了一支30人的分队，阻击美军的攻势。双方立即展开一场殊死搏斗，有的把滑膛枪倒着当棍棒用，有的挺起刺刀，打作一团。最终，爱国者军队的2名指挥官倒下，其他人则迅速撤离。截至此时，葛林军共出现127人伤亡，另有20人下落不明，而效忠派军队只损失了85人。罗顿现在已经来到30英里外，葛林别无他法，只能下令撤离，全军转移。军中士气一落千丈。李在报告里写道："美军军营里弥漫着愁云，大家缄默不语，每个人都觉得蒙受屈辱。如果再多3天，九十六一定会崩溃；可是在这么短的时间里，这个任务难以完成……只有葛林依然保持平静，他对战士们在进攻中表现出来的不屈不挠的勇气感到欣慰，还向全军的行为表达了感激之情。"

葛林率队向东北方向的北卡罗来纳夏洛特行进。罗顿派遣少量兵力支援九十六，而后便展开了追击。追了大约40英里后，罗顿的部队赶上葛林的后卫部队——李的军团和柯克伍德的步兵。然而，美军取得了这次的胜利。2个多星期以来，红衫军仍穿着羊毛制服，在卡罗来纳的闷热条件下持续行军。此次追击已让罗顿的士兵损失 50 多人。红衫军同样缺少食物和盐，加之长途跋涉，而美军相对而言，在九十六围攻战之后休息得比较好，红衫军的实力难以与美军匹敌。罗顿很快命令军队回到九十六。他下令撤离九十六镇，还命效忠派部队随他的红衫军一起回到查尔斯顿。

葛林看到了战机，遂让李和柯克伍德赶在敌军前面发动阻截。这一次遭殃的是特拉华军。在九十六战败后，特拉华军的步兵们连续行军了 23 天，惊人地走出 323 英里。罗顿有了其他部队支援，在南卡罗来纳奥兰治堡驻扎下来。由于连日行军，全军明显态度很乐观。威廉斯写道："军队精神抖擞，虽然我年纪大了，外套也旧了……我很少取下佩剑或脱下靴子睡觉，马鞍也基本没有取下来过。"葛林派马里昂和萨姆特再探斯塔堡，可他的军队也断粮了，几乎用尽了力气。"我们从未像在这里（奥兰治堡）歇脚这些天这么艰苦过。我们没有面包了，就用米饭替代，吃得惯的人倒也不难忍受……可马里兰人和弗吉尼亚人就怎么也咽不下去，他们从小就是吃小麦或燕麦面包长大的。"由于牛肉数量短缺，战士们只好另寻数量充裕得多的食材——青蛙——充饥。"有的人甚至还吃过短吻鳄的肉。当军队被困在那里相当长时间，美食家很有可能讨论过鳄鱼肉和青蛙孰优孰劣呢。"

得知麾下士兵缺少作战条件，葛林放弃争夺九十六的计划。1781 年 7 月，他率领大部队前往桑蒂的高山，那是一片绿洲，位于易守难攻的高地。桑蒂有充足的谷物，凉爽的微风，还有最重要的是，可供战士们休息，恢复健康。罗顿勋爵也去休息了——不过，说起他的情况，这个"休息"时间就长得多了。由于长年征战，罗顿的体力极度透支，虽然他才年仅 27 岁，却被诊断出不再适合继续参战的结论，被送回英国。

葛林和马里兰军在山区度过了一段时间，得到了所需的休息。此时部队人数有所扩充，葛林麾下有 2400 人了。乔治·华盛顿命令葛林重启进攻南卡罗来纳的计划，继续拿下英军位于查尔斯顿城外的前哨基地。这样一来，还能牵制敌军，让他们难以从查尔斯顿调集援军前去约克敦支援康沃利斯。

罗顿回国后，由亚历山大·斯图尔特中校接替他率领 2000 人马，从查尔斯顿出城迎战。斯图尔特也是个久经沙场的军官，从掌旗官一路升职，直到独立战争后，军衔升至少将。

独立战争进行到这一步，显现出一个奇异的现象：葛林的许多士兵都是英军队伍的逃兵，而斯图尔特的大部分士兵也曾经隶属爱国者军队。"我们同英军士兵一起抗敌，敌人也带领美国士兵打击我们。"葛林写道。

就在葛林军南下时，他的战士们依然衣不蔽体，装备破旧。"数以百计的士兵赤身裸体，腰上没有布料遮挡，被弹药盒勒出淤痕，他们身上只有一绺布条保护肩膀不被枪带擦伤。"

葛林军在尤托斯普林斯扎营，此处距离今天南卡罗来纳州尤托维尔很近，有一条地下河浅浅地露出地表，位于查尔斯顿西北方约 50 英里处。斯图尔特军很难找到葛林军的确切位置，因为当地人"反映此处没法打探，因为大路支路通往不同的沼泽地。"由于饥饿难耐，斯图尔特军开始从周边地区采集粮食，并未意识到敌军就在附近。

第四十章

尤托斯普林斯

　　1781年9月8日傍晚，爱国者绵延的队伍前方附近传来了零星的枪响。纳萨尼尔·葛林的军队自凌晨4点就开始行军了，此时立即加强警惕。马里兰军位于部队后方，看不清队伍前方发生了什么事——只能听见枪声。

　　突然，几十个英军战士从路边的灌木丛里蹿出来。马里兰军认为自己被攻击了，便开了枪。红衫军料想不到自己会如此意外地遭遇敌军。这些英国佬本是执行征粮任务的，据说从附近农田里挖了许多新鲜土豆等其他蔬菜，装了好几大麻袋。他们在毫无防备的情况下，手忙脚乱地给枪上膛，很快就被爱国者制服了。特拉华团的西摩军士写道："他们大多数不是死就是伤，要么就被我们抓了。"

　　这支粮秣队是奉亚历山大·斯图尔特的命令，黎明时候就出发了。尽管背着滑膛枪，但那天的主要目标是收集粮食。就在他们清晨出发不久，2个美军逃兵就告诉斯图尔特，葛林就在附近，准备转移。斯图尔特立刻派约翰·科芬率 50 人骑兵和 140 人轻步兵前去打探虚实。没走几英里，骑兵就遇见爱国者军队，他们以为是民兵队伍便发起冲击。实际上，他们遇到的是以李氏军团为先驱的葛林军。葛林军立即以重火力予以回应，许多红衫军死亡或被俘。科芬意识到自己的错误后，便终止战斗，迅速撤回，通知斯图尔特葛林军已在路上。

此时，粮秣队其他成员听到炮响后顿觉事情不妙，便分散为几支小分队，分头回营。不幸的是，英军许多分队在返程途中都遭遇了爱国者。最为重要的是，粮秣队近一半成员被杀或被俘，其余成员在交战期间一直与斯图尔特大部队失去联系，于是斯图尔特军人数比出发时大幅减少，只有1400 人。

英军上校"决定作战，由于对方有黑压压的骑兵似乎会对我军造成危险的后果"。美军就在 4 英里外，鼓手敲起备战的鼓点。斯图尔特急忙组织防线。他的军队在一片面积为 8 英亩的空地上支起军帐，四周围有一道木栅和一片稀疏的树林。归帕特里克·罗什家族所有的一幢高大的砖砌宅邸，以及其名下的几座楼层较矮的外屋，都给英军提供了绝佳的掩护。因为独立战争中的许多战场都位于横贯某处私人宅邸的马路上——在这次战役中，这条马路是通向查尔斯顿的主干道。

葛林让属下继续前进 3 英里后才命令休息，如此一来，他们可以在做好充分的战斗准备之后再一鼓作气发起进攻——所谓战斗准备，就是从辎重车载的朗姆酒桶里倒酒喝。奥索·霍兰·威廉斯回忆道："我们停止行军，喝了点酒，要在这种情况下振奋众人的精神，酒是必不可少的。"

葛林组织军队列好战线。这次他重拾丹尼尔·摩根在考彭斯实施的计划，预备从三路进攻。前线由民兵、来自南北卡罗来纳的步兵、马里昂的部队和李家军团组成，而马里兰军、弗吉尼亚大陆军和北卡罗来纳步兵组成第二道战线；同时，威廉·华盛顿和罗伯特·柯克伍德率领的军队留守待命。进攻的战幕大约在上午 9 点拉开，民兵率先向敌军发起冲击。"民兵奋勇向前，战况激烈，"葛林回忆时说，"炮火在战场上蔓延；我们的战线还在挺进，敌军则严守其阵地不肯退让。"

北卡罗来纳军攻击敌军后方，可一开始却遭受了重大伤亡。民兵们扛着滑膛枪，但都没有上刺刀。在英军的重火力抵御下，民兵战士渐渐阵亡，战线开始萎缩。英军伺机发起冲击。就在这时，葛林命两支马里兰团同弗吉尼亚大陆军立即参与作战。参战的马里兰军由威廉斯指挥，包括两个营，每个营各有大约 250 人。约翰·伊格·霍华德带领的是其中一个旅，另一个旅则由亨利·哈德曼少校率队。哈德曼早在华盛顿堡战役之前，就曾是威廉斯手下的一名军官，有过被俘的经历，后来与威廉斯在同一批俘虏交换时得以释放。大陆军"穿过枪林弹雨"猛冲向前，"此次各位军官和战士都抱着无以伦比的勇气和坚定——恪守军令，以毫不动摇的决心奔赴前线，碾压挡在前方的一切事物。"就在战斗的关键时刻，葛林下令："让威廉斯进攻，用刺刀扫平战场。"正当英军后退之际，威廉斯下令出击。双方均有战士"死在对方的刺刀之下"。

由于无法抵抗对手纪律严明的进攻，英军开始仓皇撤退，遗弃了两门 6 磅炮。

战役中，理查德·平德尔医生正在处理伤员的伤口。"在得令发起总攻时，我也加入到战士们前进的队伍里去了。"平德尔回忆道，"骁勇善战的尤因率领我军战士位于马路左侧，我发现其中 6 人出现了退缩之意，阵脚有些乱了，可尤因这位英雄还在不屈不挠地冲在前方，我冒着双方密集的枪林弹雨骑马找到他，赌上性命去帮他集结部队，而且就在他们拿下英军两门大炮的几分钟后，他们杀死并驱赶了所有奉命阻击他们的军队。"

葛林胜券在握，就在此时，灾难降临了。士兵们冲锋上前，路过英军的营地，他们的军帐和农田一样，分立于道路两侧。军帐的支柱和绳索在美军冲向罗什家砖砌大宅的路上形成一系列的障碍，而那幢宅邸本身就是一座天然堡垒。步兵从房里开枪，打倒了许多试图躲藏在唯一的隐蔽物——

英军军帐里——的美军战士。尤因身受 7 处伤，"他部队里的几乎所有人都受伤，甚至牺牲了。"平德尔回忆说。

该事件另有一个版本，据说因为马里兰军、弗吉尼亚军和民兵以为敌军正在逃跑，就停止开火，转而开始洗劫英军的军营。战士们一如往日，腹中空空如也。他们找到英军的存粮，立即扑了上去，胡吃海喝。军官们努力让战士们集中战斗——况且他们并未取得真正的胜利——可却于事无补。这份记录似乎同斯图尔特曾派出粮秣队的报告内容相悖，因为该报告中称英军余粮短缺。不管原因为何，爱国者的进攻停滞了，给了敌军重整队伍的宝贵时间。

斯图尔特命令军队撤离到农场主的宅邸中，以防美军突破。双方战士你追我赶，都意识到这幢房子坚固的墙体是多么重要。正如在日耳曼敦战役中的丘家宅邸一样，罗什宅邸也在此战中扮演了决定性的角色。亨利·谢里登少校及其麾下来自纽约的效忠派战士率先抵达宅邸。爱国者队伍中最接近宅邸的是由李将军麾下爱德华·曼宁中尉率领的队伍。曼宁冲入大门，途中，谢里登的士兵将其挤了出去，及时扣上门闩。为了避免受房内火力的打击带来死伤，曼宁及其部下用英军士兵为人肉盾牌，撤退到美军阵线后方。

大约就在同时，由约翰·梅杰里班克斯少校率领的另一支英军队伍正在步步逼近，前来支援谢里登。他们所占领的位置有一处灌木丛和小河的河岸，为他们提供了隐蔽的场所。事实证明，他们占领的位置在该战役里存在至关重要的目的。

爱国者继续朝砖砌宅邸进发，来到英军布置在附近的几门 6 磅加农炮附近。马里兰战线缴获了其中两门大炮，英勇的爱德华·杜瓦尔中尉——在九十六战役中率领绝望分队——扑到其中一门大炮上。他"取下帽子，欢呼三声。一个撤退的英军战士朝他开了一枪，他应声倒在大炮上，受了致命伤"。年轻的南卡罗来纳战士迪克·约翰逊也是对大炮发起进攻的一员，他一跃上马，向英军的大炮飞驰，"从兜里掏出一颗钉子，插进火门里，便用他筐形护柄式的马刀把大炮带回来了"。通过这种方法，至少可以在钉子被拔出火门之前避免大炮发射。约翰逊浑身是血，足以反映战斗的激烈程度。当年，他穿着作战的白色裤子和马甲如今"从头到脚都是血污，就像屠夫一样"，那一天，他对着罗什宅邸狂吼："你已经折磨我们一天了，休想再继续折磨我们！"

为了把敌军赶出室外，葛林命炮兵出击，发动美军自有的六磅炮和缴获的英军大炮，试图把谢里登从大本营里炸出来。但是炮兵们犯下大错，导致许多死伤。他们距离房屋太近，正处在屋里滑膛枪的射程范围里。炮兵们尽力坚守大炮，"窗户里射出的子弹全打在他们身上"。谢里登的枪手"很快打死或打残了几乎所有"美军炮兵。

霍华德手握佩剑，率马里兰军向宅邸发起冲锋，结果和炮兵殊途同归，冲进砖房里发出的"激烈而极具毁灭性的枪林弹雨中"。霍华德旗下有2名中尉牺牲，他本人也肩膀中弹。不过，他依然坚持指挥战士出击，"无人成功说服他离开战场……他坚持了几个小时。"平德尔医生回忆道，混战中就是他照顾了霍华德。

葛林军还没有从日耳曼敦战役中吸取教训，同样是英军占领了家宅，而美军未能成功避让。若是放弃占领罗什宅邸的计划，转而追击撤逃的英军部队，反倒是明智的选择。攻打宅邸不仅代价昂贵，抑制了美军的动力，最终葬送了赢得本战的机会。

葛林最后孤注一掷地命令李、威廉·华盛顿和柯克伍德从战场两翼进攻。华盛顿骑马冲进梅杰里班克斯隐蔽的树林，马被敌军子弹击中，华盛顿顺势倒下，和马缠在一起，立即与敌人展开刺刀战。一名英军战士向华盛顿走来，用刺刀抵住他，可一位英军军官出面制止，华盛顿奇迹般地逃过死劫。红衫军俘虏了负伤的华盛顿，却射杀了他的副官和两名军官。华盛顿的军队总共有一半人数伤亡。柯克伍德及其麾下的特拉华"英雄连""猛冲向前"去营救华盛顿，与敌军拼刺刀，逼敌军撤出峡谷、钻进对面的山上才止步。特拉华连还缴获了一门英军大炮，运回美军战线。在战场另一头，英军骑兵击退了李率领的骑兵。

梅杰里班克斯又一次向爱国者发动反击，扭转了战局。葛林率军撤退，让斯图尔特宣布经过一场浴血奋战，最终获得胜利。由于在战斗中身负致命伤，梅杰里班克斯被埋在路边，他的墓碑至今依然伫立在这里。这次与斯图尔特军交手让葛林付出了沉重代价，经过3小时的浴血奋战，葛林军损失了42%的士兵，这是独立战争期间损失比例最大的一次，而双方都不算取得完全胜利。他的军官受的打击尤其大。包括华盛顿和霍华德在内，共有3位军官受伤，另有几位军官牺牲；此次混战，只有威廉斯和李毫发无伤。威廉斯这样描述爱国者军营的氛围："胜利属于我们。"尽管美军一时被赶出战场，"许多马里兰军官现在都已安息，可敌军却有许多伤兵留在战场。"斯图尔特担心美军卷土重来，斯图尔特来不及掩埋英军烈士的尸体就撤到蒙克斯科纳了，并留下70名伤员在战场，晾着白旗。

然而，斯图尔特花了很长时间烧毁美军留下的滑膛枪和军火，爆发出阵阵轰鸣。这些轰鸣声还在英军军营里造成一场大恐慌，许多人——不乏看守威廉·华盛顿的士兵——都逃走了。因气节使然，华盛顿没有逃走，而是等看守士兵回来，把他重新收监。

虽然斯图尔特试图销毁美军留下的储备军火，葛林军还是收集了"在战场上拣到的武器，重量不下250磅，还在尤托斯普林斯发现了残破和隐藏的武器。他们击穿了二三十个装朗姆酒的大桶，还毁了其他许多他们带不走的储备。"将军还派李和马里昂追击斯图尔特军。斯图尔特队伍的马车夫相信葛林军会和英军的后卫部队开战，便慌慌张张地解开缰绳，把马放走了，让爱国者获得一批价值连城的马车、行李和其他补给品。

通过这场战役，也是南方战场伤亡最惨重的一场战役，表面上看，因为葛林军率先撤离战场，以战败告终，实际上是获得了一场战略性胜利。

除了断断续续的小冲突之外，英军逐步撤退到查尔斯顿，此后再也不敢贸然涉足南卡罗来纳内部一步。在大概 90 天里，葛林军——以马里兰军为首——系统性地消灭了位于查尔斯顿外的几乎所有英军前哨基地。马里兰军和柯克伍德的特拉华蓝军又一次团结全军，达成了葛林的战略性目标。退守查尔斯顿之后，南卡罗来纳的英军没能和位于约克敦的康沃利斯军会师。

第四十一章

"不成功便成仁"——约克敦

乔治·华盛顿将军和卫队——负责将军个人安全的队伍——骑着马，向巴尔的摩进发，写有"不成功便成仁（Conquer or Die）"标语的旗帜随风轻扬。那是 1781 年 9 月 8 日，巴尔的摩最尊贵的居民以及轻龙骑兵的一个连策马扬鞭，走在小镇的边界上。他们耐心等待敌军的到来，一如他于多年前首次访问该城时的样子。在这几年里，马里兰军已经多次为华盛顿披荆斩棘，救大陆军于水火。现在他们绕了一圈，再次护送华盛顿前往方廷饭店。

朝巴尔的摩前行的将军及其护卫队一行人包括 4 名军官、7 名军士、136 名二等兵、1 名横笛手、2 名鼓手和 1 位外科医生。所有成员都是以"有节制，诚实，品行良好"为标准入选的，不过，他们还必须满足"身高要求在 5 英尺 8 英寸到 5 英尺 10 英寸，相貌端正，身材魁梧……整洁、英俊。"因为在训练中表现出众，这支队伍经常被弗里德里希·冯·施托伊本男爵选为训练其他队伍的模范。卫队明显因为着装而表现得意气风发：带羽毛装饰的军帽，深蓝色加暗黄皮革点缀的制服，还有红色背心，这是其他部队望尘莫及的。在这种情况下，卫队的出现又为庆典增添了一份喜庆。

巴尔的摩人出城前来迎接华盛顿一行，表现得热情洋溢，仿佛已经取得了战争的胜利。当华盛顿一行骑马入城后，一支炮兵连鸣炮致敬。夜里灯火通明，镇上的达官贵人在当地一家咖啡馆设宴款待华盛顿的荣耀之师。塞缪尔·史密斯、莫迪凯·吉斯特、威廉·斯莫尔伍德和杰克·斯图尔德也有出席，并且几位杰出市民代表还发表了讲话。华盛顿的风采及其沉着的性格都是日后担任美国第一位总统的不二人选，他语调高昂地回敬各位的热情："各位如此诚挚地祈祷并祝愿我的成功，我在此表示衷心的感谢。也许是所有祝福帮助我们众志成城，为了自由和普世和平而努力奋斗；也许是上苍听到诸位以及巴尔的摩这座欣欣向荣小镇里令人尊敬的各位市民的心声，我们才得到特别的眷顾。"

华盛顿接受了人们较为朴素的款待，还有一位值得大书特书的重要人物也在同一天抵达巴尔的摩，他就是罗尚博伯爵将军。在巴尔的摩简单庆祝过后，他和华盛顿都向弗农山庄出发了，他们在那里商议了下一步对付康沃利斯的进攻计划。

早在前几个月，一场精神上的围攻就在巴尔的摩持续。因为康沃利斯在弗吉尼亚的约克敦现身，小镇上人心惶惶，巴尔的摩人担心在切萨皮克遭受更大打击。切萨皮克湾是英军推进的必经之地，此前英国国王并未对其完全开发，该情况一直持续到后来的 1812 年第二次独立战争。

卡姆登战役过后，吉斯特、史密斯和斯莫尔伍德积极招募新兵扩充纳萨尼尔·葛林的军队，并组织巴尔的摩防线。吉斯特谋划了一个很复杂的计划，按社会经济地位划分人口，这样，每个阶层都能为马里兰战线输送人才。马里兰议会通过了反映该计划的法案，可华盛顿将军怀疑其可行性。事实上，招募计划推进得不大顺利，葛林很快就抱怨需要更多马里兰人来扩充军队。

一个月前的 8 月 14 日，华盛顿惊闻载有 3200 名士兵的 29 艘法国战舰从加勒比湾驶向切萨皮克湾，计划于 9 月初抵达。

独立战争进行到这一阶段，英国皇家海军对整个东海岸海域仍占优势，他们可以从水陆两栖登陆东海岸沿线的任何城市。反过来，英军陆军陷入危机时，也能轻松获得海上支援。弗朗索瓦 – 约瑟夫 – 保罗·德格拉斯上将的到来打破了海上兵力的平衡。这时，不论是康沃利斯还是亨利·克林顿将军都没有完全意识到自己正身处危险之中。德格拉斯上将向他们保证，英军海军实力与法军的相比，至少是旗鼓相当。德格拉斯的舰队的出现也让战局出现了变化。德格拉斯的舰队的确在海上筑起一道防线，舷侧的大炮一齐向敌军开火，造成毁灭性打击。每艘军舰都将炮口伸了出来；仅德格拉斯的旗舰——"巴黎城"号多层军舰——就惊人地装载了 104 门标准舰载加农炮，规模从 36 磅到 8 磅不等。

有了这些军舰助阵，哪怕数量不多，也能决定胜局；不过，舰队的损失可能是毁灭性的打击。一名皇家海军军官坦言："海军舰队损失 2 条战舰比陆军损失更能严重动摇军心。"

不过，每次和法军共同行动都好景不长。德格拉斯只能在切萨皮克湾待到 10 月中旬，就必须回到水温较高的加勒比湾。现在，华盛顿终于看到与法国海军联手，组成陆军规模是康沃利斯军 2 倍之美法联军的机会。华盛顿发现可在弗吉尼亚设下陷阱对付康沃利斯，随即与罗尚博商议，2 位战将对转移美军大部队的想法不谋而合，此外还要把目前位于罗德岛的几千名法军战士派遣至马里兰，他们可在马里兰登船，继续前往弗吉尼亚。

他们只有 3 周时间将美法联军的陆军部队转移向南。通过传播假情报混淆敌军视听后，华盛顿准备将计划付诸行动了，美法联军浩浩荡荡地往南行军，起初佯装前往纽约，接着转而去往费城。华盛顿此计让间谍传出假情报，进展得非常顺利，克林顿直到9月2日才意识到大陆军的目的地并非纽约。美军大部队在费城登船，其余部队则继续向南，最后在弗吉尼亚威廉斯堡附近会师。

法军舰队抵达后，吉斯特准将发信联络华盛顿，确认攻打康沃利斯军的计划。吉斯特最近这一年半（刚经历丧妻之痛）一直留在巴尔的摩，招募新兵，向南方战场的葛林军输送援军。他还自掏腰包资助战争，家财也逐渐耗尽，他发现自己"为了糊口负债累累"。吉斯特及时汇报华盛顿总指挥"德格拉斯上将携24艘战舰安全抵达切萨皮克湾"。就在消息传到的这天，德格拉斯赢下了独立战争期间最具决定性意义的海战，"海岬战役"。德格拉斯的舰队和英军托马斯·格雷夫斯上将的19艘战舰在切萨皮克湾口对攻2小时；由于双方军舰损失惨重，结果取得了战略性平局。然而，格雷夫斯犯下了一个致命的错误——他没有封死切萨皮克湾，堵死法国海军进犯并航行至纽约的水路，于是法国海军控制了切萨皮克湾，康沃利斯的命运也掌握在他们手里。

将军们一觉醒来，便收到法军于9月11日路过巴尔的摩的消息。次日，几艘运输船载着炮兵、掷弹兵和轻步兵抵达了安纳波利斯。法军在此停留数日，便继续往约克敦前行。一想到此次可能将康沃利斯一举歼灭，吉斯特精神抖擞地动员马里兰人，新募集了2个团。华盛顿发信催促法国和美国军官。"我们每浪费一天都好比耗费一生，"华盛顿写道，"只要我们还有力气，在保证安全的前提下，我们就应该离敌人近一些……康沃利斯伯爵每一刻都在调整到最佳状态；每多给他一天，他就能为在战斗中让我军避免出现大量伤亡多做一点准备。"

在吉尔福德县政府战役中元气大伤之后，康沃利斯面临着进退两难的境况。由于军队的战斗力大大削减，他没有余力继续在南卡罗来纳追击葛林。然而，他担心若是什么也不做，继续留在威尔明顿，葛林会"把我困在各大河流中间，切断我们的生活补给，让我们的武器失效"，进而被迫从海上撤退，康沃利斯认为这"对英国来说，将是毁灭性的打击，奇耻大辱"。康沃利斯无奈之下，不等克林顿军令，决定铤而走险，亲自率军进入弗吉尼亚——将自己的军队和整个战争都置于危险之中。

他派巴纳斯特·塔尔顿的轻龙骑兵和英国燧发枪团的一个连先行出发，拿下弗吉尼亚议会，再在夏洛茨维尔会合。曾经衣装华丽的塔尔顿，如今"迫切需要武器、军装、军靴以及名副其实的委派"。不过，这些困难没有阻挡塔尔顿于6月4日发动的袭击。政治家们事先收到某警觉的民兵的提醒，包括托马斯·杰斐逊在内的大多数政治家都及时逃走，未被逮捕。可是，塔尔顿的部下还是设法抓住了7名议员，收为俘虏。他们还汇集了弗吉尼亚州最优良的几匹公马，塔尔顿的骑兵团提速了不少。

当时美军在弗吉尼亚最重要的民兵队伍是由拉斐德侯爵率领的3600人的部队。在詹姆斯河畔格林斯普林农场，康沃利斯想将拉斐德引入埋伏圈。他把大部队隐藏于河流北面的树林里，而其余大约1600人作为诱饵，前往河边假装渡河。拉斐德派"疯子安东尼"韦恩率领的一小支宾夕法尼亚军出兵，但怀疑敌军此举有诈，便明智地稳住其他部队向后退。韦恩的部队刚刚抵达河边，红衫军大部队突然现身。面对突如其来的袭击，韦恩与敌军展开了刺刀战，搅乱英军阵脚，自己的部队则成功撤离。康沃利斯虽然取得了此战的胜利，但还是未能出兵追击。

1781年7月，克林顿命康沃利斯占领旧波因特康福特，今弗吉尼亚州汉普顿，位于切萨皮克湾口附近。可是，康沃利斯不喜欢防守河口，便安排部下防守位于该半岛但远在上游的约克敦。约克敦有可以俯瞰约克河的峭壁，更适合防守。康沃利斯开始修筑防御工事。就在次月，康沃利斯接到法国舰队载着3200名战士来势汹汹的坏消息。康沃利斯预计法军会展开围攻，进一步加强了约克敦的防御强度。他写信给克林顿报告称："我现在正努力修筑此处的防守阵地。士气十分低落，供给只够6个星期。"

就在康沃利斯执著于保卫约克敦之际，马里兰军和其他美法联军的部队已经登船从切萨皮克湾出发，前往弗吉尼亚威廉斯堡了。法国舰队击败了沿途的英国军舰；这次胜利也让法国得以封锁约克河，陆军部队则在舰队航行时渡河了。登陆后，陆军部队便向约克敦出发了。随美军大部队行动的一名军官记录下了当时的场景："军队刚完成大会师，华盛顿将军一马当先率领我们从威廉斯堡出发，进军约克敦，英军在康沃利斯伯爵的指挥下，建好了防线。我们整支队伍于傍晚抵达过后，立即占领了小镇周边地区，袭击了敌军的前哨，我军损失不大，进展也挺顺利。我们在目光所及之处扎营，即可包围他们的整个外堡。"

得益于法国的支援，美军在人数上远远超过英军。华盛顿总共有22000人供他调遣——其中美军有14000人，法军约为8000人——对阵康沃利斯的7000人马。康沃利斯伯爵为了更好地集中防守，撤离了守卫约克敦外堡的部下。情急之下，紧急联络身在纽约的克林顿："这里守不住了。如果您无法立即前来搭救，您最好能作最坏打算。"克林顿答应从纽约派出一支舰队，计划10月初出发，康沃利斯还得硬撑两个多星期。

现在，英军处在风雨飘摇之中。声势浩大的法国舰队对他们构成了极大威胁，如果没有援军也不布置撤逃路线，康沃利斯坚持不了多久，但这是他无法解决的难题。他总是按自认为合适的方式行动，不顾克林顿的命令，而克林顿远在纽约，大多数时候都命令麾下将军们做好防守，而非给敌军致命一击。克林顿并未紧急调动舰队火速前往弗吉尼亚支援康沃利斯，而是几次通知康沃利斯舰队出发时间延迟了，一开始说会在10月5日出发，后来说延迟到10月12日，再后来是10月19日。

只有等克林顿的舰队上路了，康沃利斯军才有一线生机。10月6日，华盛顿开始围攻约克敦。主导此次作战的法军，在爱国者开挖战壕，在其炮兵修筑防御工事时，提供了一条极其宝贵的战略建议。马里兰军毫不动摇地成为本次作战的中路力量，由冯·施托伊本男爵——指挥第2师，或者说中路——指挥。马里兰第3和第4团以及特拉华新兵组成该师的第1旅，听从莫迪凯·吉斯特准将的指挥；韦恩率领第2旅，其中包括宾夕法尼亚第1和第2营以及弗吉尼亚营。

华盛顿在这场战役中，一如往日地保持冷静，尽管他比自己的副官更接近战场。当时，大卫·科布上校奉劝华盛顿出于安全起见，往后靠一些。华盛顿冷静地回答他说："科布上校，如果你觉得害怕，大可往后多退几步。"不一会儿，一颗滑膛枪弹射中附近一门加农炮，滚到华盛顿脚边才停下。副官吓得紧紧抓住华盛顿的手臂大喊："敬爱的将军，我们不能丢下您不顾啊。"华盛顿丝毫不顾个人安慰，答道："这颗子弹的冲劲已经没有了，不具备杀伤力。"

吉斯特和斯图尔德一起在战壕里并肩作战，认定独立战争即将迎来结束。"有幸在最近3天的围攻战里作为身处战壕指挥作战的将军之一，特别是当我想到康沃利斯和他的军队一投降就代表我们真正独立，并走上光荣的和平之路……我内心的喜悦就与日俱增。"吉斯特如是写道。

10月14日，美法联军袭击了英军战线的两座堡垒。绝望分队挥舞着斧头再次冲在最前方，从木制鹿砦中砍出一条路来。虽然死伤人数多，但两次袭击行动都取得了成功，都为英军堡垒的崩塌敲响倒计时。马里兰士兵约翰·布迪就是参加此次行动的成员之一，他说："敌军的胸墙火力非常强，华盛顿将军命令我们向它发起猛攻——我所在的是汉密尔顿上校率领的师，我们不仅猛攻敌军的胸墙，还拿下了其中一座内堡。"康沃利斯明白自己无望突围，便写信告知克林顿："面对他们的大炮，我们不敢开枪……前车之鉴证明，我们新修的土制防御工事挡不住他们的强力火炮，我们的工事很快就会被摧毁，情况不容乐观，人员伤亡很多。鉴于此处极其危险，我不建议海军和陆军冒巨大风险前来营救。"

10月16日，康沃利斯孤注一掷地予以反击——350名英军战士冲出壕沟，攻击美军战线，希望塞住大炮火门。突袭队伍损失惨重，只有几门大炮被塞住火门，很快就被修复，重新参与战斗。此次围攻战坚定不移、有条不紊地进行着，慢慢将康沃利斯军消耗殆尽，此次袭击对围攻丝毫不起作用。康沃利斯也希望利用这次反击转移敌军注意力，掩护正乘小船渡河前往格洛斯特波因特——与约克敦隔詹姆斯河相望的小半岛——的大部队。康沃利斯安排塔尔顿和其他英军队伍守卫渡河点，避免敌军在那里架设大炮，向英军防线后方开火。与塔尔顿会师之后，康沃利斯希望冲出美法联军战线，向北突围，前往马里兰或纽约。天气状况不利，让这次大胆的赌博夭折了。一场大暴雨淋得小船纷纷翻沉，英军的行动只好作罢。围攻仍在继续；华盛顿和罗尚博将了康沃利斯一军。

猛烈的炮轰没有停歇。罗杰·兰布中士——这位勇敢的老兵，曾在萨拉托加逃出战俘营——回忆道："英军堡垒摇摇欲坠；里面无人开枪，不足 1/8 英寸的地方，估计留有一百多个弹孔。"由于军火耗尽，伤亡人数逐日增加，康沃利斯于 1781 年 10 月 17 日亮出白旗，距离上一次伯戈因在萨拉托加投降已有 4 年之久。

疾病、饥饿和战斗让位于约克敦的英军人数骤减，但是，他们所有人在投降那天都穿上了自己最好的制服。在查尔斯·奥哈拉准将的带领下，英军缓缓顺着汉普顿路走了出来。据传闻道，尽管大部分历史学家对此都持怀疑态度，英军行进时，乐队演奏的曲目是《这个世界颠倒过来了》。美法联军默默地站在路旁，目送英军通过。哈里·李回忆说："总指挥在马路一侧，随员和属下围在他身边；而在马路另一侧，总指挥对面，罗尚博伯爵同样如此。"

英军表现出两个轻蔑的举动，其一是离开堡垒时间比约定时间晚，其二是康沃利斯将军没有同他的部下一起现身，他们也得到了旁观者的不屑。美军当时认为康沃利斯因为觉得自己现身会非常尴尬，就装病不来。一位军医在日记中写道："一向高傲的英国军官在这样的场合如此谦卑，我们并不觉得惊讶，因为他们总是为自己过人的军事才能而洋洋得意，把美国士兵视为可鄙、散漫的乌合之众。"他还写道，"康沃利斯伯爵多次冲在队伍前方，率队取得丰功伟绩，因此，几乎没有人不尊敬他，我们很高兴能与他们共患难，渡难关，尽管很丢脸；但是据说他本人完全恼羞成怒，绝望极了。"

康沃利斯的军官们表现和军医类似，看起来像是举止可怜。一个记者报道称："英军军官基本上表现得就像在学校里挨打的小男孩，有的咬着嘴唇，有的撅着嘴，还有的流着眼泪。他们圆圆的宽檐帽很合时宜，把他们羞于展示的面容都藏起来了。黑森兵团则体现出军人的风范，几位军官的表现更是可以称得上是不屈不挠。"

约翰·劳伦斯中校——前大陆会议主席亨利·劳伦斯之子——起草了投降条例，把康沃利斯收监。吉斯特也有机会得见这位让许多马里兰战士在布鲁克林以及整个独立战争期间牺牲或被俘的人物。对吉斯特和马里兰军来说，战争回到了原点。当年，他们在布鲁克林的旧石楼浴血奋战，那么多同胞死在康沃利斯手里，现如今，康沃利斯却向美军投降了。康沃利斯同马里兰军作战时间之久，真是令人惊讶，吉斯特简明扼要地写道："作为一个经验丰富，有决断力的军官，他对阵地的防御不如期待的那样顽强。"

走到美法联军队列的尽头后，红衫军和黑森雇佣兵整齐地向右转，准备列队投降。28名英军军官列队上前，把他们的军旗交到美军手上。直到最后，军官们依然保持自尊，他们拒绝把军旗交给美军派来接受旗帜的军士，因为他们认为向士官投降有辱自己的身份。最终，美军让一名年轻军官从英军手里接过军旗，再一一递给美军中士，成功解决了这个难题。

奥哈拉——在吉尔福德县府战役中是那么勇敢地对战马里兰军——递呈了康沃利斯的佩剑，作为正式投降的进一步标志。他先把佩剑递给罗尚博，或许因为他单纯地犯了个错误，亦或许因为他不愿意把佩剑交给美军。一名法军军官很快指出奥哈拉的错误，奥哈拉这才把佩剑呈给站在马路对面的华盛顿。华盛顿过了很久才接过佩剑，呈给本杰明·林肯将军——1780年查尔斯顿战役中，他曾遭到英军羞辱，他的部队没有举行投降仪式。

美军此次在约克敦共俘获 8000 名战俘（其中包括约 1000 名水手），竟占到英军陆军在美总人数的 1/4。他们将俘虏带回营地，这些战俘在那里一直待到 1783 年 9 月，英美双方签订《巴黎条约》之前才得以释放。持续两年多时间的小规模战斗，不管怎么说，战争胜利了。随着康沃利斯向华盛顿投降，彻底扭转了世界军事抗衡的格局，一个全新的国家诞生了。

1782 年

1783 年

第四十二章

最后一战

吉斯特和马里兰军没有停下脚步，回味战胜康沃利斯的快乐，再一次向南行军。1781 年 11 月 4 日，"不朽丰碑"从约克敦出发，与安东尼·韦恩率领的宾夕法尼亚的几个团会师，一同前往卡罗来纳两州，与纳萨尼尔·葛林会合。葛林将军计划扫除英军位于多切斯特的一处前哨基地，多切斯特是位于查尔斯顿西北部的一座小镇，有 800 人的驻军屯守。

自尤托斯普林斯战役以来，葛林就把英军困在查尔斯顿和多切斯特。他希望对敌军发起一波攻势，此时，美军大部队在奥索·霍兰·威廉斯上校的指挥下继续向南，往查尔斯顿进军。葛林携马里兰军和弗吉尼亚军的一小支分遣队进入多切斯特，袭击英军堡垒。据威廉·威尔莫特上尉——1776 年飞行营的老军官，在杰克·斯图尔德麾下作战，参与过斯塔滕岛突袭等多次会战——回忆，"英军已获悉他的到来，对该前哨基地增派援军，向外冲出 2 英里左右，我们同他们展开战斗，把他们赶到堡垒，给他们造成了少量伤亡。"

几个会合过后，红衫军和效忠派军队突然烧毁了他们的贮存品，逃往查尔斯顿。由于未能成功俘获英驻军，吉斯特继续追击，他们又继续向南推进。历经几百英里的行军，军靴的皮革也被磨穿，他们的制服、外套和衬衫也成了碎布条，战士们的条件非常艰苦，"衣不蔽体，长满寄生虫。"

就在他们拖着步子走向查尔斯顿时，马里兰军恪守"不管在哪里找到英军就向他们发动袭击"的命令，保卫了葛林军的右翼。此时，补给依然短缺，乡下被英美双方的部队扫荡得干干净净，使得吉斯特认为"周边地区一片荒芜"，难以搜集到粮食。战争就要结束的希望就在眼前，战士们开始担心自己是否能拿得到入伍时承诺的回报。大部分战士已经将近2年没有得到军饷了。

战争让许多士兵受伤或生病，让他们无法自力更生、养活家庭。从不屈服的约翰·伊格·霍华德就是诸多负伤军官中的一员，他在战斗中牺牲的传言传到其家乡巴尔的摩，他的兄弟詹姆斯立即赶赴南方。事实上，霍华德只是左肩受了重伤。理查德·平德尔医生，而后是另一位医师照料了他的伤势。由于英军间谍头子约翰·安德烈的退出，霍华德疯狂地追求佩吉·丘，在养伤期间送去无数封情书。最终，丘"对这位优秀的上校深有好意，他们订婚了"，几周之后，詹姆斯和约翰回到600英里外的故乡，这位马里兰英雄有了丘小姐的陪伴，伤情在战争结束时终于康复。

8月下旬，葛林派此时执掌南方军轻步兵的吉斯特到约翰斯岛，该岛是位于查尔斯顿市南部的一座大岛。由于余粮短缺，英军派出粮秣队，葛林命令吉斯特的马里兰军和特拉华团同"轻骑兵"哈里·李的骑兵队伍一起，保护这片处在敌军视线范围内的区域。轻步兵和骑兵组成了一支快速反应部队，投入到打击英军的战斗中去了。8月27日，约翰·劳伦斯中校——乔治·华盛顿最欣赏的副官之一——率领一队快速反应小组出发，准备与吉斯特会合，就在这时，藏在草木茂密的湿地里的英军向劳伦斯的部队展开伏击，杀死了许多大陆军。吉斯特立即调集自己的部下协助劳伦斯，可为时已晚；这位才华横溢的军官在这次冲突中英年早逝。吉斯特赶到战场后，英军匆忙撤退，不过，马里兰军很快缴获了英军一艘单层大帆船，上面载有两门九磅加农炮。

葛林没有足够兵力攻占重兵把守的查尔斯顿，其周围各个岛上小冲突持续展开，最终在被某些人誉为独立战争最后一战中宣告结束。威廉·威尔莫特上尉——"爱冒险"且不善防御——带领几支突击队跨河登陆同样位于查尔斯顿城外的詹姆斯岛。1782 年 11 月 14 日，就在英军全面撤离查尔斯顿的前一个月，撒迪厄斯·科斯丘斯科——在九十六指挥围攻战的技师——建议在邻岛上伏击伐木士兵。科斯丘斯科和威尔莫特及一位非裔美国人商议了此次突袭，而这个非裔美国人后来被认定是英军派来引导美军进入圈套的。史学家们记录道："敌军对'惊喜'准备得非常充分，向这支突袭分队发动致命的枪炮齐射，导致威尔莫特上尉当场牺牲……科斯丘斯科负伤撤逃，尽管'武器被炸碎，他的外套被四颗子弹射穿'。"马里兰军士兵约翰·布迪回忆起当时的场景："我们的劳伦斯上校，远远地冲在前方，战斗刚一打响就倒下了。我记得我看到 4 个人抬他到了后方，据说我们还没离开战场，他就已经牺牲了。"布迪还记得"詹姆斯·贝蒂斯中尉，以及五六个二等兵"的死。

据葛林的传记作者威廉·约翰逊所说："这是美国独立战争中最后一场杀戮。"

然而，威尔莫特并非最后一个在独立战争期间死亡的马里兰战士。马里兰最勇敢的一位军官不幸发生了意外。康沃利斯投降的消息迅速传开，近日刚被释放的威廉·华盛顿同查尔斯顿人简·埃利奥特结婚了，埃利奥特家境富裕，在市郊的桑迪山拥有一座农场。杰克·斯图尔德那天骑马到桑迪山，"参加为大陆军军官设下的庆祝晚宴"时，他的马摔倒了。"上校的头磕在沟里，颈椎脱臼。到星期天早晨 7 时许，斯图尔德辞世。"这位不屈不挠的马里兰战士，曾在布鲁克林会战中幸存下来，逃出监狱船，在斯托尼角率领绝望分队，又在考彭斯和约克敦留下战斗的身影，居然死于一场不寻常的意外。马里兰军的军官和他的朋友们出席了追悼会。第2天，人们把斯图尔德同其他光荣牺牲的烈士一起，埋葬在桑迪山附近的老教堂墓地里。"这位绅士，他的骤然辞世令人扼腕，在服役期间，他声望很高，得到全军的爱戴。"

美国虽然取得战争的胜利，但是和平谈判的事务却拖了长达数月。各殖民地的代表齐聚法国，商讨后来举世闻名的《巴黎条约》里各项条款的细节。本杰明·富兰克林、约翰·杰伊、亨利·劳伦斯（约翰·劳伦斯的父亲）和约翰·亚当斯同英国代表大卫·哈特利和理查德·奥斯瓦尔德举行会晤。各位代表于1782年11月30日初步达成协议。法国没有介入英美双方的谈判。值得注意的是，英美此次交涉是在法国进行的。那天傍晚，富兰克林骑马到凡尔赛宫向法国国王传达消息。他底气十足地向法国国王请求附加贷款，这是他与法国确认条约时定下的承诺。

与此同时，马里兰军投入到约翰斯岛和詹姆斯岛的常规驻守勤务工作中，等待英军离开查尔斯顿——12月14日英军撤离了。根据停战协议，美军同意英军自由离开查尔斯顿后，就可以进入该市。在韦恩、吉斯特和葛林的带领下，马里兰军等美国军队带着胜利的喜悦进城了。"英军离开小镇的速度无比缓慢，不停向我们的将军抱怨说我们逼他们逼得太紧。"布迪回忆道，"于是，韦恩命令我们行军的步伐'再慢一点'。"美军队伍来到州府附近后，军官允许战士们前去参观。布迪又写道："到了下午，此时军纪基本作废，所有战士都表现得很随意和自由，典礼和游行时也是如此——葛林将军、吉斯特准将、州长等人列队进入查尔斯顿，他们身后是整支轻骑兵部队。我记得查尔斯顿的居民全都围在门口，挤在窗前，为我们欢呼，热情地迎接我们。"

在北方，美军大部队直到第2年才等到英军撤离纽约市。1783年4月11日，新成立的美国大陆会议颁布公告："经美利坚合众国和大英帝国国王陛下一致同意，在海上和陆上，宣布停战"。大陆会议于1783年4月15日批准初步条约条款，许多殖民地居民将其视为独立战争结束的标志，然而，两国直到9月3日才正式签署条约，大陆会议到1784年1月14日才予以认可。条约承载着长年为之艰苦奋斗的美国人之梦想，其中宣布"大英帝国国王陛下承认美利坚合众国，即新罕布什尔州、马萨诸塞湾、罗德岛与普罗维登斯庄园州、康涅狄格州、纽约州、新泽西州、宾夕法尼亚州、特拉华州、马里兰州、弗吉尼亚州、北卡罗来纳州、南卡罗来纳州和佐治亚州，是自由且独立自主的：陛下本人、子嗣及继承人承诺放弃对该国政府和礼节的一切所有权以及对该国及其每寸土地的领土主权。"

1783年4月21日，巴尔的摩庆祝战争结束。家家户户张灯结彩，还专门为庆祝晚会临时搭建了一座房子。他们为胜利干杯了13次，每次祝酒后都会鸣炮13响致敬。之后，他们还为当地的重要人物举办了舞会和晚宴，据《马里兰报》报道："人们脸上挂满笑容，互相庆祝和平的到来——国家欣欣向荣——商业繁华兴旺，将来成长为伟大而重要的大国。"

巴尔的摩一片喜气洋洋，而不朽的战士们仍在遥远的查尔斯顿城外执勤。到了春天，马里兰军的任务解除，迎来了休假。战士们没有钱，没有新衣服，没有交通工具，也没有粮食，开始踏上长达600英里的归家之路。约翰·布迪等许多战士得以搭上马里兰政府提供的华盛顿夫人号回家。幸运地活到战争结束后加入乘船回家的战士里，有二等兵詹姆斯·古丁，他曾2次被英军俘虏，但两次都成功逃脱，重新加入爱国者军队；有约翰·班特姆，他在九十六战役中加入了绝望分队，受了重伤，但很快就恢复了，还参加了詹姆斯岛的战斗；有非裔美国人托马斯·卡尼，自布兰迪万战役以来，基本都随马里兰军参战；此外还有马里兰战线的军官们，包括奥索·霍兰·威廉斯、加萨韦·沃特金斯、莫迪凯·吉斯特和威廉·斯莫尔伍德。马里兰英雄们终于回家了。

第四十三章

"他为拯救共和国付出所有"

1783 年 12 月 23 日，乔治·华盛顿将军身着他最漂亮的深蓝色加暗黄皮革点缀的制服，庄严地走进安纳波利斯的州议会大厦。他威风凛凛的身姿吸引了会议现场所有人的目光。一些名媛对当天的事件翘首以盼，将楼上的走廊围得水泄不通，房间里聚集了无数显要人物，不仅包括大陆会议的全体成员，还有法国总领事以及马里兰军的各位军官：威廉·斯莫尔伍德、奥索·霍兰·威廉斯、塞缪尔·史密斯、约翰·伊格·霍华德和莫迪凯·吉斯特。11 月时，大陆会议就从普林斯顿迁址安纳波利斯，并在此召开会议。当华盛顿款款走向自己的座位时，大陆会议的成员依然坐着，没有脱帽，不过，在场的其他人都站起来了，并且脱帽以示尊敬。[1]

待华盛顿就座后，大陆会议主席起立宣布："大陆会议准备就绪，会

---

[1] 画家约翰·特朗布尔将这个场景画成油画作品《乔治·华盛顿将军交还委任状》，让它永世流传，这幅作品就悬挂在美国国会大厦的中央圆形大厅里。

议现在开始。"

华盛顿庄重地起身,对与会者发表致辞。他右手持事先写好的演讲稿,因有些颤抖,便用左手去扶。他饱含深情地高声朗诵,祝贺大陆会议,并宣布他要"辞去为国从军的职务"。他向上帝和战友表达了感激之情,接下来就将新国家"移交给全能的上帝去保护"。他最后讲道:"长久以来,我正是受尊敬的各位之委任,一直在带兵打仗。如今大功告成,我也该退出军事舞台了。在此向各位道一声'再见',我要交还我的委任状,告别军旅生涯了。"

后来,华盛顿成为大陆会议主席,交出了他的委任状。

所有在场人员都知道,华盛顿辞去军衔是美国建国初期以及世界史上的一次重大事件。华盛顿将军没有继续控制军队,不然这样可能会把他塑造成一个独裁者,他选择把军队交由人民管辖,这一决定影响了此后的美国历史进程。在场人员深受感动,因为它标志着自由事业的高潮,证明他们与英国奋战多年争取到的自由权利成为了现实。许多人那天都为华盛顿的领导能力,为他在任务结束后退职的谦逊之举所折服。《马里兰报》编辑也出席了华盛顿的演讲,他写道:"此前很少有悲剧能像这一次,华盛顿阁下在大陆会议上做的演讲一样,让这么多双美丽的眼睛为之感动得落泪。"

后来,华盛顿热情地与当时在场的军官以及许多马里兰将士打招呼,随后离开了马里兰,立即骑马赶回弗农山庄,在平安夜及时到家。他写道:"我感觉卸下了关注民生的重担。我希望自己余下的日子都用来与老战友们培养感情,实践家庭美德。"

尘埃落定后,又回到了原点——酒馆。1783年11月7日,马里兰战线的军官们聚集在安纳波利斯曼恩酒馆。参加美国独立战争的马里兰战线老兵们成立了一个共济会组织——辛辛那提社团的马里兰分社。该社团得名于辛辛纳图斯——他是一个农民，在战争期间临危受命，管理古罗马共和国，但在危机解除后又解甲归田——以"他为拯救共和国付出所有（Omnia reliquit servare rempublicam）"为标语。该社团的目标是："维护来之不易的权利；进一步促进联邦团结；为需要帮助的成员及其遗孀、遗孤提供帮助。"奥索·霍兰·威廉斯准将担任该社团的临时主席，纳撒尼尔·拉姆齐主管财务。

华盛顿的丰碑都是不折不扣的民兵——这些荣誉颇丰、家族兴旺、家境富裕的普通百姓，在整个独立战争中一直秉持着同一个信念，冲锋陷阵。战争结束后，他们把滑膛枪和制服挂了起来，开始辛勤地建设国家。许多战士在战后和战时一样，取得了成功。

约翰·伊格·霍华德伤势痊愈了，迎娶了挚爱佩吉·丘，而丘以前的家就坐落于日耳曼敦战役的战场上。他在巴尔的摩市中心建起一座名叫贝尔维迪尔的豪宅，在市内拥有大量不动产。1788 年，他当选了州长，后来当选美国众议员，再后来当选参议员。

威廉·斯莫尔伍德未再续弦，回到了自家农场。在美国宪法正式通过后，斯莫尔伍德当上了马里兰州州长。

奥索·霍兰·威廉斯一直活跃在辛辛那提社团。他被任命为巴尔的摩港务局长，而后当选美国众议员。由于反复患上流行性感冒，为了缓解病症，他迁徙到南方的巴巴多斯。1794 年，他在弗吉尼亚州去世。

莫迪凯·吉斯特重新在南卡罗来纳安家，热衷于个人自由和州权。他给自己的两个儿子分别起名为"英迪彭登特（Independent）"和"斯泰茨（States）"，体现了他的信仰。他在共济会表现依然活跃，还当上了南卡罗来纳会所的总会长。吉斯特于 1792 年 9 月 12 日去世，享年 50 岁，在查尔斯顿安息。

吉斯特的朋友塞缪尔·史密斯养好了伤，在战后成为马里兰众议员。他后来军衔升至马里兰民兵少将，成功地在 1812 年第二次独立战争期间，在麦克亨利堡围攻战和巴尔的摩战役中指挥巴尔的摩防线。他于 1839 年去世，生前最后一份公职是担任巴尔的摩市市长。

像雕像般俊美的加萨韦·沃特金斯一直活到 88 岁高龄。他在马里兰州霍华德县定居了，修了一座名为"胡桃林"的宅子，供养着一家。

就像许多马里兰战线的战士一样，勇敢的理查德·平德尔医生去往西部，在肯塔基州定居下来，申请获得了抚恤金。后来，他成为众议院议长亨利·克莱的私人医生。

鲍勃·柯克伍德上尉仍在军中为国效力。在西行进入西北地区后，他又一次为国出征。1791 年 11 月，他在沃巴什河战役（又称"圣克莱尔大败"）中被小龟酋长和萧尼酋长率领的印第安人部队杀死，此战也是美国军队史上损失最大的一场战役，美军有 623 人牺牲。一位幸存者记录下柯克伍德的牺牲场景："老柯克伍德躺在树下，他的头皮已被剥掉，还在冒烟，就像座烟囱。"这是柯克伍德为国征战参与的第 36 次战役。

康沃利斯将军在 1782 年回到了英国。他在约克敦投降美军后，准以有条件释放，独立战争余下的日子，他都没有参与。1785 年，他以大使身份前往普鲁士，来到腓特烈大帝的宫殿，1786 年当上了印度总督及印度英军总司令，并在印度开展了许多项重大改革。在法国大革命期间，他当上军械署署长，又在 1798 年爱尔兰起义期间任爱尔兰总督兼总司令，后作为全权公使同法国协商《亚眠条约》。1805 年，他重新担任印度总督一职，同年逝世。

巴纳斯特·塔尔顿于 1790 年当选下议院议员，极力鼓吹奴隶交易，经常嘲笑著名的奴隶制废止论者。他后来在一本名为《1780 年至 1781 年北美南部各省的军事史》的书中详细讲述了自己在美国独立战争期间的所作所为（以及对康沃利斯之决策的批评）。他于 1833 年去世，留下一位妻子，但膝下无子女。

同塔尔顿一样，亨利·克林顿爵士将军也在议会，他也出版了一本书，并在书中把战争失利归咎于康沃利斯。他于 1793 年 10 月去世。

　　许多为马里兰效忠派军团打仗的美国人，再也没有见到自己的家。他们大多离开了美国，重新在大英帝国的其他属地——如新斯科舍——定居。詹姆斯·查默斯在战后也没得几天空闲，他又重新提笔书写有关革命和其他政治主题的小册子。他想方设法地拿回自己在马里兰失去的万贯家财。最后，他在西印度群岛做起了殖民地军队的监察长。1806 年 10 月 4 日，查默斯在伦敦去世。

　　战争一直缠绕着许多战士和军官。有人摆脱不了战争的阴影，得了现在人们所说的创伤后压力心理障碍症（PTSD）。彼得·哈克特"易怒，性格乖僻，好与人争论，谁都很难和他搞好关系"。还有许多久经沙场的老兵患有夜惊症伴随着 PTSD。掌旗官布赖恩·菲尔波特时常做恶梦，据其儿子回忆，他要么看到有战士溺死在郭瓦纳斯河，要么看到加农炮弹打掉坐在他身边的伤兵的脑袋。

　　能够申请抚恤金的人都是幸运的。起初，美国国会只针对极个别特例授予抚恤金。如果退伍老兵陷入赤贫，在 1818 年，他本人或其遗属可以申请等同于一半军饷金额的抚恤金。到了 1832 年，申请稍微容易了些，可那时只有少数人仍然健在。这些老兵到当地法院，讲述自己的战争经历并宣誓。这些申请会以各种原因遭到驳斥。甚至就连彼得·弗朗西斯科的抚恤金申请一开始也被驳斥，可能是因为他的功勋太不同寻常了吧。大个子重新提交了申请，并提供了来自安索勒姆·贝利等几位军官的宣誓口供，证明自己确实参加了斯托尼角等战役，申请才最终得以批复。弗吉尼亚州和马萨诸塞州甚至还将 3 月 15 日命名为"彼得·弗朗西斯科日"。

　　鞋匠乔治·迪亚斯就没有这么幸运了。这位非裔美国人在战争中身负重伤，"穷病交加，什么工作都做不了"，他"穷得三年来都没有床睡，他全部家当只有干活的工具，就装在他随身携带的一个小包里"。另一位非裔美国人托马斯·卡尼和他境况相似。他患有严重的风湿病，"干不了粗活"。他的财产也寥寥无几——"一对马车的车轮和车轴、两张麦秆扎的旧床、一些家具、一把犁"和几头牲口。他真正拥有的是与袍泽兄弟结下的深厚情谊,例如佩里·本森上尉,他在九十六救下了上尉的命。

在 18 世纪,直到 1833 年,美国依据联邦法律,还保留着债务人监狱,有些州甚至保留时间更长。无力还债者就会被送到这些监狱,许多退伍老兵经历着这样的命运。尽管战功赫赫,轻骑兵哈里·李却因为还不起债被困于囚室。他的儿子罗伯特·E.李永远都忘不了那段痛苦的经历。哈里·李在做不动体力活来还债时,就利用剩余的闲暇时间撰写自传。

吉斯特和纳萨尼尔·葛林,此外还有许多军官因自掏腰包支付士兵们的军饷,让军队继续留在战场,他们都欠下大量债务。即便是获得佐治亚奖励的某效忠派分子的农场,葛林在战争期间累积的债务依然没有偿清。他去世时几乎破产,只留他的遗孀继续和国会交涉清偿债务事宜。

在布鲁克林会战中牺牲的 256 名不朽战士的真正墓地，至今仍是未解之谜。国家公园管理局先后于 1957 年和 2008 年在疑似地点展开考古学研究，但当地的土质条件很难利用探地雷达识别地下所埋葬的物体。有关万人坑最早的论述要追溯到 1869 年，当时撰写布鲁克林会战早期历史的亨利·菲尔德认为，第三大道和第 70 街至第 80 街的街区就是马里兰英雄的安息之所。该说法基于阿德里安·范·布伦特的证言，布伦特在独立战争结束后不久买下了这块地，"常听到人们说这里非常神圣……因为它承载着马里兰团烈士的灵魂"。在 20 世纪初，此处建起一座公寓楼，土地所有者称发现有 15 座墓穴，每个墓穴都长 100 英尺，堆在一起。该建筑的承包商的儿子后来说，他父亲找到了"约三十具骸骨，排列得整齐有序"。可是，这些记录从未被人用以证实遗迹的所在。马里兰英雄也许就长眠于在城市街道地下，或是埋葬在汽车修理店或某座旧石楼的地下。美国国防部战俘及失踪军人统计署每个月都能在全世界——哪怕是太平洋上的荒岛——找到美军服役士兵的残骸。布鲁克林必然会对此表示关注。在一个拥有 4 万亿美元预算、集中全球许多亿万富翁的国家，应该会分配资金来寻找这些英雄的遗骸，为他们购置一块神圣的土地。

这些不朽的丰碑——他们集体牺牲自己，改变了独立战争的走向，乃至这个国家——至今仍未获得应有的荣誉，无疑是整个国家的悲剧。

鸣　谢

　　撰写这本书是一场令人惊叹的旅程，五年多时间里，我一直在梳理各类信件、日记、抚恤金文档和伟大的这代人留下的其他文字。这个工作不仅涉及寻找独立战争的资料，还包括走访马里兰军战斗和生活的地方。在此，我想要感谢一路上结识的众多护林员和其他志愿者们。我强烈鼓励各位美国同胞走访这些圣地，比如旧石楼、绿林墓园、霍布柯克山、斯托尼角、考彭斯、尤托斯普林斯、吉尔福德县府、卡姆登、瓦利福奇以及所有马里兰军战斗过的其他重要战场。美国风景最秀丽的几处地方，同时也是众多美国战士倾注所有的战场。

　　没有众多历史博物馆提供的宝贵资料，本书也不可能写成。在此，我想要感谢布鲁克林旧石楼的工作人员，包括其常务董事金伯利·梅尔；我还想要感谢位于华盛顿特区的国家档案记录管理局和马里兰州档案局的工作人员，还有马里兰历史学会、纽约公共图书馆、国会图书馆、位于伦敦市克佑区的英国公共档案馆、布鲁克林历史学会、长岛历史学会以及其他我造访过许多次的全国各地的历史学会和图书馆的工作人员，大家都非常专业，学识渊博。我还要特别感谢纽约历史学会，本来处于修缮期间，他们还特意为我开门，尤其要感谢路易斯·米勒博士和琴·阿什顿博士。

此外，我无法用文字表达我对历史学家、《美国独立战争网刊》的作者兼编辑唐·哈吉斯特的感激之情，感谢他逐字逐句地阅读我的手稿，为本书提出改进意见。唐还是英军在独立战争期间所处角色方面的专家，为我从英方角度提供了许多宝贵资料。

每个作家都有许多朋友作为自己的第一批读者，提出建议，我也不例外，在此，我真是非常感谢各位抽出时间阅读本书并给出颇有见地的评论。感谢辛蒂·哈维贡献的智慧，从编辑角度给出的建议；感谢贾斯丁·奥尔德姆看完了我这么多版草稿，给我反馈；我最需要感谢的就是格伦·F. 威廉斯——美国陆军军事史中心的历史学家——他细致地审查了本书，提供了很有价值的评语。我还发自肺腑地感激历史学家兼《美国独立战争网刊》编辑唐·哈吉斯特，他花了几个周末逐行阅读本书的手稿。此外，我还要感谢许多人：大卫·米切尔、本·伊巴赫、格雷·康奈利少校、里克·麦科特、迪安·霍尔、詹姆斯·诺埃尔·史密斯和西纳·卡斯滕斯，特别鸣谢历史文学经纪人罗杰·S. 威廉斯。我要感谢我的家庭，尤其是我漂亮的女儿莉莉，感谢家人的支持。我要对我的未婚妻——美丽动人、才华横溢的洛丽·斯奈德博士——表示衷心的感谢，她为本书提出了无数改进的意见和建议。除了上述这些人之外，我还要感谢我的文学经纪人安德鲁·扎克的辛勤工作。

我最为感谢的是优秀的编辑贾米森·斯托尔茨，他给出能让人眼前一亮的评语，还为本书进行了再塑造。如果没有出版人——传说中的摩根·恩切金——的赏识和支持，本书也不会来到读者面前。

灵感来源

　　我的这段与马里兰军相伴的旅程始于五年多以前，我在纽约市里看到"马里兰英雄"的指示牌之际。这是我为本书——包括走访马里兰军战斗过的所有主要战场在内——展开各项研究的极为重要的方向。我走遍美国南北，从斯托尼角走到尤托斯普林斯。

　　2010 年，我有幸和威利·布罗上校一起，参观了布鲁克林会战旧址，布罗上校是位身经百战的军官，曾协助策划清除费卢杰的行动，指挥海军第 1 营第 3 舰队，让我仿佛身临其境，置身于那场史诗般的战役中，他还为我讲述了许多重要的故事，我后来把这些故事写成了《众志成城》和《给我明天》。能和最优秀的海军军官一起遍历战场旧址，只是我工作中诸多圆满却充满偶然性的瞬间之一。虽然不少专家都对我能否找到足够充足的资料来讲述这些无人知晓的故事持怀疑态度，是布罗上校的一席话坚定了我写完马里兰英雄事迹的决心："只有你可以讲述他们的故事啊，帕特。"

　　为了重现马里兰英雄的故事，我引用了馆藏于几百座图书馆、博物馆和档案室的数千份资料。位于巴尔的摩的马里兰历史学会提供的资料是最为宝贵的,我对其工作人员提供给我的帮助,表示由衷的感谢。纽约历史学会和国会图书馆也对我帮助极大。抚恤金文档是通过访问 Fold3 数据库获得的,该数据库是将国家档案馆取得的纸质原件和微缩胶卷资料数字化后建成的。

书中多处引用文保留了它们原有的拼写和标点符号。不过,为增加可读性,我对一些地方做了小改动。